Birgit Schilling

Fest im Glauben – stark im Leben

Birgit Schilling

Fest im Glauben – stark im Leben

Geistlich reif werden

SCM R.Brockhaus

Die Edition

AufAtmen

erscheint in Zusammenarbeit zwischen
SCM R.Brockhaus im SCM-Verlag, Witten
und dem Bundes-Verlag, Witten.
Herausgeber: Ulrich Eggers

2. Auflage 2012

Bodenborn 43 · 58452 Witten
Internet: www.scm-brockhaus.de; E-Mail: info@scm-brockhaus.de

Umschlaggestaltung: Dietmar Reichert, Dormagen
Satz: OLD-Media OHG, Neckarsteinach
Druck und Bindung: CPI – Ebner & Spiegel, Ulm
Gedruckt in Deutschland
ISBN 978-3-417-26717-4
Bestell-Nr. 226.717

Für Christina, Nelli, Marcus, Tim und Wolfgang

Inhalt

Vorwort

von Thomas Härry

Sie halten ein wichtiges Buch in Ihren Händen! Eines, das Ihr Glaubensleben auf eine Weise beleben kann, wie Sie es bisher nicht für möglich gehalten haben.

Was veranlasst mich zu dieser Überzeugung?

Im Frühjahr 2009 stieß ich im Internet zufällig auf die Ergebnisse einer 2008 vom Barna-Institut in den USA landesweit durchgeführten Studie unter 1005 erwachsenen Christen und Pastoren aus verschiedenen Denominationen (die auch in diesem Buch zur Sprache kommen wird). Sie wurden nach ihrem Verständnis von geistlicher Reife gefragt: wie sie geistliche Reife definieren. Was ihrer Meinung nach konkrete Kennzeichen und Merkmale eines geistlich reif gewordenen Menschen sind. Wie nach ihrem Verständnis solche Reife entsteht usw.

Gemäß dieser Studie teilt eine erstaunliche Mehrheit der Befragten (81 Prozent) die Meinung, geistliche Reife bestände im Wesentlichen darin, sich mit harter Anstrengung darum zu bemühen, nach den Regeln der Bibel zu leben. Selbst Vertreter von Glaubensrichtungen, deren Theologie die Gnade Gottes ins Zentrum stellt, vertraten mehrheitlich diese Sicht.

Dieses Ergebnis ließ mich aufhorchen. Ist es ein US-amerikanisches Phänomen, dass Glaubenswachstum in erster Linie als die Folge eigener, harter Bemühungen verstanden wird? Oder stellt sich das bei uns ähnlich dar? Meine Beobachtungen in unserem deutschsprachigen Kontext veranlassen mich stark dazu, das Zweite für wahrscheinlicher zu halten.

Im selben Atemzug stellte ich mir selbst die Frage: Wie definiere ich persönlich Reife im Glauben? Welche Kennzeichen weist nach meinem Verständnis ein Mensch auf, den Gott anhaltend erneuert und verändert hat, wie es die Bibel als eine der zentralen Absichten Gottes mit uns definiert (siehe Römer 8,29)? Wie wird man fest im Glauben, stark im Leben? Es war (und ist bis heute) spannend, dieser Frage nachzugehen und die Bibel bewusst unter diesem Aspekt zu studieren.

Doch warum ist es so wichtig, dass wir uns die Frage stellen, was die Bibel unter Reife versteht? Weil die Art und Weise, wie wir als Christen unser Leben gestalten, immer eine bewusste oder unbewusste Antwort auf diese Frage ist. Was wir denken, wie wir beten, wie wir Entscheidungen treffen, wie wir die Bibel lesen, wie wir uns in unserer Kirche bewegen und einbringen – all das ist immer ein Ausdruck davon, was wir im Tiefsten unseres Herzens über das Reifwerden im Glauben denken. Leistungsorientierter Glaube ist genauso Ausdruck eines bestimmten Reifeverständnisses wie Oberflächlichkeit und Unverbindlichkeit.

Das Buch von Birgit Schilling wagt es, in dieses oft diffus definierte Thema vorzudringen. Ihr Buch führt nicht nur in das geheimnisvolle Miteinander von Gottes Wirken einerseits und menschlicher Verantwortung andererseits ein. Es weckt vor allem Sehnsucht danach, im Glauben zu wachsen. Es stärkt unsere Erwartung, dass Gott tatsächlich entscheidend viel mehr mit uns vorhat, als uns einen Platz im Himmel zu sichern und ein paar Aufgaben in der Kirche aufzubürden. Birgit Schilling schildert mit Begeisterung die herrliche Aussicht auf ein Leben, in dem Gottes erneuernde Kraft mehr und mehr sichtbar wird. Sie macht Appetit auf einfache und doch sehr wirkungsvolle Schritte, durch die Gott uns schleifen, formen und reifen lassen kann. Ihre Begeisterung steckt an und zieht sich wie ein roter Faden durch die vor Ihnen liegenden Seiten. Die Autorin kommt mir dabei vor wie eine Trainerin, die am Spielfeld steht und die Mannschaft von der Seitenlinie aus mit aller Kraft anfeuert, an den Sieg zu glauben.

Am Ende dieses Buches werden Sie ein geschärftes Bild davon haben, wie Glaubensreife in Ihrem eigenen Leben aussehen kann. Und Sie werden eine ganze Fülle von praktischen Ideen haben, welches für Sie gehbare Schritte sein könnten. Es mögen da und dort zaghafte, unvollkommene Schritte werden – die im Verhältnis zu Gottes enormer Investition in Ihr Reifen zwar klein, aber keineswegs unbedeutend bleiben.

Thomas Härry
Dozent am *Theologisch-Diakonischen Seminar Aarau*
Schweizer Redakteur von »Aufatmen«, Autor und Referent

Einleitung

Stark im Glauben, aber schwach im Leben?

Seit Jahrzehnten beschäftigen mich zwei verschiedene Themenbereiche. Zum einen Fragen wie: »Was bringt mich weiter? Wie kann ich ›heiler‹ werden? Fröhlicher, selbstbewusster, belastbarer, stabiler, innerlich stärker? Wie kann ich meinen Charakter festigen und an Lebenstüchtigkeit zunehmen? An den Herausforderungen des Lebens wachsen?«

Zum anderen beziehen sich diese Fragen auf meine Beziehung zu Gott: »Wie kann ich Jesus ähnlicher werden (Stichwort Heiligung)? In die Herzenshaltung Jesu hineinwachsen? Wie mehr von seinem Wort durchdrungen werden? Inniger mit ihm leben?«

Wenn ich auch schon immer ahnte, dass diese beiden Bereiche zutiefst zusammengehören, hielt ich sie doch lange Zeit völlig getrennt. Es gab das »geistliche« und das restliche Leben.

Heute erlebe ich das anders. Wachstum im Glauben einerseits und Wachstum im Leben andererseits gehen für mich Hand in Hand. Es sind zwei Seiten ein und derselben Medaille. Ich kann nicht in Segmenten unterteilt wachsen, sondern nur als ganze Person. Ich kann nicht im Glauben stark und im Leben schwach sein. Fest im Glauben, stark im Leben – gesundes Wachstum geschieht in beiden Bereichen gleichzeitig. Deshalb verstehe ich »geistlich reif werden« in genau diesem Sinne: mit Jesus reif werden. Für Jesusnachfolger spielt ihr Glaube an Jesus Christus im Blick auf die Reife eine ganz entscheidende Rolle. Jesus ist die Person, die uns zur Reife führen möchte. Und zwar als ganze Personen, mit allem, was uns ausmacht: unseren Emotionen, unserem Verstand, unseren Lebensmustern und Haltungen. Mit allem. Die Reife, die Gott in uns heranwachsen lassen möchte, erstreckt sich außerdem auf alle Lebensbereiche: auf

Ich kann nicht im Glauben stark und im Leben schwach sein.

unseren Charakter, unsere Beziehungen, unsere Arbeit, auf unser ganzes Leben. Jesus ist die Person, an der sich unsere Reife misst.

In der von Thomas Härry bereits erwähnten Umfrage bekräftigten die allermeisten Christen ihren Wunsch nach Wachstum, doch die wenigsten konnten sagen, was mit geistlicher Reife überhaupt gemeint sei und wie man sie anstreben könne. Mir ist diese Orientierungslosigkeit vertraut. In den letzten Jahren war ich intensiv auf der Suche nach Zusammenhängen, handfesten Konzepten, konkreten Ideen, die mich nicht nur zur Reife anspornten und dann im Nebel stehen ließen, sondern die mich an die Hand nahmen und mir kleine Schritte aufzeigten, wie ich heute, am Anfang des dritten Jahrtausends, diesem Jesus Christus nachfolgen und mein Leben von ihm prägen lassen kann.

Ich schreibe dieses Buch aus der tiefen Überzeugung heraus, dass der Weg der geistlichen Reifung ein Weg ins Leben ist, in die Freude. Jesus ist dieser Weg ins Leben. Und damit meine ich nicht nur das ewige Leben im Sinne von dem Leben nach dem Tod, sondern das ewige Leben, das jetzt und hier schon begonnen hat. Auf dem Weg Jesu zu sein ist die denkbar beste Art zu leben.

Auf dem Weg Jesu zu sein ist die denkbar beste Art zu leben.

Ich bin eine Praktikerin. Ich liebe Theorien nur insoweit, als sie einen praktischen Nutzen für mein tatsächliches Leben haben. In meiner Beratungspraxis begleite ich Einzelpersonen und Paare, denen sowohl ihr Wachstum im Leben als auch im Glauben von Bedeutung ist. Sie haben mich zum Schreiben inspiriert, von ihnen habe ich viel gelernt.

Dieses Buch ist vor allem für Menschen, denen der Glaube an Jesus Christus zentral wichtig für ihr Leben ist. Doch auch wenn Ihnen der Glaube eher fremd ist, werden Sie hier wertvolle Impulse finden. Und Sie können einen Einblick gewinnen, wie das Leben als leidenschaftlicher Jesusnachfolger aussieht. Sie werden sehen: Es ist nicht alles Gold, was glänzt. Doch gleichzeitig hoffe ich, dass Sie meine Begeisterung für Gott zwischen den Zeilen spüren und sehen, wie umfassend die Beziehung zu Jesus Christus alle Bereiche des Lebens durchdringt.

Menschen, die mir durch ihr Leben zeigen, dass Veränderung mehr ist als nur ein christlicher Anspruch, waren und sind für meinen Wachstumsprozess sehr wichtig. Sie sind mir Vorbilder, die in mir die Hoffnung stärken, dass der Glaube tatsächlich unser Sein verändert. Besonders dankbar bin ich Gail und Gordon MacDonald. Sie haben mein Leben durch ihre Bücher, Vorträge und durch persönliche Gespräche in den letzten zehn Jahren stark geprägt. In ihrer ungewohnt großen Offenheit schenkten sie anderen und mir Einblick in ihr Leben. Das hat mich inspiriert und angespornt. Und es hat mich ermutigt, selber transparent und offen von meinen Lernschritten, Fragen, Krisen und Aha-Erlebnissen zu berichten.

So ist dieses Buch eng an meine Erfahrungen der letzten Jahre geknüpft. Bestimmte Ereignisse hinterließen Spuren bei mir und forderten mich dazu heraus, mich zu verändern und reif zu werden. »Ich muss darauf vertrauen, dass Gott in mir am Werk ist und dass die Art, wie er mich an neue innere und äußere Orte führt, ein kleiner Ausschnitt seiner Absichten mit der ganzen Welt ist, und dass sie deshalb grundsätzlich etwas über seine Absichten mit uns verrät«, sagt Henri Nouwen[1].

Eines ist mir jedoch wichtig: Haben Sie beim Lesen acht auf Ihr Herz! Während einer Südafrika-Reise erfreute ich mich an einer besonders schönen Lilienart. Warnschilder in den Gästehäusern erstaunten mich allerdings: Dort hieß es, man solle ebendiese Lilienart auf keinen Fall außer Landes nehmen. In Neuseeland habe diese wunderschöne Blume eine Naturkatastrophe ausgelöst, weil sie sich enorm vermehrte und einheimische Blumen verdrängte.

Gott hat seinen ganz eigenen Weg mit Ihnen. Nicht alles, was ich schreibe, passt in Ihre »Landschaft«. Gehen Sie dem nach, was Sie anspricht. Überlesen Sie ruhig die Abschnitte, die bei Ihnen Druck auslösen. Sie erhalten hier eine über Jahre angesammelte geballte Ladung an Ideen und Anregungen.

Vielleicht möchten Sie das Buch zunächst einmal zügig durchlesen. Doch dann suchen Sie sich ein oder zwei Gedanken oder Ideen

1 Henri Nouwen, *Seelsorge, die von Herzen kommt*, Herder Verlag, S. 13.

heraus. Sprechen Sie mit Jesus und Freunden darüber, und prüfen Sie, ob Sie diese in Ihrem Glauben und Leben stärken oder nicht.

Im ersten Kapitel »Das Dilemma« zeige ich Zusammenhänge auf, die uns davon abhalten, geistliche Reife zu entwickeln. »Die Vision« nimmt dann das in den Blick, wo wir mit Gottes Hilfe hinwachsen möchten. Das Kapitel »Das Training« möchte aus unterschiedlichen Blickwinkeln konkrete Wege zur Reife aufzeigen. Da andere Menschen für uns in diesem Prozess unerlässlich sind, nimmt das nächste Kapitel die Form von Gemeinschaft unter die Lupe, die wir heute im 21. Jahrhundert vor allem leben: »Freundschaft«. Wie uns Krisen in unserem Anliegen, in Glaube und Leben zu wachsen, nicht zu Fall bringen, sondern stärken, zeigt das Kapitel »Die Krise« auf. Das letzte Kapitel »Reife« dann malt uns noch einmal vor Augen, nach was wir eigentlich streben und warum wir das tun.

Es ist nicht zwingend, die Kapitel nacheinander zu lesen. Sie können die Kapitel auch in anderer Reihenfolge lesen, je nachdem, welches Thema Sie besonders anspricht.

Übrigens entstand die Idee zu diesem Buch während der Vorbereitung einer Tagung auf dem Dünenhof. Viele wunderbare Frauen haben mich dort dazu ermutigt, es zu schreiben. Ich danke Frau Aufermann dafür, dass sie meine Vorträge abgetippt und somit für dieses Buch verfügbar gemacht hat. Silke Gabrisch, meiner Lektorin, danke ich für ihre kompetente und freundliche Unterstützung.

Vor allem danke ich Wolfgang, meinem Mann, dass er mich, wie schon so oft, während des Schreibprozesses immer wieder angefeuert und ermutigt hat.

1. Das Dilemma

Warum unser Anspruch oft nicht mit unserer Realität übereinstimmt

Wir Jesusnachfolger haben ein Problem. Wir leben nicht das, wozu wir berufen sind und was wir selber Sonntag für Sonntag verkündigen. Laut Neuem Testament sollen wir mit zunehmendem Alter charakterstärker und reifer werden. In unseren Kirchen und Gemeinden sollte es also geradezu wimmeln von veränderten, freudigen, lebendigen und liebevollen Menschen. Doch das ist nicht der Fall.

Vor Kurzem erwähnte ein gläubiger Manager während eines Coachings einen Mann, der ihm ein Vorbild sei, da er »Christ und trotzdem positiv, authentisch und bodenständig« sei. In seinem Umfeld erlebe er im Allgemeinen zwei Gruppen von Menschen: die Mitglieder seiner Gemeinde, die eher komisch und wenig froh seien, und positive, bodenständige Freunde außerhalb der Gemeinde.

Eine Teilnehmerin an einem meiner Seminare sagte: »Ich kenne keine ältere Frau in meiner Gemeinde, die meine Mentorin werden könnte. Bei den meisten denke ich: So will ich auf keinen Fall werden!«

Das ist doch nicht normal! Das ist doch nicht das, was Jesus für uns als seine Nachfolger im Sinn hatte! Paulus spricht in seinen Briefen immer wieder die Entwicklung eines normalen Christen an. Im Römerbrief sagt er, unser Ziel sei es, Jesus »gleich gestaltet« zu werden (vgl. Römer 8,29). An die Galater schreibt er, dass Christus in uns »Gestalt gewinnen« soll (vgl. Galater 4,19). Den Kolossern teilt er mit, dass jeder Mensch in Christus »vollkommen« werden soll (vgl. Kolosser 1,28). Das sind unterschiedliche Beschreibungen mit verschiedenen Schwerpunkten, aber es geht immer um ein und dasselbe: um die Veränderung des Charakters. Um Heiligung. Darum, Jesus ähnlicher zu werden. Es geht um Reife und innere Stärke.

Woher kommt also diese Diskrepanz? Wie kann es sein, dass so ein großer Unterschied besteht zwischen dem, was die Bibel sagt, und dem, was wir erleben? Die Gründe sind vielschichtig. Ich will mich mit Ihnen zusammen auf die Suche machen.

> Wie kann es sein, dass so ein großer Unterschied besteht zwischen dem, was die Bibel sagt, und dem, was wir erleben?

Ein paar Beobachtungen

Folgendes beobachte ich bei uns Christen in Kirchen und Gemeinden:

1. Wir haben uns daran gewöhnt, dass wir nur wenige starke, attraktive Christen kennen, und denken daher: »Das ist normal.«

Wir sind vielleicht diffus desillusioniert und enttäuscht über den Reifestand geistlicher Leiter oder auch über unser eigenes geistliches Leben, aber wir denken: »Na ja, so ist das nun einmal. Vollkommen werden wir eben doch erst im Himmel sein.« Und obwohl wir die Bibel ab und zu oder sogar regelmäßig lesen, lassen wir uns nicht mehr von ihrem Anspruch, davon, wie sie Nachfolger Jesu beschreibt, schockieren. Mehr noch: Wir beziehen das Gelesene oft gar nicht auf unser eigenes Leben und unseren konkreten Alltag. Das alles scheint uns normal, wenn auch wenig spannend und begeisternd zu sein.

2. Wir trennen unser sogenanntes »geistliches« Leben von unserem restlichen Alltag.

Leben wir nicht alle irgendwie in dieser eigenartigen Schizophrenie? Zum geistlichen Leben gehört für uns: Gemeinde, Gottesdienst, Bibellesen, Beten und der Hauskreis. Der Rest ist unser sonstiges Leben: unser Beruf, unsere Ehe und Familie, unser Charakter, unsere Seele. Heiligung scheint sich nur auf den ersten Bereich zu beziehen.

Wenn uns jemand fragt: »Wie sieht dein geistliches Leben aus?«, denken wir sofort daran, wie es um unsere »Stille Zeit«[2] steht.

Doch wenn wir Jesus in den Evangelien betrachten, begegnen wir einer völlig anderen Sichtweise. Jesus geht es immer um den ganzen Menschen – um seine Motive, seinen Lebensstil, seine verborgenen Gedanken, seine Beziehungen, sein Tun und Handeln in jedwedem Lebensbereich. Er lehnt eine Trennung in geistliche und sonstige Bereiche ab und wehrt sich gegen die Einteilung in »geheiligt« und »profan«, als er von den Schriftgelehrten damit konfrontiert wird (vgl. Matthäus 12,1-8). Er will Herr über alle Bereiche unseres Lebens sein und will sie mit seiner Art prägen. Ich kann nicht im »frommen Bereich« stark und als sonstiger Mensch schwach sein. Oder umgekehrt. Reife hat mit dem ganzen Leben zu tun.

3. Wir folgen einem falschen Konzept von Wachstum und Veränderung.

Wir denken: Wenn wir nur bibeltreue Predigten halten bzw. hören und auf das Wichtige hinweisen, dann verändern wir uns auch. Wenn wir nur die richtigen Bücher lesen, reifen wir. Wissen alleine jedoch verändert nichts. Damit Wachstum geschehen kann, müssen andere Faktoren hinzukommen. Heiligung und Reife entstehen durch Jüngerschaft. Jüngerschaft ist dem biblischen Modell nach das, was die Jünger drei Jahre lang bei Jesus erlebten: In einer kleinen Gemeinschaft trainierten und lernten sie von seinem Vorbild und miteinander. Jesus lehrte seine Jünger so, wie es dem heutigen wissenschaftlichen Stand in Bezug auf das Lernen entspricht und wie es bei jedem guten professionellen Seminar gemacht wird: Wissen gemeinsam erarbeiten, von Fallbeispielen ausgehend lernen, Erkanntes trainieren, einüben, auswerten und reflektieren. Wachstum geschieht also nicht nur durch Hören, sondern vor allem durch unser Tun.

---

2 Ein tägliches Ritual mit Gebet und Bibellesen.

4. Wir leben keine verbindliche, tiefe Gemeinschaft.

Nur in tiefen, authentischen Beziehungen haben wir eine Chance, reifer zu werden, denn niemand verändert sich allein daheim im stillen Kämmerlein. Wir werden jedoch auch nicht wachsen, wenn unser einziges Gemeinschaftserlebnis das Nebeneinandersitzen in einem Gottesdienst ist.

Rob Bell, Pastor der Mars-Hill-Gemeinde in Michigan, zählte einmal all die Bibelstellen im Neuen Testament, in denen der Ausdruck »einer dem anderen« vorkommt, z. B. »Ertrage einer den anderen« (Kolosser 3,13). Er kam auf 43 Verse. Während des Gottesdienstes am Sonntagmorgen kann man vielleicht drei oder vier von ihnen praktisch erleben. Und wenn die Gemeinde sehr groß ist, sind es noch weniger. Solch eine Großveranstaltung birgt daher eine Gefahr. Man kommt, setzt sich hin, hört zu, geht nach Hause und denkt: »Ich war in der Gemeinde«, obwohl man kein einziges »Einer dem anderen« praktiziert hat.[3]

Ich selber genieße Gottesdienste mit Lobpreis und einer aufbauenden Predigt. Was aber bewirkt diese Predigt? Wenn sie mich nicht zum Handeln bringt, zu einer konkreten Klärung mit Gott und meinem Nächsten, wenn es bei einem schönen Gefühl bleibt, ist ihre Wirkung schneller verpufft, als ein Mittagessen verdaut.

Was aber bewirkt diese Predigt? Wenn sie mich nicht zum Handeln bringt, zu einer konkreten Klärung mit Gott und meinem Nächsten, wenn es bei einem schönen Gefühl bleibt, ist ihre Wirkung schneller verpufft, als ein Mittagessen verdaut.

Ich predige regelmäßig in meiner Gemeinde. Doch noch nie kam jemand auf mich zu und berichtete von einer dadurch angestoßenen entscheidenden Lebensveränderung. Bei der langfristigen Mentoring-Begleitung, wo eine Vielzahl der »Einer dem anderen«-Aktivitäten praktiziert wird, habe ich das jedoch erlebt. Wir brauchen tiefe, verbindliche Gemeinschaften, in

3 Rob Bell, *Tying the Clouds Together*, http://www.christianitytoday.com/le/preachingworship/preaching/tyingcloudstogether.html (20.9.2010).

denen wir uns öffnen können. Wir brauchen das Gegenüber, das uns tröstet, ermahnt und inspiriert.

5. Wir wälzen die Verantwortung für unser Wachstum auf andere ab.

»Wenn ich nur mehr Schwarzbrotpredigten erhielte, dann wäre ich in meinem geistlichen Leben weiter«, denken wir vielleicht. Wir übertragen die Verantwortung für unser Wachstum auf den Pastor oder Leiter. Die Willow-Creek-Gemeinde Chicago hat in ihrer umfangreichen Studie »Reveal«[4] vor allem eines aufgezeigt: *Meine* geistliche Reife kann nicht von einem anderen ausgelöst oder bewirkt werden. Sie kann nur selber angestrebt werden. Die Studie belegt ferner: Starke, freudige Christen sind Menschen, die sich selber aus dem Wort Gottes ernähren, in authentischer Gemeinschaft leben und sich in den Dienst für andere stellen. Keine Gemeindeleitung, kein Pastor kann das an uns vorbei bewirken. Sie können dazu einladen, aber verändern können sie uns nicht. Gott adelt uns mit der Verantwortung, unser Leben selber zu gestalten – wie es Gordon MacDonald einmal ausdrückte. Gott und andere unterstützen uns dabei, aber handeln müssen wir selber.

Eine christliche Tagungsstätte veranstaltet jedes Jahr eine Zukunftswerkstatt für Leute zwischen 20 und 30 Jahren. Dabei schmieden die Teilnehmer persönliche Visionen und träumen mit Jesus in die Zukunft.

Nun wollte man dieselbe Veranstaltung auch für Menschen zwischen 30 und 40 anbieten – und erlebte eine Überraschung: Die Tagung verlief völlig anders. Sie wurde zu einer Seelsorge-Veranstaltung, da ein großer Anteil der Teilnehmer bereits vor den Scherben der einstigen Träume stand.

---

4 Greg L. Hawkins und Cally Parkinson, *Prüfen. Aufrüttelnde Erkenntnisse der REVEAL-Studie über Gemeindeleben und geistliches Wachstum*, Gerth Medien.

Viele Christen starten als Jugendliche und junge Erwachsene begeistert und engagiert. Vielleicht sind sie in einer christlichen Familie aufgewachsen oder als Schüler und Studenten zum Glauben gekommen. Schon früh übernehmen sie Verantwortung, leiten Jugendgruppen und später Gemeinden. Sie wollen für Jesus die Welt aus den Angeln heben. Wollen sich in ihrer Gemeinde und in der Gesellschaft engagieren. Wollen etwas verändern. Doch ein oder zwei oder drei Jahrzehnte später sind sie nicht mehr dabei. 85 Prozent der Leiter und anderen Christen bleiben irgendwo auf der Strecke.[5] Warum?

Die bereits erwähnte Reveal-Studie hat Menschen, die von sich selber sagen: »Ich stagniere in meinem geistlichen Leben«, nach den Gründen gefragt. Vier Punkte wurden gehäuft genannt:

- Abhängigkeiten und Süchte wie Alkohol, Pornografie, Essstörung, Kaufsucht etc.
- ungute, belastende Beziehungen (Affären, Beziehungen, die vom Glauben wegführen)
- emotionale Probleme wie Depressionen, Wut, Verdrängung von Gefühlen
- ungute Prioritäten im Leben

Wenn wir ehrlich sind, sind wahrscheinlich alle vier Punkte auch schon einmal Gefahren in unserem eigenen Leben gewesen. Das ist normal. M. Scott Peck beginnt sein Buch *Der wunderbare Weg* mit dem Satz: »Life is difficult.« Das Leben ist schwer. Ja, das stimmt. Auch wenn wir mit Jesus durch das Leben gehen. Jeder von uns ist irgendwann mit Stürmen und Krisen konfrontiert, und die entscheidende Frage lautet, wie wir darauf reagieren.

5 Floyd McCLung, *Follow. Why leaders and others don't finish well*, David C. Cook.

Meine eigene Krise

Und damit komme ich zu mir persönlich und den Umständen, durch die Thema und Inhalt dieses Buches entstanden sind.

Vor fünf Jahren ging es meiner Familie und mir rundum gut. Mein Mann Wolfgang und ich hatten mit einem großen Fest unsere Silberhochzeit gefeiert. Wir führten eine glückliche Beziehung. Unsere drei jugendlichen Kinder entwickelten sich prima. Wir beide arbeiteten leidenschaftlich in unserer Gemeinde mit: Wolfgang war neben seinem Beruf als Hausarzt seit Langem Ältester, ich hatte eine Seelsorgearbeit aufgebaut und als erste Frau in unserer Gemeinde zu predigen begonnen. Wir hatten unsere dritte, einjährige Mentorengruppe für junge Leiter angefangen. Gemeindeferne Menschen kamen mit in die Gemeinde und fanden dort zum lebendigen Glauben an Jesus. Ich hatte in meiner Beratungspraxis gut zu tun und schrieb ein Buch zu dem wunderbaren Thema Berufung[6]. Alles verlief bestens.

Doch dann wurde plötzlich alles anders. In der Gemeinde taten sich einige Leute zusammen, die mit der Gemeindeleitung unzufrieden waren. Sie trafen sich und luden andere unzufriedene Gemeindemitglieder zu diesen Treffen ein. Es folgten Gemeindeversammlungen, die zu den traumatischsten Erlebnissen meines Lebens gehören. Die Gemeindeleitung versuchte ein Jahr lang, sowohl die Gemeinde weiter am Laufen zu halten als auch die Krise zu bewältigen. Sie engagierte einen externen Berater und führte unzählige Gespräche. Doch die Zeit arbeitete gegen sie.

Die Verwirrung unter den Gemeindemitgliedern, auch unter denen, die bis zum Beginn der Krise mit der Gemeinde zufrieden gewesen waren, nahm immer mehr zu. Nach einer Abstimmung, die zeigte, dass viele das Vertrauen in die Ältesten verloren hatten, trat die gesamte Gemeindeleitung zurück. Wir alle waren am Rande der Erschöpfung. Nach viel Gebet, Gesprächen mit geistlichen Beratern und reiflicher Überlegung traten alle ehemaligen Ältesten mit ihren Familien – also auch wir – aus der Gemeinde aus.

---

6 *Berufung finden und leben*, SCM R.Brockhaus.

Für uns brach eine Welt zusammen. Zehn Jahre hatten wir uns mit Leib und Seele in diese Gemeinde eingebracht. Wir hatten sie geliebt. Wir hatten Leiterinnen und Leiter geschult und begleitet, gepredigt, junge Paare getraut, zum Schluss als ganze Familie ein furchtbares Jahr durchgestanden – und dann war alles einfach aus.

Es gab Zeiten in diesen beiden Krisenjahren, in denen uns Jesus spürbar näher erschien als je zuvor. Phasen, in denen uns die Bibel ganz lebendig wurde. Momente, in denen wir von Gott unglaubliche Ruhe und Kraft bekamen. Ich erinnere mich an Gebetszeiten mit Wolfgang, die so ehrlich, innig und tröstlich waren wie nie zuvor. Jesus war uns immer wieder ein Anker, der Retter unseres Lebens.

Aber es gab auch Tage, an denen ich eingehüllt war in einen Nebel von Zweifel. Das Innerste meiner Weltsicht, meines Glaubens, wankte. Ich fragte mich: »Glaube ich wirklich das, was ich selber immer verkündigt habe? Oder sind das nur schöne Worte für gute Tage gewesen? Geistliches Wachstum, Reife, innere Stärke – ist das nicht doch nur eine Illusion? Weiß ich überhaupt noch, wo ich selber stehe? Und vor allem: Will ich wirklich weitermachen? Will ich mich diesem Jesus mit Haut und Haaren anvertrauen? Diesem Jesus, der mich vor solchem Leid nicht geschützt hat? Will ich weiter radikal und leidenschaftlich für und mit ihm leben? Ist so ein Leben auf Dauer nicht doch nur ein frommer Wunsch?« Ich wusste, dass ich in Gefahr stand, stecken zu bleiben oder gar aufzugeben. Ich war desillusioniert. Mein Mann war es auch.

Ich fragte mich: »Glaube ich wirklich das, was ich selber immer verkündigt habe? Oder sind das nur schöne Worte für gute Tage gewesen? Geistliches Wachstum, Reife, innere Stärke – ist das nicht doch nur eine Illusion?«

Nach unserem Austritt aus der Gemeinde trafen wir uns ein Dreivierteljahr lang nur noch im Wohnzimmer mit einigen wenigen Freunden. Wir brauchten Zeit, um uns zu erholen und heiler zu werden.

Ein langer Weg

Jesus führte meinen Mann und mich einen langen Weg der Wiederherstellung. Wir beide gaben Jesus erneut unser Ja – ja, wir wollen ihm auch den Rest unseres Lebens leidenschaftlich und mit Haut und Haaren dienen. Wir haben uns entschieden, nicht in einer »Enttäuschungs-Vermeidungshaltung« zu verharren, sondern das Leben wieder in all seiner Fülle zuzulassen. Wir gehen erneut das Wagnis des Glaubens ein, auch das Wagnis im Blick auf einen Gemeindedienst. Jesus, der diesmal unser Heiland war, wird es auch in Zukunft sein. Und vor allem: Wir sehen keine Alternative dazu, ihm leidenschaftlich und radikal zu folgen und in Gemeinschaft zu leben, wenn wir an unserem inwendigen Menschen, an unserer Seele, nicht dauerhaft Schaden nehmen wollen. Und so haben wir vor zwei Jahren mit einer Gruppe von etwa zwanzig Leuten *Lebenswert*, eine Freikirche in Köln, gegründet.

Wir wissen heute: Es gibt sie – die normalen Jesusnachfolger. Menschen, die Jesus seit Jahrzehnten leidenschaftlich nachfolgen und ihm mit ganzem Herzen dienen. Leute, denen man die Freude an Gott und am Leben abspürt. Christen, die wie wir Krisen erlebt, aber auch überlebt und mit Gottes Hilfe verarbeitet haben und die auch heute noch ausdauernd und begeistert das Rennen des Glaubens laufen. Dank Gottes Hilfe sind wir erneut mit dabei.

Was aber hilft uns ganz konkret, fest im Glauben und stark im Leben zu werden? Wie bleiben wir langfristig auf der Wachstumsspur? Was könnten Pfeiler für unser Leben und unseren Glauben werden, die uns stärken und halten? Davon handeln die nächsten drei Kapitel.

2. Die Vision

Mit Jesus in die Zukunft träumen

Der Film *Chicken Run* erzählt von Hühnern, die auf einer KZ-ähnlichen Hühnerfarm leben. Sie müssen unermüdlich Eier produzieren. Wenn ein Huhn seine Legequote nicht erreicht, wird es von der schrecklichen Inhaberin der Farm abgeschlachtet. Alle Hühner leben daher in Angst und Schrecken, sagen sich jedoch: »So ist das nun einmal. Da kann man nichts machen. Es ist Hühnerschicksal, so zu leben und zu sterben.«

Doch Ginger, die Heldin unter den Hühnern, sieht das ganz anders. Sie weigert sich, in der Lethargie des Lagers zu versinken. Sie glaubt an ein Leben jenseits der Zäune und an die Freiheit. Bei diversen Ausbruchsversuchen setzt sie ihr Leben aufs Spiel und wird immer wieder eingesperrt. Dann schmiedet sie schließlich einen verrückten Ausbruchsplan: Sie baut eine Flugmaschine. Ihre Vision und ihre Leidensbereitschaft stecken schließlich die anderen Hühner an. Sie überwinden ihre Trägheit und ihre Feigheit, schließen sich Ginger an und landen schließlich alle in der Freiheit.

Was hat diese Wende herbeigeführt? In welchem Moment haben sich die Hühner motivieren lassen und sich auf das Wagnis des Ausbruchs eingelassen, das sie alle umgehend den Kopf hätte kosten können?

Erstens: Sie sahen: Da ist ein Huhn, das die gegebene Realität nicht als die einzig mögliche ansieht. Ginger glaubte tatsächlich, dass es eine andere, eine bessere Wirklichkeit und Zukunft gab. Und sie handelte entsprechend. Die Hühner brauchten ein *Vorbild*, das im Glauben an diese andere Realität handelte, und sie fanden es in Ginger.

Zweitens: Die Hühner ließen sich von Gingers Vorbild inspirieren. Stellten ihre bisherige »einzig richtige« Sichtweise der Realität infrage. Schließlich machte sich in ihren Köpfen bereits die Freiheit breit, obwohl sie noch immer hinter Gittern lebten. Diese *Vision*, dieses In-den-Blick-Nehmen neuer Möglichkeiten, motivierte sie, Ginger bei ihrem Ausbruchsplan zu unterstützen.

Drittens: Als die Vision in ihren eigenen Herzen zum Leben erwacht war, überwanden sie ihre Trägheit, nahmen *Risiken* auf sich und landeten schließlich in der Freiheit. Ihre Vision wurde Wirklichkeit.

Wer werden Sie sein?

Wie denken Sie über Ihr Leben? Über Ihre Zukunft? Worauf gehen Sie zu? Was erwarten Sie vom Leben? Wer, vermuten Sie, werden Sie in zehn, zwanzig oder dreißig Jahren sein? Was tun Sie dann – vielleicht? Wer werden Sie sein? Wie werden Sie sein?

Wie denken Sie über Ihr Leben? Über Ihre Zukunft? Worauf gehen Sie zu?

All diese Fragen können uns zum Träumen bringen, uns ein Bild von unserer Zukunft vor Augen malen. Doch wie können wir dafür sorgen, dass diese Gedanken nicht nur Träume bleiben? Was beeinflusst die Entwicklung unseres Lebens? Was bestimmt, wer wir sind und wer wir sein werden? Gordon MacDonald zeigte während einer Tagung folgendes Modell:

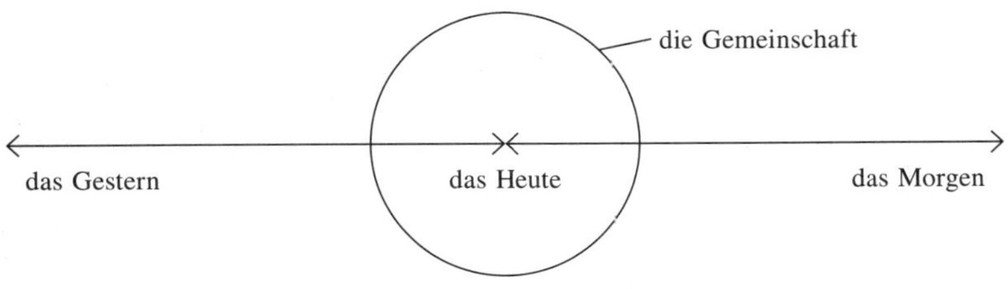

Vier Kräfte beeinflussen die Entwicklung unseres Lebens: unsere Vergangenheit, die Gestaltung unserer Gegenwart, das Leben in Gemeinschaft und unsere Sicht von der Zukunft.

Ich halte das für eine erstaunlich einfache und doch tiefgründige Einsicht. Und ich glaube, dass wir – mit Gottes Hilfe – diese vier Kräfte beeinflussen können.

Unsere Vergangenheit

Dass unsere Vergangenheit unser Leben stark beeinflussen kann, ist mir in den letzten fünfzehn Jahren sehr präsent gewesen. Wir alle können im Rückblick auf unser Leben sowohl positive als auch negative Aspekte erkennen. Als Beraterin begleite ich Männer und Frauen dabei, Schweres zu verarbeiten. Aber auch ich selbst habe gemerkt, wie stark mein Leben durch meine ganz persönliche Geschichte geprägt worden ist. Ich bin dankbar dafür, dass ich mithilfe von Seelsorgern und Freunden meine Vergangenheit habe verarbeiten können. In Psalm 18,20 und 24 heißt es: »Gott hat mein Leben wiederhergestellt, als ich alle Teile vor ihn brachte. Gott hat den Text meines Lebens neu geschrieben, als ich ihn in das Buch meines Herzens blicken ließ« (frei übersetzt nach *The Message*). Wir können notvolle Erfahrungen der Vergangenheit nicht mehr ändern, doch wir können mit Gottes Hilfe unsere Vergangenheit verarbeiten und annehmen.

Dieses Verarbeiten und Bewältigen ist nie beendet. Von Zeit zu Zeit begegnet mir ein Thema meiner Vergangenheit in neuem Kleide. Wie oft habe ich schon innerlich oder äußerlich gestöhnt, wenn meine Mentorin mich fragte: »Birgit, kennst du dieses Verhalten, dieses Gefühl von früher?« Ja, natürlich kenne ich es – und so stoße ich doch wieder auf einen bekannten wunden Punkt. Es ist wie mit einer Zwiebel: Die eine Schicht ist abgepellt und bearbeitet. Nun ist die nächste Schicht dran.

Die Bearbeitung meiner Vergangenheit ist also von entscheidender Bedeutung, wenn ich reif werden will. Es ist einer der vier Aspekte, die die Entwicklung unseres Lebens prägen. Jeder sollte es sich gönnen, in Seelsorge oder Therapie die eigene Geschichte zu verarbeiten.

Dennoch beobachte ich bei manchen Christen eine übermäßige Fixierung auf Seelsorge und die Bearbeitung der Vergangenheit. Das halte ich nicht für hilfreich. Ich würde in meiner Seele vermutlich genügend »Bearbeitungsmaterial« für zehn weitere Jahre Seelsorge finden, und ich befürchte, danach würde wieder Neues auftauchen. Doch währenddessen ziehen kostbare Jahre meines Lebens vorbei.

Reife Christen stellen sich ihrer Vergangenheit. Wenn sie Knoten in ihrem Leben und in ihren Beziehungen entdecken, die sich mit üblichen Bewältigungsstrategien nicht lösen lassen, nehmen sie Hilfe durch Therapie und Seelsorge in Anspruch. Sie schauen sich schmerzliche Zusammenhänge, Lebenswunden und Verletzungen an und bitten Christus, ihre Seele zu heilen.[7]

Dennoch ist die Beschäftigung mit der Vergangenheit für sie kein Dauerzustand. Trotz mancher Narben richten sie ihren Blick wieder nach vorne und leben in der Hingabe an Christus kraftvoll ihr Leben – das einzige, das sie auf dieser Erde haben. Sie dulden nicht, dass ihre Empfindlichkeiten die alleinige Aufmerksamkeit erhalten, sondern lassen die Worte, die Gott an Paulus richtete, in ihr eigenes Herz fallen: »Lass dir an meiner Gnade genügen, denn meine Kraft ist in den Schwachen mächtig« (2. Korinther 12,9a). Und sie stimmen in Paulus' Antwort ein: »Als ich das hörte, konnte ich es froh annehmen. Ich hörte auf, mich auf meine Behinderung zu fokussieren, und begann sogar, sie als Geschenk anzunehmen« (2. Korinther 12,9; frei übersetzt nach *The Message*).

Vor Kurzem malte mir die Schlussszene des Films *A Beautiful Mind* diese Wahrheit vor Augen. Die Hauptperson John Nash geht unter Applaus nach vorne zum Rednerpult, um seinen Nobelpreis für Mathematik in Empfang zu nehmen. Auf dem Weg dorthin entdeckt er neben sich einen Mann und ein Mädchen. Beide sind nicht real da, sondern Halluzinationen, die durch seine Schizophrenie hervorgerufen werden. Nash schaut sie gelassen an. Er regt sich nicht mehr auf. Er reagiert nicht mehr auf das, was sie ihm »sagen«. Nash weiß inzwischen, dass er diese Personen zwar sieht, sie jedoch nicht real sind. Er lächelt und schreitet weiter zum Rednerpult, um seine Rede zu halten.

---

7 Hilfreiche Literatur zu diesem Thema: Thomas Härry: *Echt und stark* und *Das Geheimnis deiner Stärke*, beide erschienen bei SCM R.Brockhaus.

Mit dieser Einstellung möchte ich leben. Immer wieder begegnen mir »alte Bekannte« meiner Vergangenheit. Sie zeigen mir: Ich bin noch nicht im Himmel. Noch lebe ich auf dieser Erde. Auch als Christ bin ich noch nicht vollkommen wiederhergestellt, wie ich es dereinst im Himmel sein werde. Und dennoch gehe ich froh meines Weges und strebe danach, mein Leben mit Gottes Hilfe kraftvoll zu gestalten. Ich bin davon überzeugt: Das, in was ich meine Energie investiere, das wächst.

> Auch als Christ bin ich noch nicht vollkommen wiederhergestellt, wie ich es dereinst im Himmel sein werde. Und dennoch gehe ich froh meines Weges und strebe danach, mein Leben mit Gottes Hilfe kraftvoll zu gestalten.

Obwohl es viel zum Thema »Verarbeitung der Vergangenheit« zu sagen gibt, möchte ich diesen Aspekt an dieser Stelle nicht vertiefen, da es bereits viele gute Bücher dazu gibt. Allerdings wird die Bedeutung unserer Vergangenheit in allen folgenden Kapiteln immer wieder eine Rolle spielen, denn sie kann beispielsweise unsere Freundschaften beeinflussen oder unser Training blockieren.

In diesem Kapitel geht es um den Aspekt der Zukunft. In Kapitel 3 »Das Training« dann um die Gestaltung meiner Gegenwart und in Kapitel 4 »Die Freundschaft« darum, wie das Leben in Gemeinschaft konkret aussehen kann.

Unsere Sicht von der Zukunft

Lange Zeit prägte folgende Überzeugung mein Leben: Meine Gene und meine Vergangenheit prägen mich, bestimmen, wer ich bin und einmal sein werde. An meinen Genen kann ich nichts ändern. Die Vergangenheit kann ich mit Gottes Hilfe verarbeiten. Das war's.

Doch dann kam eine neue, aufregende Erkenntnis hinzu. Wir verbrachten um die Jahrtausendwende mit drei Familien einige Tage an der Atlantikküste Marokkos (wir hatten mit drei Wohnmobilen Frankreich und Spanien durchfahren, um dieses wunderschöne Land zu bereisen). Jeden Tag entfernte ich mich von der Zelt- bzw.

Wohnmobilburg, bewaffnet mit Campingtisch und Stuhl, Tagebuch, Bibel und einem Buch, und ließ mich mit Blick auf das Meer nieder. Kurz zuvor hatte ich eine Therapie beendet und fragte mich: »Was nun? Wie geht es weiter?« Da begeisterte mich ein mir bis dahin unbekannter Gedanke. Ich las bei Stephen Covey, *Die sieben Wege zur Effektivität. Ein Konzept zur Meisterung Ihres beruflichen und privaten Lebens* (Campus Verlag), dass es neben der Vergangenheit einen genauso stark prägenden Faktor für mein Leben gibt, und zwar die Sicht von meiner Zukunft. Er beschrieb, wie wichtig es sei, eine klare Vorstellung von dem zu haben, was kommt. Von dem, was noch nicht ist, aber zu dem man hinmöchte. »Schon am Anfang das Ende im Sinn haben beruht auf dem Gesetz, dass alles zweimal geschaffen wird. Es gibt bei allem eine mentale und erste Phase des Entstehens (Bauplan) und eine physische oder zweite Phase (tatsächlicher Bau).«

Ich saß dort am Meer und Hoffnung erfüllte mich. Ich spürte plötzlich eine unbändige Freude und innere Freiheit. Ich durfte also mit Gottes Hilfe in die Zukunft träumen. Durfte Gottes Möglichkeiten in den Blick nehmen. Ganz egal, wie meine Vergangenheit mich vermeintlich festgelegt hatte. Ich durfte meine Sicht der Zukunft sozusagen »bekehren« und von Christus prägen lassen. Durfte eine Sicht der Zukunft erlangen, die Gottes Möglichkeiten widerspiegelte. Mein Herz hüpfte. Gleichzeitig merkte ich, dass ich eigentlich gar keine (bewusste) Vorstellung davon hatte, wohin ich einmal wollte, wer ich werden wollte. Das war für mich noch ein längerer Weg.

> Ich durfte meine Sicht der Zukunft »bekehren« und von Christus prägen lassen.

Seitdem beobachte ich die unglaubliche Kraft von Visionen in meiner Arbeit als Beraterin. Ein zerstrittenes Paar sitzt vor mir in der Praxis. Sie sind beide völlig entmutigt und desillusioniert. Ich fordere sie zu einer Übung auf: »Stellen Sie sich vor, eines Tages kommen Sie zu einem Beratungstermin und sagen mir beide: ›Wir wollen die Beratung beenden. Es geht uns wieder rundum gut miteinander.‹ Wie sieht Ihre Ehe dann aus? Was ist anders geworden?« Beide schreiben ihre Antworten auf ein Blatt Papier. Dann schauen wir uns in Ruhe das an, was jeder in seinem Herzen trägt. Ich kann beim Vorlesen der Visionen förmlich spüren, wie ihre Hoffnung wächst. Jenseits der Probleme schlägt das Herz ja doch für den Partner und für die Beziehung. Es ist, als würden die beiden, ausgelöst durch diese Frage, ihren Tunnelblick verlieren und zu ungeahnten Höhen aufsteigen. Wenn sich daraus dann eine gemeinsame Vision entwickelt, wird eine zuvor ungeahnte Bereitschaft freigesetzt, an der Ehe zu arbeiten und sich anzustrengen.

Doch wodurch wird meine Sicht auf meine Zukunft geprägt? Den größten Einfluss haben mein Umfeld und meine Herkunftsfamilie. Die Frauen und Männer, die in meinem Leben eine Rolle spielen und gespielt haben. Die Vorbilder, die ich hatte und habe. Dabei ist es unerheblich, ob es sich um gute oder eher schlechte Vorbilder handelt. Beide haben meine Sicht auf meine Zukunft geprägt.

Sabine, eine fast 40-jährige Frau, Mutter zweier Kinder, kam wegen einer Depression zu mir in die Beratung. Wir schauten uns Zusammenhänge ihrer Lebensgeschichte an, sie arbeitete Themen durch und dennoch verschwand die Traurigkeit nicht. Dann erzählte sie während einer Sitzung mit leuchtenden Augen von schönen Erlebnissen in ihrer Jugendzeit. Ein Tausendsassa sei sie gewesen, ein absolutes Energiebündel. Mit einem Strahlen im Gesicht berichtete sie von den Tanzbällen in ihrer Heimatstadt, einem Ort in Rumänien. Dann seufzte sie, verfiel wieder in Resignation und sagte: »Aber das ist jetzt vorbei.« Ich hakte nach: »Wie sah denn in Ihrer Heimat das Leben der Frauen jenseits der vierzig aus?« Ihr Gesicht wurde ganz finster, als sie sagte: »Für die gab es keinen Spaß mehr. Die hatten eigentlich nur noch Aufgaben in Haus und Hof zu erledigen.« Diese Vorstellung war Sabine ein Gräuel. Sie war eine kreative Chaotin und hasste Hausarbeit.

Welche Vision hatte Sabine von ihrer Zukunft? Eine konkrete, aber sehr traurige. Was erwartete sie ihrer Meinung nach? Ein Schreckensdasein ohne Freude und Abenteuer. Da war es doch völlig verständlich, depressiv zu werden. Das alles war Sabine bis zu diesem Zeitpunkt nicht bewusst gewesen. Sie war sich nicht im Klaren darüber, dass ihre Depression eine Reaktion auf ihre Vorstellungen über das Leben einer älter werdenden Frau war. Diese Vorstellungen waren jedoch kein unumstößlicher Fakt, sondern lebten nur in ihren Gedanken. Sie waren durch die Vorbilder entstanden, die sie als Kind gehabt hatte.

Warum brauchen wir also eine gute, lebensfördernde Vision für unsere Zukunft? Weil wir – bewusst oder unbewusst – auf sie zugehen. Weil unsere Sicht der Zukunft einer der vier Aspekte ist, die unser Leben im Hier und Jetzt beeinflussen und uns leiten.

> Warum brauchen wir eine gute, lebensfördernde Vision für unsere Zukunft? Weil wir – bewusst oder unbewusst – auf sie zugehen.

Ein weiteres Beispiel: Uta, 35 Jahre alt, fühlt sich »wie in einem Kokon«, deprimiert und traurig. Als Pfarrerin bekommt sie von ihrer Kirchengemeinde enorm viel Bestätigung. Immer wieder hört sie, wie zufrieden alle sind. Doch Uta geht es schon seit Monaten nicht gut und sie beurteilt die Situation der Gemeinde ganz anders. Ihr fehlen vor allem inspirierende Vorbilder. Lebendige, innerlich wachsende Frauen über 40 kennt sie nur ein oder zwei. Andere Leute, wie ihre Eltern, sind zwar nett und freundlich, aber auf keinen Fall will sie so werden wie sie. Sie hat nicht das Gefühl, dass sie wirklich aufgeblüht sind, ein erfülltes Leben führen.

Während ihres Studiums hat sie das schon einmal erlebt, dieses Gefühl, im Kokon zu sein, doch damals wurde sie von anderen ermutigt, dass sie nach dem Studium bestimmt aufblühen würde, was auch tatsächlich eintraf. Doch heute, zehn Jahre später, spürt sie erneut diese Stagnation und erntet von ihrer Umgebung nur Unverständnis. Ihr wird signalisiert: Das, was du lebst, ist doch schon das Maximum einer Frau mit Mitte dreißig. Sei nicht so anspruchsvoll.

Wenn sie wüsste, dass sie nach dieser Zeit im Kokon wieder als Schmetterling fliegen würde, könnte sie die Wartezeit aushalten – aber sie ist davon nicht mehr überzeugt. Sie hat jegliche Zuversicht, weiter zu wachsen, verloren.

Um in der Zuversicht zu leben, dass wir wachsen werden, brauchen wir Vorbilder um uns herum, die uns mit ihrem Leben zeigen, dass das möglich ist. Wir brauchen Inspiration.

Vorbilder

Unser Umfeld und unsere Vorbilder prägen uns. Sie lassen uns denken: »So ist die Welt. So sieht das Leben einer Frau oder eines Mannes mit 40, 60 oder 80 Jahren aus. Das ist nun einmal so.« Wir sind wie die Hühner auf der Farm. Wir schauen uns um und nehmen das, was wir sehen, als gegebene Realität hin. Als einzig mögliche Realität. Aber ist es wirklich so? Ginger wusste es besser.

Wir dürfen mit Gottes Hilfe neu träumen. Wir dürfen uns unsere unbewussten Vorstellungen bewusst machen. An den lebensfördernden Vorbildern und Visionen können wir uns freuen. Und von lebenstötenden dürfen wir uns lösen. Wir dürfen nach Vorbildern Ausschau halten, die auch in der Lebensmitte und trotz Krisen und Stürmen nicht resigniert haben, sondern mit Ausdauer den Lauf des Glaubens und des Lebens laufen – zuversichtlich, glaubensvoll und inspirierend. Wie froh bin ich, dass ich heute Vorbilder in meiner »Vorbilder-Galerie« habe, Frauen und Männer mit 60 und 70 Jahren, die mir vor Augen halten, dass es tatsächlich möglich ist, mit zunehmendem Alter stärker und reifer zu werden.

Warum brauchen wir gute Vorbilder? Weil wir als Menschen so gestrickt sind, dass wir auf das zugehen, was wir vor Augen und verinnerlicht haben. Vorbilder sagen uns: »So etwas gibt es wirklich. Das ganze Gerede von Heiligung, davon, Jesus im Laufe des Lebens immer ähnlicher zu werden, ist mehr als realitätsferne Bibelworte oder frommes Gerede.«

Eine unserer Töchter absolvierte ein Soziales Jahr in einem christlichen Tagungshaus. Zu ihrem Jahresteam gehörte auch Susanne. Als diese die Leiter näher kennenlernte, sagte sie zu unserer Tochter: »Anne und Markus[8] sind das erste Ehepaar, bei dem ich mitbekomme, dass es sich auch nach vielen Ehejahren noch gut versteht. Sie sind das erste Vorbild einer glücklichen Ehe, das ich habe.«

---

8 Namen von Personen sind in den folgenden Kapiteln z. T. Originalnamen, z. T. geändert.

Susanne war schon länger Christin und kannte die biblischen Werte über die Ehe. Aber sie hatte die Umsetzung in ihrem Umfeld nicht beobachten können. Erst durch das authentische, attraktive Vorbild dieses Paares konnte Susannes Seele wirklich glauben, dass Gottes Plan für die Ehe gut und lebbar ist.

Wann immer ich in Seminaren oder in der Beratung die Frage stelle: »Welche positiven Vorbilder haben Sie?«, kommt umgehend die Antwort: »Ich habe keine positiven Vorbilder. Ganz im Gegenteil: Ich will auf keinen Fall so werden wie …« Und dann wird ein Anti-Vorbild nach dem anderen aufgezählt. Das ist bei Christen nicht anders als bei anderen Leuten. Während eines Seminars, das ich für junge Betriebswirtinnen hielt, erzählten fast alle Teilnehmerinnen, dass sie auf keinen Fall so werden wollten wie ihre Mütter. Sie wussten genau, was sie nicht wollten, hatten aber keine Antworten auf die Frage: »Was will ich stattdessen? Wer und wie will ich – in zehn oder zwanzig Jahren – einmal sein?«

Jesus wusste um die Wichtigkeit von Vorbildern. Wie bereitete er daher seine Jünger auf die große Aufgabe vor, die christliche Kirche zu gründen und auszubreiten? Er rief sie in seine Nachfolge, in seine Nähe. Den größten Teil seiner Zeit während der drei Jahre, in denen er aktiv wirkte, stellte er diesen Männern zur Verfügung. Sie durften ihn 24 Stunden am Tag studieren und von ihm lernen. Er war ihr Leiter, ihr Rabbi, ihr Vorbild. Er sagte: »Folgt mir nach! Lernt von mir! Werdet meine Nachfolger!«

Bei den Juden bestand die Aufgabe eines Jüngers darin, so zu werden wie der Rabbi. Indem Jesus seine Jünger berief, sagte er ihnen: »Orientiert euch an mir. Ich traue euch zu, dass ihr so werden könnt wie ich.« Die Jünger brauchten ein überzeugendes Vorbild, das all ihre inneren falschen Bilder über Gott und die Welt sprengte und korrigierte. Sie hatten solch ein Vorbild drei Jahre lang – Tag und Nacht. Jesus prägte ihr Innerstes.

> Die Jünger brauchten ein überzeugendes Vorbild, das all ihre inneren falschen Bilder über Gott und die Welt sprengte und korrigierte. Sie hatten solch ein Vorbild drei Jahre lang – Tag und Nacht.

Paulus ruft in seinen Briefen sehr selbstbewusst dazu auf, seinem Beispiel nachzueifern. In 1. Korinther 11,1 sagt er: »Nehmt mich als Vorbild, so wie ich den Messias zum Vorbild, habe!« (DBU). Und in Philipper 3,17: »Liebe Geschwister, nehmt mich als Vorbild und lernt von denen, die unserem Beispiel folgen!« (NLB).

Früher haben mich diese Aussagen von Paulus geärgert. »Wie kann jemand nur so von sich eingenommen sein?«, dachte ich. Heute beurteile ich das anders. Paulus wusste um die Wichtigkeit von Vorbildern, von gelebtem, beobachtbarem Glauben und positivem Leben. Deshalb spricht er so klar. Es war damals auch besonders wichtig, da mit dem Glauben an Christus etwas so unglaublich Neues, Andersartiges und Wundersames in die Welt hineingekommen war.

Wenn Seminarteilnehmer während einer Übung zu Vorbildern arbeiten, entdecken sie fast immer – oft zu ihrer eigenen Verwunderung – doch positive Vorbilder in ihrer Lebensgeschichte. Es erstaunt sie, dass sie diese zuvor nicht bewusst wahrgenommen haben. Irgendwie scheinen wir Menschen so gestrickt zu sein, dass wir Negatives automatisch wahrnehmen, Positives hingegen bewusst in den Blick nehmen müssen.

Meine Vorbilder

Seit einigen Jahren suche ich intensiv nach positiven Vorbildern. Ich halte Ausschau nach Männern und Frauen, die mich mit ihrem Glauben und Leben inspirieren, die mir an der einen oder anderen Stelle voraus sind und von denen ich lernen kann.

Einige meiner Vorbilder möchte ich Ihnen vorstellen:

Ruth, eine inzwischen 84-jährige Frau aus dem Sauerland, ist mit unserer Familie auf ganz wundersame Weise verbunden. Vor 23 Jahren besuchten Ruth und ihr Mann Gerhard ihren Sohn Andreas und dessen Familie in Kathmandu (Nepal). Kurz vor ihrer Ankunft nahmen Andreas und seine Frau ein kleines nepalesisches Mädchen aus einer Notsituation heraus zu sich. Fünf Wochen lang kümmerte sich die aktive Ruth, die durch einen Armgips zwangsstillgestellt war, um das Baby. Gemeinsam mit ihrer Heimatgemeinde betete sie dafür, eine gute Adoptivfamilie für dieses Kind zu finden.

Damals lebten Wolfgang und ich als Missionare 200 Kilometer entfernt in der Stadt Pokhara. Nachdem wir vergeblich auf leiblichen Nachwuchs gewartet hatten, waren wir inzwischen zwar von der nationalen Adoptionsbehörde akzeptiert, warteten jedoch bereits seit zwei Jahren darauf, ein Baby adoptieren zu können. Durch mehrere »Zufälle« trafen wir Ruth und Gerhard auf unserer Missionsstation. Ich war gerade mit dem Motorrad auf unserem Gelände angekommen (wir lebten fünf Kilometer entfernt und ich kam nur einmal pro Woche), als sie mit dem nepalesischen Baby eintrafen, um sich die Missionsstation anzusehen. Das Kind war Kristine, unsere inzwischen erwachsene älteste Tochter. Wann immer ich an diese Geschichte denke und davon erzähle, bin ich tief berührt. Wunder Gottes – wir haben sie erlebt.

Doch zurück zu Ruth. Was schätze ich so an ihr? Ruth ist eine positive, fröhliche Frau. Wenn ich sie anrufe, freut sie sich und fragt detailliert nach Einzelheiten aus meinem Leben, an die sie sich deshalb so gut erinnert, weil sie regelmäßig für unsere Familie betet. Erst nach bohrenden Nachfragen erzählt sie zögernd von den Beschwernissen des Alters und dem Alleinsein als Witwe. Vor allem spricht sie von kleinen und großen Abenteuern, die sie mit Gott erlebt. Sie berichtet begeistert von kostbaren Begegnungen mit ihren Kindern und Enkeln, von Aufgaben, die Gott ihr gibt: alte Leute in ihrer Gemeinde zu besuchen und zum Gottesdienst mit dem Auto abzuholen, Nachbarn einzuladen und Nachbarskindern eine Ersatzoma zu sein. Wenn ich Ruth anrufe, fragt sie besorgt, ob ich nicht zu viel tue, womit sie genau einen meiner Problembereiche anspricht. Wenn wir sie besuchen, wartet ein köstliches Essen auf uns – in einem Wohnzimmer, dessen Dekoration von einem reichen und dankbaren Leben zeugt. Gerne erzählt sie Begebenheiten aus ihrem Leben: von der Vertreibung aus Ostpreußen, den Herausforderungen während der Flucht. Sie malt uns deutsche Geschichte vor Augen. Dabei spüren wir ihr ab, dass sie mit ihrer

Vergangenheit versöhnt ist. Es ist eine ganz persönliche Heilsgeschichte. Und ich spüre: Ja, so wie Ruth – oder so ähnlich – möchte ich auch einmal sein.

Reiner war für mich als kleines Mädchen ein Riese aus Ostpreußen. Wenn er vor dem Gottesdienst auf mich zukam, blieb er stehen, schaute mich an und sagte: »Wie geht es dem Marjellchen?« Das freute mich jedes Mal, aber ich hatte auch mächtigen Respekt vor diesem großen Mann mit der Donnerstimme. Er lief komisch, denn er hatte aufgrund einer Kriegsverletzung ein Holzbein.

Was schätzte ich so an Reiner? Die fröhliche, offene, gastfreie Atmosphäre, die bei ihm und seiner Frau Gisela und ihren acht Kindern herrschte. Wenn ich meine Freundin Gaby besuchte, war ich stets zum Essen willkommen. Ich hörte Reiner gerne beim Beten zu. Konnte das Tischgebet für mich sonst nicht kurz genug sein, lauschte ich ihm stets staunend mit offenen Augen, wenn er mit Gott sprach. Selbst bei Tisch war das meistens ein langes Gebet. Wie er mit Gott redete, rührte mich an. Er schien Gott lieb zu haben und zu kennen.

In der Gemeinde war er ein Ermutiger. Bei Gemeindeversammlungen sprach er das ermahnende, aufbauende Wort. Durch seine natürliche Autorität war es egal, ob er Teil der Gemeindeleitung war oder nicht, man hörte einfach auf ihn.

Reiner war mir mit seinem unerschütterlichen Vertrauen in seinen himmlischen Vater ein Vorbild. Aufgrund einer Erbkrankheit mussten er und seine Frau drei ihrer Söhne im frühen Erwachsenenalter zu Grabe tragen. Bei der dritten Beerdigung sagte er der versammelten Gemeinde: »Und dennoch setze ich mein Vertrauen in Gott.« Ich spüre: So wie Reiner … ja, so will ich sein und werden.

Aufgrund einer Erbkrankheit mussten Reiner und seine Frau drei ihrer Söhne im frühen Erwachsenenalter zu Grabe tragen. Bei der dritten Beerdigung sagte er der versammelten Gemeinde: »Und dennoch setze ich mein Vertrauen in Gott.«

Gail und Gordon MacDonald lernten Wolfgang und ich während eines Mittagessens auf einer Dünenhoftagung näher kennen.

Inspiriert durch einen Artikel der Zeitschrift *Aufatmen* hatten wir eine Mentorengruppe für junge Leiter und Leiterinnen unserer Gemeinde gegründet. Wir brannten darauf, von den Erfahrungen der beiden zu lernen.

Seitdem haben wir ihre Bücher gelesen, viele Tagungen besucht, ich habe Gail bei Seminaren übersetzt. Was schätze ich an Gail und Gordon? Ich spüre ihnen eine tiefe, innige Beziehung zu Jesus ab. Er ist das Zentrum ihres Lebens. Beide kommen aus Familien, in denen sie viel Not erlebt haben. Dennoch führen sie ein starkes Leben, sind reife, fröhliche Menschen. Bei ihnen wird sehr deutlich, dass nicht unsere Vergangenheit uns festlegt, sondern dass Gott uns mit der Fähigkeit adelt, unser Leben zu gestalten. Die beiden haben Widerstandskraft. Ich schätze es, wie sehr sie einander als Paar dienen, fördern, anspornen, lieben. Man spürt ihnen ihre Wärme und Freundschaft ab. Mich inspiriert es, dass sie auch mit ihren 70 Jahren so offen für Gottes Abenteuer sind. So übernahm Gordon vor Kurzem für ein Jahr die Leitung des theologischen Seminars, an dem er selber 50 Jahre zuvor seine Pastorenausbildung absolviert hatte. Während dieser Zeit wohnten er und Gail die Hälfte jedes Monats mit den Theologiestudenten zusammen, um sie als Mentoren zu begleiten. Daher mussten sie ständig zwischen ihrem Wohnort und dem Seminar hin- und herreisen. Und das, obwohl Gail nicht gerne reist.

Überhaupt teilen sie ihre Schätze, ihre Erfahrungen, mit offenen Händen aus. Ich schätze ihre Disziplin und ihr lebenslanges Lernen. Sie wollen nicht so bleiben, wie sie sind, sondern wachsen und weiterkommen. Beide zeigen mit ihrem Leben, dass die zweite Lebenshälfte tatsächlich die stärkere sein kann.

So wie Gail und Gordon als Paar gemeinsam unterwegs zu sein, das wünsche ich Wolfgang und mir. Im Laufe des Lebens reifer zu werden, das Leben stärker zu gestalten – dazu inspirieren mich die MacDonalds.

Manchen meiner Vorbilder bin ich noch nie persönlich begegnet. Ich beobachte sie nur aus der Ferne, lese ihre Bücher, höre ihre Vorträge, reise zu Tagungen, um von ihnen zu lernen und ihr Leben zu verfolgen. Ich bin Willow Creek Deutschland sehr dankbar für die vielen Ideen und Konzepte, die sie auf ihren Konferenzen vorgestellt haben. Der größte Gewinn bestand für mich jedoch darin, über einen Zeitraum von inzwischen fast fünfzehn Jahren die Referenten aus der Ferne beobachten zu können.

Als ich zum ersten Mal eine Willow-Creek-Konferenz besuchte, war ich tief berührt von dieser Art zu predigen, die ganz anders war, als ich es gewohnt war. Die Referenten waren so ehrlich und so normal. Sie erzählten von ihren Kämpfen, von Schwierigkeiten und Herausforderungen und davon, wie sie diese mit Gottes Hilfe bewältigten. Sie schienen wie ich Menschen aus Fleisch und Blut zu sein, nur schon weiter auf dem Weg der Reife. Sie beschämten mich nicht in ihren Vorträgen, zählten mir nicht auf, was ich alles nicht hinkriegte, sondern weckten stattdessen eine Sehnsucht in mir. Die Sehnsucht, weiter zu wachsen und auch selber einmal für andere Menschen eine Inspiration zu werden.

Bill Hybels, Pastor der Willow-Creek-Gemeinde in Chicago, ist eines meiner Vorbilder. Ich schätze an ihm seinen Willen, immer weiter zu lernen und zu wachsen. Auf der letzten Konferenz erzählte er begeistert, dass er noch nie so viel gelernt habe wie in den letzten beiden Jahren. Er erwarte, dass seine Lernkurve weiter ansteigen würde. Ich beobachtete das Leuchten in seinen Augen, als er davon erzählte, an welchen Stellen er Gottes Wirken zurzeit in seinem Leben und in seiner Gemeinde erkennen könne. Ich spürte ihm die anhaltende Freude an seinem Leben ab und meine Seele erfasste ein Stück mehr: Ja, es ist möglich, auf Dauer Gott zu dienen und dennoch, ja, gerade deshalb, ein fröhlicher, weiser Mensch zu werden. Wenn Gott Bill dazu Gnade gibt, wird er es auch bei mir tun! So wie er mit Ausdauer zu lernen und auf der Wachstumsspur zu bleiben, danach sehne ich mich.

Ja, es ist möglich, auf Dauer Gott zu dienen und dennoch, ja, gerade deshalb, ein fröhlicher, weiser Mensch zu werden.

Ich freue mich. Ja, es gibt sie doch: die Vorbilder, nach denen wir uns alle sehnen. Die Heiligen, die uns anfeuern, mit Ausdauer das Rennen des Glaubens zu laufen. Die uns vorangegangen sind. Die uns den Weg bereitet haben. Und die uns mit ihrem Leben anspornen, selber einmal Vorbilder zu werden. Wir finden sie in der Bibel (siehe Hebräer 11) und um uns herum.

Wir dürfen, ja, sollen einander immer wieder von diesen Vorbildern erzählen. Wir sollten sie uns ins Bewusstsein rufen und uns vor Augen malen. Und wir sollten beständig auf der Suche nach weiteren Vorbildern sein: Wir dürfen sie aus unserer Erinnerung herauskramen oder in unserer Gemeinde und Umgebung entdecken. So haben wir sie stärker vor Augen als die Schreckensbilder, die wir alle auch in unserer Seele gespeichert haben, und können allmählich glauben, dass es auch jenseits der Jugend und jungen Erwachsenenzeit ein starkes Leben mit Jesus gibt. Das, was wir an traurigem, ermattetem, verbittertem, desillusioniertem Glauben und Leben um uns herum sehen, darf uns diese Hoffnung nicht nehmen, sondern wir müssen zuversichtlich daran festhalten, dass wir mit Gottes Hilfe das Rennen ausdauernd und stark laufen können.

Paulus fordert die Philipper auf:

»Alles, was wahrhaftig ist und Respekt gebietet,
alles, was wirklich gerecht ist und ohne falsche Motive,
alles, was es sich lohnt, zu lieben und zu loben,
sei es eine gute Eigenschaft
oder vorbildliches Verhalten,
beschäftigt euch mit solchen Dingen!« (Kapitel 4,8; DBU).

Die Philipper sollen also das in den Blick nehmen, was gut ist und was Gottes Art widerspiegelt. Warum? Damit sie mehr und mehr davon erfüllt und geprägt werden. Wir Menschen scheinen von Natur aus anders veranlagt zu sein. Wir sehen das Negative, Ungerechte, nicht Liebenswerte.

Eigenschaften von Vorbildern

Was macht einen Menschen zu einem Vorbild, von dem man gerne lernen möchte? Mit Sicherheit nicht, dass er perfekt oder am Ende der Wachstumsreise angekommen ist. Denn das ist niemand.

Mit Mitte zwanzig besuchten Wolfgang und ich vor unserer Ausreise nach Nepal ein Jahr lang eine Bibelschule. Eine Seelsorgerin begleitete mich bei Kämpfen, die ich im Hinblick auf unseren zukünftigen Missionsdienst hatte. Als ich ihr von einem Problem erzählte, sagte sie, dass sie selber in dieser Sache noch unterwegs sei und ihr das Problem auch von Zeit zu Zeit zu schaffen mache. Ich war entsetzt und meinte: »Aber Frau Schmidt: Sie sind doch schon fünfzig Jahre alt – und Sie sind immer noch unterwegs? Wann hat man es denn endlich geschafft?« Heute schmunzele ich über mein damaliges (Un-)Verständnis von Wachstum und Reife.

Vorbilder sind auch nicht dazu da, dass wir versuchen, ihr Leben zu kopieren oder ihre Persönlichkeit nachzuahmen. Das wäre töricht. Es gibt keine schnelle Abkürzung auf dem Weg zur Reife, keine fünf Schritte, die man einfach nur befolgen könnte.

Stattdessen dienen Vorbilder dazu, uns zu inspirieren und anzuspornen; sie vermitteln uns Ideen, weiten unseren Blick und schenken uns Zuversicht für unseren eigenen Weg. Sie lösen in uns eine Sehnsucht nach Wachstum und Veränderung aus, lassen unsere Zuversicht wachsen, dass Gott auch uns weiter umgestalten kann.

Vorbilder können Personen aus Ihrem Umfeld sein oder Menschen, die Sie aus den Medien, Büchern und Zeitschriften kennen. Meine Vorbilder sind fast alle älter als ich, aber ich habe auch gleichaltrige Vorbilder. Die meisten, aber nicht alle, sind Jesusnachfolger.

Auch jüngere Menschen können uns inspirieren. Während der ersten Mentorengruppe, die Wolfgang und ich für junge Leiter unserer Gemeinde anboten, fiel mir auf, wie entspannt Dorle und Micha, ein junges Ehepaar, von Begegnungen mit Menschen sprachen, egal, ob es sich nun um Christen

> Ich musste mich zwingen, etwas von Jesus zu erzählen, und wenn ich es tat, dann nur, weil ich mich als Christ dazu verpflichtet fühlte.

oder gemeindeferne Menschen handelte. Ja, für sie schien dieser Unterschied eher unbedeutend zu sein. Ich selbst erlebte mich zum damaligen Zeitpunkt wie eine Bewohnerin von zwei Welten, die nichts miteinander zu tun hatten. In der frommen Welt sprach ich offen und frei über meinen Glauben an Gott. Dort fühlte ich mich geborgen und sicher. Ab und zu wechselte ich in die nichtfromme Welt: im Umgang mit Kollegen, in der Ausbildungsgruppe zur Supervisorin, bei meinen Nachbarn. Freunde hatte ich in dieser Welt nicht. Ich hielt mich kaum dort auf, fühlte mich nie wirklich wohl. Ich musste mich zwingen, etwas von Jesus zu erzählen, und wenn ich es tat, dann nur, weil ich mich als Christ dazu verpflichtet fühlte. In diesen recht seltenen Momenten empfand ich großes Unbehagen und eine tiefe Scham. Ich hatte immer gedacht: Das ist nun einmal so. Wir sind als Christen eben nicht von dieser Welt.

Doch Dorle und Micha brachten diese Sichtweise ins Wanken, weil sie hingegebene Christen waren und sich dennoch wohl und unbefangen »in der Welt« bewegten. Dies löste bei mir einen Prozess der Veränderung aus.[9]

> *Impuls:*
> Setzen Sie sich an einen ungestörten Platz oder gehen Sie spazieren und fragen Sie sich: »Welcher Mann, welche Frau ist mir ein Vorbild? Bei wem hüpft mein Herz, wenn ich ihn sehe? Bei wem denke ich: So oder so ähnlich würde ich auch gerne werden?
> Was genau beobachte ich in seinem Leben?«[10]

Ich vermute, dass Sie beim Nachdenken über Ihre Vorbilder automatisch ein wenig lächeln. Sie spüren Sehnsucht, Freude und Befreiung in sich aufsteigen, wenn Sie an sie denken. Sollten Sie hingegen

9 Im Kapitel Reife werde ich dieses Thema erneut aufgreifen.
10 Zugunsten der Lesbarkeit wird auf eine durchgehende weibliche und männliche Form verzichtet.

innerlich eher stöhnen und Druck verspüren, sind Sie vermutlich in einer falsche Abteilung gelandet, nämlich bei Ihren überhöhten Idealvorstellungen, wer und wie ein »richtig guter Christ« zu sein hat. Diese Gedanken können Sie unbesorgt zur Seite schieben. Es ist nicht Gottes Art, uns über Beschämung, Druck und Angst zu leiten. Es geht an dieser Stelle nicht darum, Ihre »Perfektionismus-Schraube« anzuziehen. Gott ist ein liebevoller Vater, kein Sklavenhalter. Jesus wirbt um unser Herz, löst in uns eine Sehnsucht nach Wachstum und Heiligung aus, bei der wir zutiefst spüren: Dies ist ein Weg in die Freiheit.

> Es ist nicht Gottes Art, uns über Beschämung, Druck und Angst zu leiten.

Während meiner Seminare zu diesem Thema erzählen die Teilnehmer einander Begebenheiten und Geschichten ihrer Vorbilder. Dabei verändert sich die Atmosphäre. Ich spüre, wie Hoffnung aufkommt, Freude wächst, wie die Teilnehmer über den Adel von Menschen staunen und wie die eigene Sehnsucht danach zunimmt, selber so geadelt zu leben.

Anschließend überlegen wir, welche Kennzeichen all diese Menschen gemeinsam haben. Die Punkte, die zusammengetragen werden, unterscheiden sich in den verschiedenen Seminaren nur unwesentlich. Beim letzten Seminar wurde folgende Liste zusammengestellt:

Kennzeichen eines Vorbildes:

- tiefe, innige Gottesbeziehung
- sagt Ja zu seinem Leben
- versöhnt mit seiner Vergangenheit
- positiv, freudig
- dankbar
- mutig und aktiv
- veränderungsbereit, will weiter wachsen und lernen
- kann genießen, sorgt gut für sich
- ist ein Geber, fördert andere
- stabil, krisenfest
- belehrbar, nimmt Korrektur an

- kennt und lebt die eigene Berufung
- warm, gütig, freundlich
- kennt sein eigenes Herz

Diese Kennzeichen beschreiben eine reife Frau, einen reifen Mann – jemanden mit innerer Stärke. Wer möchte nicht gerne einmal so werden? Mein Herz hüpft, wenn ich diese Liste auf mich wirken lasse. Und ich spüre: Ja, das soll mich dereinst einmal beschreiben.

In den meisten Gemeinden arbeitet man mittlerweile gabenorientiert. Es ist richtig und wichtig, die eigenen Talente und Stärken zu kennen und an passender Stelle einzusetzen. Denn es macht überhaupt keinen Sinn, sich in Bereiche einzubringen, für die man nicht begabt ist. Ich habe also immer nur einen Bruchteil der vielen möglichen Gaben und Fähigkeiten mitbekommen, und das ist gut und richtig. In Bezug auf einen reifen Charakter jedoch ist es mit einem »Ausschnitt« an Charakterstärken nicht getan. Um wahre innere Stärke zu erlangen, muss (oder darf) sich mein Charakter im Ganzen stark entwickeln. Nur so werde ich zu einer reifen Person, die wirklich gute Frucht hinterlässt.

Schauen wir uns die Liste doch einmal an: Kann ein innerlich starker Mensch zwar authentisch und mutig, aber nicht mit seiner Vergangenheit versöhnt sein? Ist es für einen reifen Christen möglich, auf bestimmten Gebieten sehr fähig zu sein, aber auf Wärme, Freundlichkeit und Güte zu verzichten? Vermag jemand eine innige, tiefe Gottesbeziehung zu leben, ohne korrekturbereit und belehrbar zu sein?

Nein, das geht nicht. Einen reifen Charakter gibt es nur im Gesamtpaket. Es ist nicht möglich, nur hie und da innerlich stark zu sein. Galater 5,22 spricht von der »Frucht« des Geistes, nicht den »Früchten«. Man kann das mit einer Traube vergleichen: Sie kann nur im Gesamten wachsen, es hängen keine einzelnen Beeren am Weinstock.

> Einen reifen Charakter gibt es nur im Gesamtpaket. Es ist nicht möglich, nur hie und da innerlich stark zu sein.

Mir gibt das zu denken. Die obige Liste ist mir eine Warnung, die mich jedoch nicht erschreckt oder beschämt, sondern aufrüttelt.

Wenn ich mir die einzelnen Punkte ansehe, dann erkenne ich Bereiche, wo ich gut unterwegs bin. Aber ich sehe auch, dass einiges bei mir noch recht schwach ausgebildet ist. Ich sehne mich danach, an diesen Stellen in den nächsten zehn Jahren weiter zu wachsen und zu reifen. Wie sehr freue ich mich, wenn jemand bei mir eine der Eigenschaften durchscheinen sieht und mir das sagt. Das spornt mich an.

Jeder von uns hat also positive Eigenschaften, die ihm von seiner Persönlichkeit her näherliegen als andere. Andere Bereiche hat er mithilfe des Heiligen Geistes schon bearbeitet; Veränderung ist sichtbar geworden. Und schließlich hat jeder von uns bestimmte »Baustellen«, an denen er noch dran ist. Wir kommen in der Veränderungsreise unseres Charakters niemals ans Ende. Das ist und bleibt so. Dennoch: Ein Mensch mit innerer Stärke ist in *allen* Punkten unterwegs. Er strebt danach, »als Ganzes« zu wachsen und zu reifen. Er weiß um seine Charakterschwächen und arbeitet an ihnen.

Jesus, unser größtes Vorbild

Jesus ist unser größtes Vorbild. Er erfüllt vollkommen alle Merkmale eines reifen Menschen. Deshalb ist es so wichtig, diesen Jesus, wie er uns in den vier Evangelien vorgestellt wird, immer besser kennenzulernen. Früher teilte ich das Neue Testament in zwei Teile ein. Der erste bestand aus den Jesusgeschichten. Der war für den Kindergottesdienst reserviert. Der zweite Teil des Neuen Testaments war die Schwarzbrotkost von Paulus und anderen für erwachsene, reife Christen. Das sehe ich heute anders. Wenn wir Gott näher kennenlernen wollen, müssen wir auf Jesus sehen. Gott zeigt sich uns durch die zweite Person der Gottheit – durch Jesus. »Wer mich sieht, der sieht den Vater!«, sagt Jesus (vgl. Johannes 14,9b). Es ist unglaublich wichtig für uns Jesusnachfolger, von ihm zu lernen und ihn in den Geschichten der Evangelien zu beobachten, um uns von falschen Jesusbildern zu verabschieden und zu erkennen, wie er, unser Vorbild, wirklich ist.[11]

Seit einigen Jahren lese ich deshalb fast täglich einen Abschnitt in einem der Evangelien. Dabei beschäftige ich mich mit demselben Text über eine oder mehrere Wochen jeden Morgen aufs Neue. Ich lese ihn mehrmals langsam und laut. Dadurch tauche ich immer tiefer in das Geschehen ein und Jesus wird mir dabei lieb. Ich entdecke neue Aspekte an ihm, die ich vorher nicht gesehen habe.

In dieser Woche lese ich beispielsweise die Hochzeit zu Kana. Ich beobachte Jesu Fähigkeit, sich abzugrenzen, klar zu sein. Er lässt sich nicht von Maria zu einer Tat hinreißen, die sie sich zwar wünscht, die aber aus seiner Sicht (noch) nicht dran ist. Ich stelle fest, dass Jesus von seinem Vater im Himmel absolut abhängig ist. Erst als er das »Okay« von oben bekommt, handelt er (vgl. Johannes 5,19). Das nehme ich, angeregt von dieser Geschichte, in dieser Woche in den Blick. Das will ich von Jesus lernen: klar zu sein. Manche Erwartungen auch nicht zu erfüllen. Und hörend zu leben, zu spüren, ob eine Sache von Gott her dran ist oder nicht. So formt Jesus durch mein Bibellesen meinen Charakter, weil ich von ihm als meinem Vorbild lerne.

Darüber hinaus spricht Jesus durch sein Wort direkt in mein Leben hinein. In der Geschichte der Hochzeit zu Kana fordert Jesus die Diener auf, die Krüge mit Wasser zu füllen. Im Blick auf dieses Buchprojekt hatte ich den Eindruck, dass Jesus sagt: »Birgit, deine Aufgabe ist es, die Krüge mit Wasser zu füllen. Wein daraus zu machen, das ist mein Job. Entspanne dich!«

Ist das nicht toll? Es reicht, wenn ich die Krüge mit Wasser fülle. Die Verwandlung in etwas Kostbares, das macht Jesus.

---

11 Weiterführende Literatur dazu: Michael Frost und Alan Hirsch, *Der wilde Messias. Mission und Kirche von Jesus neu gestaltet*, Neufeld Verlag.

Eine ganz persönliche Vision

Ich habe Ihnen einige meiner Vorbilder vorgestellt. Vielleicht haben Sie selbst schon eigene gefunden. Wir haben uns Kennzeichen von Menschen mit innerer Stärke angeschaut und festgestellt, dass wir als Ganzes im Charakter wachsen. Das gilt für uns alle, so unterschiedlich wir ansonsten auch sein mögen.

Das bedeutet jedoch nicht, dass wir mit zunehmender Reife gleichförmige Soldaten sein werden, die einander zum Verwechseln ähneln. Nein, ganz im Gegenteil. Mit zunehmender Reife werden wir völlig unterschiedlich, farbig, lebendig, kraftvoll und einzigartig werden. Vermutlich finden sich unter unseren Vorbildern ein paar ganz verrückte und besondere Exemplare von Männern und Frauen mit innerer Stärke. Wir alle haben eine unterschiedliche Berufung.

> Mit zunehmender Reife werden wir völlig unterschiedlich, farbig, lebendig, kraftvoll und einzigartig werden.

Als Jesus seinen Jünger Petrus in die Nachfolge beruft, malt er ihm seine persönliche Lebensvision vor Augen. Er sagt zu ihm: »Du bist Simon, der Sohn des Johannes; du sollst Kephas heißen, das heißt übersetzt: Fels« (Johannes 1,42). Später überliefert Matthäus folgende Worte Jesu: »Du bist Petrus, und auf diesem Felsen will ich meine Gemeinde bauen« (Matthäus 16,18). Da ist Petrus – wankelmütig, leicht aufbrausend, sich selbst überschätzend, innerlich zerrissen, eifersüchtig, eben noch völlig mittendrin im Charakterschlamassel und überhaupt nicht »felsmäßig« – und was tut Jesus? Er sieht, aus welchem Material Petrus in der Tiefe gemacht ist. Er kennt seine wahren Stärken und seine Persönlichkeit. Und er malt ihm eine persönliche Vision vor Augen. Er sagt damit: »Petrus, das sehe ich in dir! Das sollst du werden! Das ist mein ganz persönlicher Stempel auf deinem Leben. Wenn ich, Christus, in dir Gestalt gewinne, dann wird das dein Leben ausmachen: Du wirst ein Fels sein. Und darauf will ich meine Gemeinde bauen.«

Später, viel, viel später in den beiden Petrusbriefen begegnet uns ein Petrus, der wirklich ein Fels geworden ist. Nicht perfekt, aber ein weiser Vater in Christus. Ein Fels. Tatsächlich. Dieser Petrus.

Ich glaube, dass wir uns von Jesus eine ganz persönliche, eine spezielle Vision schenken lassen dürfen. Dass wir gemeinsam mit Jesus träumen dürfen: »Wenn Christus in mir immer mehr Gestalt gewinnt, wie könnte das dann aussehen?«

Diese Vision hat damit zu tun, wer wir wirklich sind. Wie Gott sich uns gedacht hat, als er uns erschuf. Geht es bei dieser persönlichen Vision um das Sein? Oder um unser Tun? Ich denke, es geht vor allem um das Sein, aber es wird auch Auswirkungen auf unser Tun haben, wie das ja auch bei Petrus der Fall war.

Im jüdischen Mystizismus gibt es die rabbinische Lehre von der Schechina (der Herrlichkeit Gottes). »In der spielerischen Art der jüdischen Theologie nimmt die Schechina gern eine Persönlichkeit an – normalerweise die Gestalt einer Frau – und wird sinnbildlich als Gottes Ehefrau dargestellt. Allerdings lebt sie im Exil, weil Gott und seine Herrlichkeit durch den Sündenfall tragisch getrennt wurden. Die Trennung geschah bei einem kosmischen Zusammenstoß, bei dem Gottes Herrlichkeit in Milliarden von Teile zersprang und sich auf die ganze geschaffene Materie ergoss.«[12] Seitdem ist nach dieser Vorstellung die Herrlichkeit Gottes in allen Dingen eingeschlossen: in jedem Blumenblatt, jeder Ameise und auch in uns.

Mir gefällt ein Aspekt dieser Geschichte besonders: Die göttliche Herrlichkeit lebt in jedem von uns – in mir und auch in Ihnen. Gottes Herrlichkeit und Gottes Bild – die Bibel sagt ja, dass wir in seinem Bild geschaffen sind – sind derartig unzerstörbar in unser Wesen hineingepflanzt, dass nicht einmal der Sündenfall sie komplett vernichten konnte. Ja, seit damals gibt es Zerstörerisches und Böses in der Welt, auch in unserer inneren Welt. Aber es gibt auch sie: die Schechina, die Herrlichkeit Gottes in und auf uns.

Welche Teile der Herrlichkeit Gottes sind auf Sie gefallen? Welche Teile sind tief in Ihnen versteckt wie ein Schatz in einem verborgenen Schloss, der darauf wartet, entdeckt und gelebt zu werden? Wie sieht es aus, wenn Christus in Ihnen Gestalt gewinnt und die Herrlichkeit Gottes in Ihnen aufstrahlt? Gelebte innere Stärke – was bedeutet das für Sie?

---

12 Michael Frost und Alan Hirsch, *Die Zukunft gestalten*, Gerth Medien.

Ich möchte Ihnen zum Abschluss dieses Kapitels eine Aufgabe mitgeben, die Ihnen helfen könnte, Ihrer persönlichen Vision auf die Spur zu kommen.

Impuls:
Nehmen Sie sich eine oder zwei Stunden ungestört Zeit. Befehlen Sie diese Übungszeit Jesus an.
Spüren Sie zunächst den folgenden Fragen nach:
»Wenn Gott Gnade schenken würde, wenn Angst keine Rolle spielte, wenn Sie könnten, wie Sie wollten, wie und wer würden Sie dann gerne in zehn oder zwanzig Jahren sein? Bei welcher Vorstellung hüpft Ihr Herz vor Freude? Welche Facetten der Schechina zeigen Sie? Wenn Christus in Ihnen sichtbar wird, wie könnte das aussehen?«
Schreiben Sie spontan, aus dem Bauch heraus zehn Eigenschaften oder Kennzeichen auf.
Legen Sie in einem zweiten Schritt ein großes Blatt Papier und Wachsmalstifte oder Buntstifte bereit. Schreiben Sie in die Mitte des Blattes eine Jahreszahl, zehn oder zwanzig Jahre später. Stellen Sie sich Ihr Leben zu diesem Zeitpunkt vor. Träumen Sie mit Jesus in diese Zeit hinein. Wie alt sind Sie dann? Wo sehen Sie sich? Was tun Sie? Was macht Ihr Leben aus? Wenn Gott Gnade schenken würde, wenn Sie in Ihrer Berufung – in Ihrem Sein und Tun – aufgeblüht wären, wie sähe dann Ihr Leben aus? Was würde Ihr Leben kennzeichnen? Malen Sie das, was Ihnen in den Sinn kommt, um die Jahreszahl herum.
Sprechen Sie mit Jesus darüber und teilen Sie Ihr Erleben mit einem Freund.

3. Das Training

Der Weg zur Reife

Nun haben wir eine Vision. Wenn wir darauf schauen, hüpft unser Herz. Wir denken: »Ja, da möchte ich mit Gottes Hilfe hinwachsen.«

Ich möchte Ihnen gerne erzählen, welche Vision in mir lebt. Wie und wer ich dereinst mit 70 Jahren sein möchte:

Birgit:

- ist ungezähmt und frei,
- ist Gottes geliebte Chaotin,
- lebt mutig ihre Berufung,
- inspiriert jüngere Menschen,
- ist offen für Neues und Ungewöhnliches,
- nimmt ihre Grenzen und Durchschnittlichkeit an,
- ist dankbar und positiv,
- genießt das Leben,
- ist warmherzig und gütig,
- ist großzügig.

Wenn ich auf meine Vision schaue, dann freue ich mich. Ich spüre eine Sehnsucht und Begeisterung. Gleichzeitig merke ich, dass einige Punkte dabei sind, bei denen ich heute noch an mir leide und wo ich mich nach Veränderung sehne. Bereiche, bei denen ich weiß, dass Jesus mich in die Freiheit führen möchte. Hin und wieder erlebe ich das schon. Aber oft auch noch nicht. Ich wünsche mir so sehr, in diesen Punkten zu wachsen und zunehmend nach der Art Jesu zu leben.

Was tut Gott, was tun wir?

Auf einem Jugendkongress wurden unterschiedliche Seminare angeboten. Eines hatte den Titel: »Die sieben Schritte zu einem perfekten Christsein – ganz ohne Anstrengung«. Es hatte dreimal so viele Teilnehmer wie alle anderen.

In uns allen schlummert die Sehnsucht, mit der Seilbahn ins Gelobte Land zu kommen. Von Natur aus wehren wir uns gegen Anstrengung. Training ist nicht lustig, darauf verzichten wir lieber. Nun hat Jesus uns eindeutig davon erlöst, unser Heil zu verdienen. Das brauchen wir nicht, das sagt er eindeutig in seinem Wort. Doch wir verwechseln »verdienen« oft mit »anstrengen«. Müssten wir uns allerdings nicht mehr anstrengen, wären wir Marionetten und Gott der Marionettenspieler, der die Strippen zieht und uns dann auf unerklärliche, wundersame Weise verwandelt.

In uns allen schlummert die Sehnsucht, mit der Seilbahn ins Gelobte Land zu kommen.

Was aber sagt die Bibel zum Prozess der Veränderung und des Wachstums? Vor drei Jahren las ich während eines Urlaubs in Italien das 5. Buch Mose. Jeden Morgen setzte ich mich im Garten unter die Olivenbäume und las zwei bis drei Kapitel. Bis zu diesem Zeitpunkt hatte ich für mich den Schluss gezogen: Für manches scheint Gott zuständig zu sein, und anderes müssen dann doch wir Menschen tun. Also entweder Gott oder ich. Wenn Gott an der Reihe ist, bin ich währenddessen passiv, lege die Hände sozusagen in den Schoß und schaue ihm zu. Und wenn ich aktiv bin, sieht Gott mehr oder weniger zu, was ich da zustande bringe.

Diese Sichtweise wurde durch mein Bibelstudium des 5. Buches Mose durcheinandergebracht. Mose hält dort dem Volk seine abschließende Predigt. Immer und immer wieder fordert er Israel auf, Gott zu danken. Es soll Gott loben für das gute Land, den Wohlstand und Reichtum, denn Gott habe es damit gesegnet. Nun weiß ich jedoch, dass weder das Land Kanaan noch Wohlstand und Reichtum dem Volk Israel in den Schoß gefallen sind. Die Israeliten sahen Gott nicht tatenlos zu, während er ihnen Weinberge und Felder bestellte. Nein, sie mussten die Weinberge und Felder selber anlegen und bearbeiten, um zu Reichtum und Wohlstand zu gelangen. Konnten sie sich die Resultate ihres Handelns deshalb selbst zurechnen? Nein. Mose sagt, dass nur eine einzige Haltung angemessen ist, und zwar die der Dankbarkeit gegenüber Gott. Die Stärke und Kraft, mit der sie ihren Wohlstand aufbauen konnten, waren ein Geschenk Gottes.

Gottes Segen und das aktive Tun des Menschen gehen also letztlich immer Hand in Hand. Es heißt nicht entweder Gott oder ich, sondern wir beide sind beteiligt. Und die Ehre für das Ergebnis – die gebührt Gott. Immer. Alles, was wir tun, erreichen und schaffen, ist ein Geschenk und es ist Gnade. Nur eine Haltung der Dankbarkeit ist angemessen.

In Philipper 2,12b heißt es: »Schaffet, dass ihr selig werdet, mit Furcht und Zittern!« Paulus sagt also: »Hey, strengt euch an! Hängt euch so richtig rein! Nicht nur so ein wenig nebenbei, sondern mit aller Kraft!« In Vers 13 geht es weiter: »Denn Gott ist's, der in euch beides wirkt, das Wollen und das Vollbringen!« Jetzt fügt Paulus also hinzu: »Entspannt euch! Ihr müsst das nicht alleine hinkriegen! Ihr habt doch einen Gott! Er ist es, der euch bei der Umsetzung hilft!«

Ebenso in Kolosser 2,6-7: »Wie ihr nun Christus Jesus als euren Herrn angenommen habt, so lebt auch in ihm und seid ihm gehorsam. Senkt eure Wurzeln tief in seinen Boden und schöpft aus ihm, dann werdet ihr im Glauben wachsen und in der Wahrheit … standhaft werden« (NLB). Das heißt doch: Wenn ihr Christen seid, dann lebt auch als Christen, nämlich Jesus ähnlich. Handelt so, wie Jesus es tun würde, wenn er an eurer Stelle wäre. Senkt eure Wurzeln tief in seinen Boden! Wachst im Glauben! Werdet standhaft! – Das sind unterschiedliche Formulierungen für dieselbe Aufforderung: zu reifen, an innerer Stärke zu gewinnen, zu wachsen, Jüngerschaft, »Heiligung«, wie die Bibel es nennt.

Uns aus eigener Kraft verändern zu wollen, ist also genauso daneben wie das passive Abwarten, dass Gott uns aus der Höhe berührt und auf wundersame Weise verwandelt. Das christliche Ideal ist nicht, die Hände in den Schoß zu legen, bis Gott handelt. Es ist aber auch nicht Aktivismus und die Einstellung, alle Veränderung ruhe auf unseren Schultern.

Jesus sagte von sich: »Wahrlich, wahrlich, ich sage euch: Der Sohn kann nichts von sich aus tun, sondern nur, was er den Vater tun sieht« (Johannes 5,19). Jesus hielt Ausschau nach dem, was der Vater tun wollte. Er war weder passiv noch unabhängig von Gott aktiv. Er lebte in einer ständigen innigen Beziehung zu Gott, hörte auf ihn. Und dann klinkte er sich in Gottes Willen ein und handelte.

»Denn wir sind sein Werk, geschaffen in Christus Jesus zu guten Werken, die Gott zuvor bereitet hat, dass wir darin wandeln sollen«, heißt es in Epheser 2,10. Wie Jesus sollen auch wir Ausschau danach halten, welches die guten Werke sind, die Gott für uns – genau passend in Art und Anzahl – schon vorbereitet hat. Nicht, damit er sie *an unserer Stelle* tut, sondern damit *wir* sie tun.

> Wie Jesus sollen auch wir Ausschau danach halten, welches die guten Werke sind, die Gott für uns – genau passend in Art und Anzahl – schon vorbereitet hat. Nicht, damit er sie *an unserer Stelle* tut, sondern damit *wir* sie tun.

Aber wie ist das mit dem Charakter? Wenn ich ein erwachsener Mensch bin, ist er dann nicht mehr oder weniger festgelegt? Wenn ich von Natur aus eher ein Miesepeter bin, kann dann aus mir noch ein gelassener und dankbarer Mensch werden? Wenn mir immer wieder Übertreibungen und kleine Lügen herausrutschen, ist es dann überhaupt möglich, dass ich zutiefst ehrlich und echt werde? Als Christen behaupten wir immer, dass das geht, aber ist es wirklich so?

Ich persönlich bin felsenfest davon überzeugt. Ein Vergleich hilft vielleicht in diesem Zusammenhang: In der Nähe unseres Wohnortes in Hürth wurde früher Kohle abgebaut. Für die Arbeiter und Angestellten wurden vor 40 Jahren etwa hundert Häuser erbaut, alle im gleichen Stil. Manche dieser Häuser stehen immer noch genauso da wie damals. Andere kann man jedoch kaum noch wiedererkennen. Sie könnten sich für den Wettbewerb bei *Schöner Wohnen* bewerben, so einladend und attraktiv sehen sie heute aus. Diese Häuser wurden umgebaut und renoviert. Das geschah jedoch nicht zufällig und erst recht nicht von alleine. Dazu war ein Plan notwendig. Und man musste Arbeit, Geld und Energie investieren.

Genauso ist es mit dem Lebenshaus eines Menschen, mit seinem Charakter. Wenn wir erwachsen sind, ist unsere Charakterstruktur auf gewisse Weise fixiert und festzementiert wie die Mauern eines Hauses. Ist es fertig gebaut, bleibt es die nächsten Jahrzehnte so stehen, wie es ist. Doch genau wie man ein Haus umbauen kann, können wir unsere Charakterstruktur umbauen. Wir können Mauern einreißen und neue Wände aufbauen.[13]

Doch wie? Was hilft mir, mein Lebenshaus umzubauen? Ich möchte einige der Fragen, Modelle und Konzepte mit Ihnen teilen, durch die ich persönlich das Geheimnis des Wachstums ein Stück besser verstanden und umgesetzt habe. Ich möchte Ihnen erzählen, was mir konkret in meinem Leben dabei hilft, Jesus ähnlicher zu werden und Heiligung zu erfahren. Was mich auf die Vision, die Gott mir für mein Leben gezeigt hat, zugehen lässt.

---

13 Das Bild des umgebauten Hauses erwähnt Henry Cloud in seinem Buch *Charakter gefragt. Sechs unverzichtbare Eigenschaften für Menschen in Verantwortung*, Brunnen Verlag.

Hilfen zum Umbau des Lebenshauses

Gott die Herrschaft über mein Leben geben – immer wieder neu!

Bereits mehrmals führte Gott mich an einen Punkt, an dem ich wusste: Jetzt steht Jesus vor mir. Er wirbt darum, dass ich ihm heute erneut mein Leben übergebe. Er wünscht sich, dass ich wieder sage: »Herr Jesus, hier bin ich. Ich bekehre mich von Neuem zu dir! Du sollst der Herr über mein Leben sein. Alles gehört dir! Zu allem bin ich bereit. Meine Pläne und Träume und Visionen und Ziele, ich lege sie auf deinen Altar. Ich lasse sie los. Ich übergebe mich dir, mit Leib, Seele und Geist. Mache du mit mir, was du willst!«

Vor fast 20 Jahren lebten wir als Missionare in Nepal in einem kleinen, entlegenen Dorf 60 Kilometer von der nächsten Straße entfernt. Kein Wasser, kein Strom. Es fiel mir damals sehr schwer, dort zu leben; wir hatten Stress im Team, wir lebten so primitiv, Wolfgang war häufig unterwegs, ich mit den drei kleinen Kindern alleine. Unter dieser Einsamkeit litt ich sehr. In meiner Stillen Zeit sagte ich Jesus, was schon lange in meinem Herzen rumorte: »Herr, zehn Jahre meines Lebens, die schenke ich dir. Aber dann bin endlich ich dran! Dann will ich endlich leben!«

Unmittelbar nachdem ich das ausgesprochen hatte, hörte ich in meinem Herzen: »Birgit, ich will, dass du heute lebst und mir dann auch noch dienst. Birgit, ich will, dass du heute lebst und mir dann auch noch dienst!«

Das hat mich umgehauen, und ich brach in Tränen aus. Zum einen, weil ich spürte: Ich bin in meiner Not nicht allein! Jesus spricht zu mir und sieht mich. Zum andern, weil mir plötzlich erschreckend klar wurde, dass es mit zehn Jahren Mission nicht getan sein würde. Dass mich Gott auch nach Nepal ganz, mit Haut und Haaren haben wollte. Einerseits glaubte ich, dass Gott es gut mit mir meinte, aber mir war klar, dass es auch sehr gefährlich war, Gott erneut einen Blankoscheck zu übergeben. Ich hatte erlebt, dass ein Leben mit ihm erfüllt, aber ganz und gar nicht immer einfach ist. Ich hatte, ehrlich gesagt, Angst vor dem, was da womöglich auf uns zukommen könnte. Daher nahm ich mir drei Tage Bedenkzeit. Doch dann betete ich:

»Ja, Herr Jesus, ich gebe dir mein ganzes Leben. Ich will dir mein Leben lang dienen. Auch nach Nepal.«

Mit diesem Gebet spürte ich, wie lebendige Freude und Kreativität in mein Herz einzogen, sodass ich das Beste aus den schwierigen Umständen machen konnte.

Fünfzehn Jahre später, im Jahr 2007, las ich während des Sommerurlaubes ein Buch von Floyd McClung über das Thema Gemeinde und Mission[14]. Jeden Tag, wenn ich das Buch in die Hand nahm, spürte ich, dass es wieder einmal so weit war. Jesus stand vor mir. Und er sagte noch einmal: »Birgit, ich wünsche mir diesen Blankoscheck über dein Leben.« Wieder war ich zunächst berührt und schockiert zugleich. Erneut brauchte ich einige Tage, denn jetzt, jenseits der Lebensmitte, wusste ich erst recht um die Kosten der Nachfolge. Doch Jesus blieb vor mir stehen. Wie immer: liebevoll, abwartend, mich im Innersten berührend.

Und dann tat ich es noch einmal und sagte unter Tränen: »Herr, ich bin und bleibe dein. Du bist der Herr meines Lebens. Ich übergebe dir alles, was ich habe und bin: mein Leben, meine Ehe, meine Kinder, meinen Dienst, meinen Beruf, unser Haus und sonstigen Besitz. Alles gehört dir. Wenn du mich rufst, dann bin ich auch heute noch bereit, für dich ans Ende der Welt zu gehen. Mache mit mir, was dir gefällt!«

Und dann löste sich die Anspannung. Ich spürte unbändige Freude in meinem Herzen und hätte die Welt umarmen können. Sorge und Furcht waren wie weggewischt, stattdessen hatte ich einen tiefen Frieden. Dieses größte und überschwänglichste Glück, das Gefühl der völligen Freiheit, habe ich in meinem Leben jedes Mal erlebt, wenn ich nach tagelangem Ringen dieses Gebet der Hingabe gespro-

Dieses größte und überschwänglichste Glück, das Gefühl der völligen Freiheit, habe ich in meinem Leben jedes Mal erlebt, wenn ich nach tagelangem Ringen dieses Gebet der Hingabe gesprochen habe.

14 Floyd McClung, *Von Knochen, Kamelen und einer großen Leidenschaft. Neue Wege, Gemeinde zu leben*, Asaph Verlag.

chen habe. Wenn Jesus wieder mein Ein und Alles war und nichts damit konkurrierte.

Es ist immer wieder dran, sich Jesus ganz zu übergeben, nicht nur als Teenager am Lagerfeuer sitzend am letzten Abend der Jugendfreizeit. Sondern auch mit 30 und 45 und 70 Jahren. Zurzeit haben Wolfgang und ich den Eindruck, dass Gott in Köln einen Auftrag für uns hat. Aber wir beide sind offen für Gottes Wege. Wer weiß …

Bei dem Prozess, im Glauben und Leben zu wachsen, geht es also nicht um mich und das Verfolgen eigener Ziele, so fromm und edel sie sich auch anhören mögen. Nein, es geht um Christus: Er soll wachsen und ich muss abnehmen, wie Johannes, der Täufer, es auf den Punkt bringt (vgl. Johannes 3,30). Der englische Begriff »surrender« drückt am treffendsten aus, worum es geht: Hingabe, Übergabe, Unterordnung.

> *Impuls:*
> Wann haben Sie das letzte Mal Jesus Ihr Leben übergeben? Wie geht es Ihnen, wenn Sie die Gebete auf den Seiten 55 und 57 lesen? Was bräuchten Sie, um diese Worte von ganzem Herzen beten zu können?

Regelmäßig trainieren – Dinge umsetzen

Alan Hirsch, ein australischer Autor, sagt: »Wir haben uns weit davon wegbewegt, wie Jesus Menschen zu Jüngern gemacht hat. Das liegt daran, dass unser westliches Christsein so tief von griechischem oder hellenistischem Denken beeinflusst ist … Jesus und die frühe Kirche haben jedoch in erster Linie aus dem hebräischen Verständnis heraus gehandelt.«[15]

Diese beiden Lernansätze, der griechische und der hebräische, unterscheiden sich fundamental:

Im griechischen Verständnis geschieht Veränderung über intellektuelle Erkenntnis. Man erhält viele Informationen. Wenn man beispielsweise die acht wichtigsten Punkte zum Thema Veränderung gehört und die Konzepte verstanden hat, dann wird, so hofft man, doch wohl der gewünschte Effekt eintreten. Wenn nicht, braucht man eben noch mehr Informationen.

Jeder von uns, der sich schon einmal von einer schlechten Gewohnheit befreien wollte, weiß, dass dieser Ansatz unzureichend ist. Das Wissen über das Ziel und den Weg dorthin bringt noch lange nicht die gewünschte Veränderung mit sich.

Das hebräische Verständnis geht jedoch davon aus, dass Veränderung durch das Tun, das Handeln, geschieht. Die ganze Person wird in

15 Alan Hirsch, dran 4/09.

den Veränderungsprozess einbezogen, nicht nur der Intellekt. Jesus hat seinen Jüngern nur wenige theoretische Infoveranstaltungen und Predigten gehalten. Stattdessen teilte er sein Leben mit ihnen. Er war ihnen Vorbild und gab ihnen Aufgaben, an denen sie sich ausprobieren konnten. Er ließ sie Erfahrungen machen und wertete diese anschließend mit ihnen aus. Dabei gab er ihnen auch Informationen weiter. Diese Informationen standen jedoch nicht im luftleeren Raum, sondern waren in das gerade Erlebte eingebettet, das so zur Lernerfahrung wurde.

Neues Denken und neues Verhalten entwickelten sich bei den Jüngern also vor allem durch Jesu Vorbild und durch die vielen konkreten Übungen, verbunden mit entsprechender Lehre. Jesus verwendete den Hauptteil seiner Zeit und Energie während der kurzen drei Jahre seines Wirkens auf dieser Erde darauf, die zukünftigen Säulen der Gemeinde, seine Jünger, auszubilden und zu trainieren.

Wie bauen wir heute Gemeinde? Nach dem griechischen oder hebräischen Verständnis? Worin investieren wir unsere Zeit und Energie als Nachfolger Jesu, als Leiter in Gemeinden? Was ist die Folge davon?

Neues Denken und Verhalten entstehen nach hebräischem Verständnis, indem ich kleine Schritte gehe, immer wieder etwas umsetze und trainiere. Auch dieses Buch wird Ihnen nur dann wirklich zum Gewinn werden, wenn Sie sich zum Handeln und Ausprobieren motivieren lassen. Wenn Sie etwas umsetzen. Andernfalls verharren wir im griechischen Muster, kennen zwar ein paar weitere Modelle für geistliches Wachstum, aber es ändert sich nichts.

Ein Beispiel: Ich bin von Natur aus ein kritischer Mensch. Normalerweise fällt mir immer als Erstes das auf, was nicht passt oder unzureichend erscheint. Das ist in manchen Situationen eine Gabe. Doch diese Haltung könnte mich auch zu einem sehr unzufriedenen und nörgelnden Menschen machen. Wo aber will ich laut meiner Lebensvision hin?

Ich möchte dereinst eine frohe und dankbare Frau sein. Diese Dankbarkeit wird jedoch nicht über Nacht kurz vor meinem siebzigsten Geburtstag über mich kommen. Sie wird sich auch nicht einfach in mir ausbreiten, nur weil mein Wunsch danach so groß ist. Um wirklich eine dankbare Frau zu werden, entscheide ich mich schon heute, Unzufriedenheit und Kritiklust loszulassen und stattdessen in Richtung der Dankbarkeit zu gehen. Heute schon muss – oder besser: darf – ich diese lebensfördernde Haltung einüben. Tag für Tag. Wie mache ich das konkret?

Ich gehe ungern einkaufen und bin nicht davon begeistert, Massen von Lebensmitteln durch den Supermarkt zu schieben. Wenn ich darüber Ungehaltenheit wahrnehme (»Immer diese Einkauferei!«), halte ich inne. Ich erinnere mich kurz an Situationen in Nepal. Nehme Menschen in den Blick, die morgens noch nicht wissen, wie sie ihre Familie am Abend ernähren sollen. Dabei schaue ich in meinen Einkaufswagen, der randvoll mit Lebensmitteln gefüllt vor mir steht. Und ich sage: »Danke, Herr. Danke, dass ich so privilegiert bin, in diesem Teil der Welt zu leben. Danke, dass wir die Finanzen haben, uns all die guten Lebensmittel zu leisten!« Und während ich das leise bete, spüre ich dem Gesagten nach, bis ich die Dankbarkeit in meinem Herzen auch tatsächlich verspüre.

Neben meinem Bett liegt seit Jahren ein kleines Büchlein. Jeden Abend überlege ich, für welche drei Punkte ich an diesem Tag dankbar sein kann. Die notiere ich mir. Gestern dankte ich Gott für unseren Sohn Johannes, der mit Eifer und Elan unser Gartenhäuschen gestrichen hat, für die Hilfe und innere Ruhe bei der Vorbereitung einer Predigt und für eine Mut machende Gebetszeit mit meiner Gebetspartnerin Lizzie am Telefon.

Als ich an meine drei Punkte dachte, spürte ich Freude in meinem Herzen aufkommen. Ich blieb einige Momente bei der konkreten Vorstellung und kostete die positiven Gefühle aus. So etwas fliegt mir nicht von Natur aus zu. Mein natürliches Verhalten wäre: »So, drei Punkte gefunden, abgehakt und fertig. Was jetzt?« So werde ich jedoch nicht verändert werden.

Veränderung geschieht nicht alleine dadurch, dass wir etwas tun, sondern dass wir es mit positiven Gefühlen der *Begeisterung* tun. Die Hirnforschung zeigt auf, dass alles, was im Zustand der Begeisterung geschieht, im Gehirn neue Verschaltungen von Neuronen auslöst. Doch man muss Begeisterung und Freude zulassen können. So

Veränderung geschieht nicht alleine dadurch, dass wir etwas tun, sondern dass wir es mit positiven Gefühlen der *Begeisterung* tun.

entstehen neue Erfahrungen und nach und nach neue Haltungen. Gordon MacDonald drückte es einmal ähnlich aus, als er sagte: »Wir lernen die Dankbarkeit, indem wir einer Sache mit einer ›Explosion der Freude‹ begegnen.«

Einüben können wir eine solche Einstellung, indem wir unsere Aufmerksamkeit bewusst lenken. »Das Lenken der Aufmerksamkeit – dass ich dieses beachte und jenes ignoriere – ist für das innere Leben, was das Lenken der Handlung für das äußere ist«, sagte W. H. Auden einmal.

Impuls:
Welche konkrete Tugend möchten Sie trainieren? Wie könnten Sie diese trainieren?

Den wirkungsvollsten Ansatzpunkt für mein Training identifizieren

Das sogenannte Minimumprinzip kann uns helfen, den wirkungsvollsten Ansatzpunkt für unser Training zu finden. Als Philipp Carl Sprengel Mitte des 19. Jahrhunderts nach den Ursachen des Pflanzenwachstums forschte, stellte er fest, dass eine Pflanze bestimmte Stoffe braucht. Selbst wenn die meisten Stoffe im Übermaß vorhanden sind, kommt das natürliche Wachstum zum Stillstand, sobald ein Element gar nicht oder in zu geringer Menge vorhanden ist. Justus von Liebig entwickelte die Ergebnisse weiter. Er bezeichnete das jeweils knappste Element, also das, welches den Wachstumsprozess behindert, als Minimumfaktor. Um den Wachstumsprozess wieder in Gang zu setzen, muss man also genau diesen Minimumfaktor zuführen, dann entwickelt sich die Pflanze ganz von alleine weiter. Später kann dann wieder ein anderes Element zum Minimumfaktor werden.

Der Minimumfaktor ist also der Faktor, der in einem System den Wachstumsprozess behindert – auch auf unserer Reise zu einem starken Charakter. Einige Beispiele:

- Susanne ist unglaublich begabt und vielseitig ausgebildet. Man sieht förmlich, was sie in ihrem Beruf als Ärztin und im Reich Gottes voranbringen könnte. Doch ihr Perfektionismus, verbunden mit ständigen Selbstzweifeln, lässt sie auf der Stelle treten.
- Stefan ist eigentlich mit Leib und Seele Pastor. Doch immer wieder fühlt er sich von den vielen Aufgaben und Erwartungen der Gemeindemitglieder erdrückt. Nein zu sagen, fällt ihm unglaublich schwer. Am liebsten möchte er es allen recht machen. Doch er merkt, dass er das nicht schafft.
- Wer Simon gut kennt, weiß, dass er eigentlich ein netter Typ ist. Doch es fällt ihm schwer, Menschen warmherzig und offen zu begegnen. Immer wieder äußert er kritische und wertende Bemerkungen. Eigentlich würde er gerne als Mentor jüngere Menschen ermutigen, doch diese haben großen Respekt, ja, Angst vor ihm und gehen lieber auf Distanz.

- Michaela sprudelt über vor Ideen und Visionen. Doch nur selten setzt sie sie um. Sie verzettelt sich in zu vielen Aufgaben, ist darüber frustriert.

Wir sehen: Die Minimumfaktoren, die sich bei diesen Menschen vermuten lassen, unterscheiden sich grundlegend voneinander. Dementsprechend sieht auch das passende Training ganz anders aus.

Den einen würden Seelsorge und Beratung eine enorme Hilfe sein: wirklich in der Tiefe Gottes Heilung an wunden Punkten zu empfangen, Ketten zu sprengen, um dann kraftvoll das Leben zu gestalten. Bei anderen könnte praktisches Training im Hier und Jetzt wichtig sein: Prinzipien eines guten Zeitmanagements zu erlernen und Prioritäten zu setzen.

Das, was im Blick auf unsere Gaben Sinn macht – nämlich uns auf unsere Stärken zu konzentrieren und uns mit ihnen in Beruf und Gemeinde einzubringen –, wäre im Blick auf unseren Charakter ein Trugschluss. Hier macht es gerade keinen Sinn, starke Bereiche weiter zu stärken und den Minimumfaktor, unseren schwächsten Punkt, zu vernachlässigen. Solange der Minimumfaktor das Wachstum begrenzt, geht es nicht weiter, egal, wie wunderbar sich die anderen Faktoren entwickeln.

Wenn Susanne ihre perfekten Ansprüche nicht herunterschraubt, werden ihre Gaben nicht zum Zug kommen. Wenn Stefan nicht lernt, Nein zu sagen, wird er einen Burn-out erleiden. Nur wenn er bewusst Freundlichkeit und Akzeptanz trainiert, wird Simon ein gefragter Mentor werden. Und Michaela wird dann charakterlich wachsen, wenn sie Prioritäten setzt und lernt, geplant vorzugehen.[16]

Erwin McManus, Pastor der Mosaic-Gemeinde, gibt den Rat: »Geh zuerst dorthin, wo dich die Gefangenschaft am meisten quält, und stifte einen Aufstand an.«[17]

---

16 Genauso spannend ist es, sich als Ehepaar zu fragen: Was ist zurzeit der Minimumfaktor in unserer Ehe? Oder: Wie sieht der Minimumfaktor in unserem Leitungsteam der Gemeinde oder der Firma aus? In unserer Familie?

17 Erwin McManus, *Aufstieg aus der Asche. Wie unser Glaube Flügel bekommt*, SCM R.Brockhaus, S. 49.

Impuls:
Was ist zurzeit der Minimumfaktor in Ihrem Leben? Was behindert Ihr Wachstum am allermeisten?
Fragen Sie drei Ihrer Freunde nach ihrer Einschätzung. Sie werden Ihnen helfen, Ihren Minimumfaktor zu identifizieren.
Eine weitere Möglichkeit, Ihren individuellen Trainingsplan zu entwickeln, besteht darin, Ihre persönliche Vision oder die Charakterliste von Seite 43 f in den Blick zu nehmen. Schätzen Sie sich persönlich ein: In welchen Bereichen sind Sie bereits heute stark? Wo eher schwach?
Auf einer Skala von 1 bis 10 – wobei 10 »sehr stark« und 1 »sehr schwach« ist –: Wie würden Sie sich einstufen? Bei welchem Faktor spüren Sie am stärksten den Wunsch nach Veränderung und Wachstum? Was könnten Sie tun, um auf der Skala einen Punkt nach oben zu kommen? Und was noch?

Alte Ketten lösen

Während wir in Nepal lebten, besuchten wir eine Elefantenfarm im Süden des Landes, an der Grenze zu Indien. Wir waren erstaunt zu sehen, dass diese beeindruckenden Riesen nur mit einem dünnen Seil angebunden waren. Als wir einen der Hüter fragten, ob sich die Elefanten nicht von dem Seil losreißen würden, antwortete er: »Nein, das tun sie in der Regel nicht. Wenn ein Elefantenbaby groß genug ist, um sich von der Mutter zu entfernen, ketten wir es mit dicken, schweren Ketten an. Am Anfang wehrt es sich mit aller Kraft. Doch irgendwann gibt der kleine Elefant auf. Er hat endlich verstanden, dass er gegen unsere Ketten machtlos ist und nichts ausrichten kann. Wenn das passiert ist, können wir eine dünnere Kette nehmen, und irgendwann brauchen wir nur noch ein dünnes Seil, um den Elefanten festzubinden.«

Wir standen sprachlos vor diesen Giganten: Aus der Nähe sahen sie so unglaublich stark und groß aus. Ein einziger heftiger Ruck mit dem Kopf hätte genügt, um das Seil zu zerreißen und sich aus der Gefangenschaft zu befreien. Doch keiner der ausgewachsenen Elefanten tat es. Sie standen alle da: angebunden, ihrem Schicksal ergeben. Das »Wissen ihrer Kindheit« leitete sie. Sie »wussten« einfach, dass sie gegen Seile keine Chance hatten.

Genauso ergeht es uns allen an der einen oder anderen Stelle. Da sehen wir auf unsere Vision. Unser Herz hüpft, wenn wir sie uns vor Augen halten. Doch gleichzeitig spüren wir eine tiefe Lähmung, einen Unglauben, eine Hoffnungslosigkeit und Ohnmacht, dass es tatsächlich möglich sein sollte, dass bestimmte Punkte jemals in unserem Leben Wirklichkeit werden. Es ergeht uns wie den ausgewachsenen Elefanten: Bremsende, einschränkende Überzeugungen, die wir im Laufe unseres Lebens, insbesondere der Kindheit, gewonnen haben, verhindern die gewünschte Veränderung. Sie alle wurzeln letztlich in der Überzeugung, dass wir macht- und wertlos sind.

Dabei müssten wir nur eines tun: Genau wie die Elefanten müssten wir genau hinschauen, ob diese Überzeugungen immer noch wahr und angemessen sind. Jesus sagt: »Die Wahrheit wird euch frei machen« (vgl. Johannes 8,32b). Wie können wir also die alten Ketten lösen? Indem wir uns der Wahrheit verschreiben und im Hier und Jetzt prüfen, ob unsere alten mentalen Konstrukte über uns und die Welt überhaupt noch stimmen.

Wie können wir also die alten Ketten lösen? Indem wir uns der Wahrheit verschreiben und im Hier und Jetzt prüfen, ob unsere alten mentalen Konstrukte über uns und die Welt überhaupt noch stimmen.

Vor einem Jahr, einen Tag vor Heiligabend, erledigte ich meine letzten Einkäufe für die Festtage. Der Supermarkt war rappelvoll. Als ich mit meinem gefüllten Einkaufswagen an der Kasse stand, bemerkte ich plötzlich, dass ich einen Punkt auf meiner Einkaufsliste, die Butter, vergessen hatte. Während der Kassierer begann, meinen Einkauf einzuscannen, fragte ich: »Meinen Sie, ich könnte noch kurz zum Kühlfach laufen und Butter holen?« Auf seine Zustimmung hin rannte ich los, schnappte mir zwei Päckchen Butter und düste zurück an meine Kasse. Dort fand ich jedoch zu meinem Erschrecken eine Kassiererin vor und auch die Leute in der Schlange schienen sich verändert zu haben. Ich war völlig verwirrt. Da meinte ein älterer Herr hinter mir: »Sie sind an der falschen Kasse gelandet! Sie müssen doch dort drüben hin!« Und richtig: Meine Kasse war eine Reihe weiter. Ich war in meiner Eile falsch gelaufen. Als mir das klar wurde, spürte ich eine Welle von Scham in mir aufsteigen. Und alte vertraute Sätze waren sofort präsent: »Du bist chaotisch und jeder hat es mitbekommen! Alle lachen dich aus! Du musst dich schämen! Das Ganze ist schrecklich peinlich! Furchtbar! Nur weg hier!«

Doch dann hatte ich einen inneren Impuls. Es war mir, als sagte Gott: »Birgit, stopp! Bleib stehen und schaue hin!« Anstatt geduckten Hauptes zur anderen Kasse zu schleichen, hielt ich also einen Moment inne und blickte auf. Ich schaute in die vielen Gesichter der vier langen Menschenschlangen vor den Kassen. Was sah ich? Ausnahmslos lächelnde, wohlwollende und freundliche Gesichter. Alle strahlten mich an! Ich ließ mich davon anstecken, lachte mit und sprang hinüber zu meiner Kasse, wo der Kassierer noch damit beschäftigt war, meine letzten Lebensmittel einzuscannen. Ich hatte nicht einmal den Betrieb aufgehalten.

Ich bezahlte und schob den Einkaufswagen auf den Parkplatz. Während ich zum Auto ging, sprudelte mein Herz vor Freude über. Ja, ich war wieder chaotisch gewesen. Und andere hatten das gesehen. Doch alle hatten freundlich reagiert. Meine Überzeugung, dass es furchtbar wäre, wenn andere mitbekämen, wie chaotisch ich bin, war nicht bestätigt worden. Mein Zwischenfall hatte im Gegenteil sogar den stressigen Festtagseinkauf für alle Zuschauer etwas aufgeheitert.

Warum wurde diese Begebenheit für mich zu einem positiven Erlebnis, an das ich mich noch heute erinnere? Warum half diese Erfahrung, alte Ketten zu lösen? Weil ich auf Gottes Stimme gehört hatte. Und weil ich hingeschaut hatte. Weil ich im Hier und Jetzt überprüfte, ob meine innere Überzeugung wirklich stimmte oder nicht. Und weil sie nicht stimmte. Sie war nicht wahr.

Es geht hier nicht um positives Denken, sondern um Wahrheit. Vermutlich haben 80 Prozent der Überzeugungen, die uns heute bremsen, nie gestimmt. Auch damals in unserer Kindheit waren sie nicht wahr. Das Einzige, was gestimmt hat, war vermutlich der Gesichtsausdruck unserer Mutter, unseres Vaters oder der Menschen, die uns wichtig waren. Ich habe mich vielleicht häufig chaotisch verhalten und fast zeitgleich in das erschreckte oder ernsthafte Gesicht meiner Mutter oder meines Vaters geblickt. Den Rest habe ich mir dann selber zusammengereimt. Andere bremsende Überzeugungen wurden uns möglicherweise explizit gesagt und wir haben sie dann in unser inneres System übernommen und uns so Ketten angelegt.

Impuls:
Welche bremsenden Überzeugungen können Sie in Ihrem Leben feststellen? Wie sieht die Wahrheit heute aus? Wo haben Sie diese Wahrheit tatsächlich schon einmal erlebt? Und wo noch?[18]

18 In meinem Buch *Berufung finden und leben. Lebensplanung für Frauen* widme ich ein ganzes Kapitel dem Thema, wie wir mit Gottes Hilfe innere Bremser lösen können.

Die Kosten überschlagen

Wenn wir auf unsere persönliche Vision sehen, hüpft unser Herz. Wir spüren die Anziehungskraft, die von ihr ausgeht, und dieser Sog hilft uns, vorwärtszugehen, und motiviert uns zum Training. Doch gleichzeitig gibt es einen zweiten Sog, den wir zunächst gar nicht wahrnehmen. Er ist hinter uns und versucht uns davon abzuhalten, voranzugehen. Er wird verursacht durch die Kosten, die solch ein Leben mit sich bringt.

Immer wieder fordert Jesus seine Nachfolger auf, ihren Blick auf die Kosten zu richten. Zu einem Zeitpunkt, als sie Feuer und Flamme sind, sagt er ihnen: »Haltet mal inne. Schaut euch zuerst die Kosten an!« (vgl. Lukas 9,23-27). Doch welche Kosten bezahlen Menschen, deren Ziel es ist, wachsende Nachfolger Jesu zu sein? Wozu brauche ich also ein Ja?

Starke Nachfolger Jesu haben ein Ja dazu …

1. ihren Hang zu Sicherheit und Bequemlichkeit aufzugeben,
2. zu einer Minderheit zu gehören,
3. Ablehnung zu erfahren.

1. Starke Nachfolger Jesu haben ein Ja dazu, ihren Hang zu Sicherheit und Bequemlichkeit aufzugeben.

Die Risikofreude und Bereitschaft, sich anzustrengen, nimmt im Laufe des Lebens natürlicherweise ab. Während wir mit 18 Jahren noch mit einem Interrail-Ticket spontan quer durch Europa tourten, sollte ein Jahrzehnt später möglichst alles schon vor dem Reiseantritt gebucht sein. Vor einer Tandemtour von Augsburg über die Alpen zum Gardasee waren Wolfgang und ich kurz davor, unseren Urlaubstraum abzusagen, nur weil uns ein Shuttleservice nicht zusagen konnte, dass er unser Tandem über einen Pass transportieren würde. Es kostete uns viel Überwindung, die Reise dennoch zu wagen. Vor Ort konnten wir die Angelegenheit dann problemlos regeln, aber vorher hatten wir darüber keine Sicherheit.

Um uns beständig weiterzuentwickeln, müssen wir bereit sein, unsere Bequemlichkeit aufzugeben und Risiken einzugehen. Es gibt kein Lernen und Weiterkommen, wenn man immer auf Nummer sicher geht. Wir lernen genau da, wo wir das Boot verlassen und Unsicherheit und Angst verspüren. Je inniger meine Beziehung zu meinem vertrauenswürdigen Gott ist, desto eher werde ich bereit sein, Risiken einzugehen. Letztlich ist es sicherer, zusammen mit Jesus etwas zu wagen, als allein den Weg der äußerlichen Sicherheit zu wählen. Gott verändert nicht auf wundersame Weise ohne unser Zutun unseren Charakter. Wer sich dafür entscheidet, weiter zu wachsen, entscheidet sich gegen ein geruhsames, bequemes Leben.

Wer sich dafür entscheidet, weiter zu wachsen, entscheidet sich gegen ein geruhsames, bequemes Leben.

Kürzlich spürte ich während der Gemeindeleitungssitzung bei einem Thema eine Spannung zwischen einem Teammitglied und mir. Bei unserer üblichen Abschlussrunde (»Wie haben wir unser Miteinander erlebt?«) überlegte ich: »Soll ich die Sache ansprechen oder nicht?« Ein Teil von mir wollte sie lieber unter den Teppich kehren und hatte keine Lust auf eine anstrengende Beziehungsklärung. Dennoch, ich sprach es an und das Teammitglied bestätigte meinen Eindruck. Am nächsten Morgen telefonierten wir miteinander. Ich erkannte, dass ich denjenigen an einer Stelle verletzt hatte, und entschuldigte mich bei ihm. Das war gut und wichtig. Aber ich musste an jenem Abend gegen meinen inneren Schweinehund handeln, der es lieber bequem hat.

2. Starke Nachfolger Jesu haben ein Ja dazu, zu einer Minderheit zu gehören.

Kathrin klagte am Ende eines Seminars: »Ich fühle mich in meiner Gemeinde oft alleine und frage mich, ob ich mit meinem Wunsch, weiter zu wachsen, ganz normal bin. Es ist für mich so wichtig, andere Leute zu treffen, die genau wie ich mehr vom Leben und Gott erwarten und reifen wollen.«

Als jemand, der unbedingt in seinem Leben und Glauben wachsen möchte, gehören Sie zu einer Minderheit, auch in Ihrer Gemeinde. Nicht jeder ist bereit, Opfer auf sich zu nehmen und den Preis zu zahlen, der nötig ist, um innerlich stark zu werden und sich zu entwickeln. Sicher, die meisten Christen geben an, wachsen zu wollen. Doch nicht jeder zeigt mit seinem Leben, dass dies tatsächlich der Fall ist. Der dänische Philosoph Kierkegaard betonte immer wieder, dass sich die subjektive Wahrheit im tatsächlichen Handeln ausdrückt.

Als jemand, der unbedingt in seinem Leben und Glauben wachsen möchte, gehören Sie zu einer Minderheit, auch in Ihrer Gemeinde.

Paulus sagt zu Timotheus: »Und was du von mir gehört hast vor vielen Zeugen, das befiehl treuen Menschen an, die tüchtig sind, auch andere zu lehren« (2. Timotheus 2,2). Timotheus soll also sorgsam auswählen, wem er seine Zeit und Kraft widmet und wen er lehrt. Paulus rät ihm, in Menschen zu investieren, die wiederum selbst in der Lage sind, die Lehre an andere weiterzugeben. Mit »Lehre« ist nicht nur das Predigen gemeint, sondern ebenso das Lernen in der direkten Eins-zu-eins-Begegnung.

Die drei Bilder, die folgen – Soldat, Sportler und Bauer –, zeigen die Charaktereigenschaften, die er und diese Leute mitbringen sollen: Hingabe, klaren Fokus, Fairness, Training, Anstrengungsbereitschaft, Geduld, Weisheit, Fähigkeiten. Dass Paulus Timotheus auffordert, wie ein Soldat, Sportler und Bauer zu handeln, macht deutlich, dass es auch möglich wäre, es nicht zu tun. Das Wunderbare an den Beispielen ist jedoch, dass ich selber bestimme, zu welcher Gruppe ich gehöre. Ich kann mich jetzt und hier entscheiden, zu denen zu gehören, die weiterkommen wollen, deren höchstes Ziel es ist, Gott mit ihrem Leben zu verherrlichen.

Das jedoch ist mit Kosten verbunden. Wenn ich leidenschaftlich für Gott lebe, werde ich innere und äußere Hürden überwinden und einen Preis bezahlen müssen.

3. Starke Nachfolger Jesu haben ein Ja dazu, Ablehnung zu erfahren.

Einige meiner Vorbilder können unglaubliche Verleumdungen über sich lesen, wenn sie ihren Namen bei Google eingeben: Unterstellungen, Missgunst, Neid und die Ablehnung anderer Mitchristen. Dennoch bleiben sie Gott und ihrer Berufung treu. Sie rennen mit Ausdauer das Rennen, zu dem sie sich von Gott berufen wissen (vgl. Philipper 3,12-14).

Wir alle müssen uns letztlich entscheiden, für wessen Applaus wir leben möchten – ob für den Applaus unseres Vaters im Himmel oder den der Menschen. Wir müssen entscheiden, wen wir fürchten: Gott oder die Menschen. Beides geht nicht.

In Lukas 4,15 lesen wir, dass Jesus in Galiläa in den Synagogen lehrte und von jedermann gepriesen wurde. Er wurde bewundert und erhielt viel Anerkennung. Doch dann sprach er erneut in der Synagoge und verkündete, dass er der Messias sei. Das brachte Pharisäer und Schriftgelehrte in Aufruhr. Sie wurden von Zorn erfüllt und wollten ihn umbringen, aber Jesus ging mitten durch sie hinweg. Kein Erfolg. Keine Anerkennung, sondern Ablehnung.

Das sieht bei Paulus und Petrus nicht anders aus. Von Leuten außerhalb wie auch innerhalb der Gemeinde erfahren sie nicht nur Anerkennung, sondern ebenso Ablehnung. Sie werden verleumdet und verdächtigt, aus falschen Motiven zu handeln. Ihr Vorgehen wird hinterfragt. Ihre Abwesenheit wird ausgenutzt.

Stefan, Manager, 41 Jahre, kam wegen eines drohenden Burn-outs in die Beratung. Nach und nach kam er seinen verschütteten Träumen und seiner Lebensvision auf die Spur. Er spürte, dass es mit ein paar kosmetischen Korrekturen nicht getan sein würde und dass er eine Auszeit brauchte, um wirklich kraftvoll und klar in seine zweite Lebenshälfte zu gehen. Zum ersten Mal seit zwanzig Jahren entschied er sich gegen seinen Hang

> Wenn ich mich entscheide, ein starkes Leben mit Jesus zu führen, dann sollte ich mir in einer ruhigen Stunde von Gott ein Ja dazu schenken lassen, dass es zum Gesamtpaket der Nachfolge gehören wird, nicht von allen gemocht und verstanden zu werden.

zur finanziellen Sicherheit und gegen die Erwartung seiner Eltern. Er kündigte seinen sicheren und gut bezahlten Job. Das konnten viele Leute in seinem Umfeld nicht nachvollziehen.

Jesus leidenschaftlich und radikal nachzufolgen, bewirkt nicht das, was wir uns zuvor naiv vorgestellt haben: nämlich, dass alle unseren Einsatz und unsere Hingabe anerkennen. Jesus begeistert zu folgen, ist wunderbar, aber es ist auch schrecklich. Schrecklich, weil wir als Menschen eigentlich so gestrickt sind, dass wir alles daransetzen, dass jeder uns mag und uns sagt, wie nett und lieb wir sind. Und weil wir uns eigentlich so sehr wünschen, dass man unsere Hingabe und unseren Dienst angemessen würdigt.

Wenn ich mich entscheide, ein starkes Leben mit Jesus zu führen, dann sollte ich mir in einer ruhigen Stunde von Gott ein Ja dazu schenken lassen, dass es zum Gesamtpaket der Nachfolge gehören wird, nicht von allen gemocht und verstanden zu werden.

Impuls:
Welche Kosten könnten für Sie damit verbunden sein, ein wachsender Nachfolger Jesu zu sein?
Wer oder was könnte etwas dagegen haben, dass Sie zunehmend im Glauben und Leben erstarken und kraftvoll so leben, wie Sie es in Ihrer Vision formuliert haben? Wie könnten »unangenehme Nebenwirkungen« aussehen, wenn Sie diese Vision tatsächlich mit Gottes Hilfe umsetzen?

Meine Gefährdungen erkennen

2010 überraschte der damalige Bundespräsident Köhler die Nation mit seinem plötzlichen Rücktritt. Was auch immer ihn zu diesem Schritt bewogen haben mag, es war kein geplanter, starker Abschluss für ihn als Bundespräsidenten. Auch in unseren Gemeinden und christlichen Werken erleben wir es, dass Leiter überraschend zurücktreten und in der Versenkung verschwinden. Wir bekommen mit, dass Männer und Frauen, deren Anliegen es war, ein starkes Leben mit Jesus zu führen, auf der Strecke bleiben und ihr Glaube erlahmt oder erlischt.

Nun könnten wir das einfach als eine traurige Tatsache betrachten, als hätte das alles nichts mit uns zu tun. Doch das wäre ein Trugschluss. Jeder von uns hat heute Gefährdungen in seinem Leben, die ihn morgen zu Fall bringen können.

Fassen wir noch einmal zusammen: Die Vision soll uns von innen her zu einem starken Leben mit Jesus anspornen. Das Training stärkt unseren inwendigen Menschen, sodass die Kluft zwischen unserem Sein und der Vision immer geringer wird. Dennoch tragen wir bis an unser Lebensende Gefährdungen in uns, die uns, wenn wir sie nicht rechtzeitig erkennen und konkrete Schritte zur Vorbeugung unternehmen, zu Fall bringen können.

- Seit Beginn seiner Ehe spürte Peter, Gemeindeleiter in einer Freikirche, dass er sich eigentlich nur im Beisein seiner Ehefrau Petra wohl- und glücklich fühlte. Eine schreckliche Kindheit lag hinter ihm. Obwohl ihn Freunde immer wieder dazu ermutigten, Therapie und Seelsorge in Anspruch zu nehmen, entschied er sich dagegen. Über Jahrzehnte schien alles gut zu gehen, doch dann kam heraus, dass seine Ehefrau über Jahre ein außereheliches Verhältnis gehabt hatte. Sie erklärte, sie habe das klammernde Verhalten von Peter nicht mehr ausgehalten. Als das bekannt wurde, trat Peter von allen Ämtern zurück. Heute gehen Petra und Peter in keine Gemeinde mehr.

- Sabine war eine erfolgreiche Geschäftsfrau. Vor vielen Jahren begann sie abends zu trinken. Dies verschaffte ihr Erleichterung und brachte ihr ein wenig Lebensfreude. Die Alkoholmenge nahm immer mehr zu. Sie schämte sich dafür. Sie redete sich ein, dass sie die Sache doch im Griff hätte. In ihrem Hauskreis, den sie leitete, wusste niemand davon. Irgendwann passierten Pannen in der Firma, sie begann, auch morgens zu trinken, und wurde nach mehrmaliger Verwarnung entlassen.

Die Beispiele hören sich krass an. Doch das Krasseste ist eigentlich, dass Peter und Sabine Menschen wie Sie und ich sind, deren Anliegen es war, ein starkes Leben mit Jesus zu leben. Es waren Menschen, die sich in Beruf und Gemeinde für Jesus einsetzten. Nie hätten sie gedacht, dass all das, was ihnen so wichtig war, wie ein Kartenhaus zusammenfallen könnte. Hätte man sie darauf angesprochen, hätten sie es weit von sich gewiesen, genau wie wir es jetzt am liebsten täten.

Und eben da liegt das Problem. Auch wir sind potenzielle Peters und Sabines. Wir alle haben heute Problembereiche in uns angelegt, die uns zu Fall bringen könnten. Die frohe Botschaft für Sie lautet jedoch, dass heute noch keine Katastrophe geschehen ist und dass Jesus in genau diese Bereiche hineinkommen und Ihnen dabei helfen möchte, verborgene Leichen ans Licht zu holen und sich liebevoll und wachsam um Ihre Gefährdungen zu kümmern.

Folgende Gefahrenbereiche sind mir in der Beratung, in meinem persönlichen Umfeld und meinem eigenen Leben schon begegnet: Geltungsdrang, innerlich zerstörte Ehebeziehungen, brodelnde Eheprobleme, Verletzungen aus der Kindheit, die noch nicht von Jesus heilsam berührt wurden, ein tiefes Gefühl der Minderwertigkeit, Streben nach Reichtum, Streitsucht, übermächtige Sehnsüchte, Depression, Ängste, Zwanghaftigkeit, Faulheit, mangelnde Anstrengungsbereitschaft, Drang zu Lüge und Übertreibungen, inneres Getriebensein, Nicht-Nein-sagen-Können, Süchte (Kaufsucht, Pornografie, Esssucht, Klatschsucht, Alkohol, Nikotin, Drogen, Sex, Sucht nach Spaß), emotionale Abhängigkeit von anderen, Missachten von Warnsignalen des Körpers.

Sie wären kein Mensch aus Fleisch und Blut, würden Sie sich nicht bei einem oder mehreren dieser Punkte wiederfinden. Bleiben Sie mit Ihren Gefährdungen nicht alleine! Sprechen Sie mit einem Freund, Ihrem Gebetspartner oder Mentor darüber.

Es kann aber auch sein, dass Sie erkennen, dass Sie bereits mitten im Schlamassel stecken und von alleine nicht mehr herauskommen.

> Jesus wusste, dass wir alleine nicht klarkommen würden. Deshalb hat er uns in eine Gemeinschaft gestellt.

Ja, das ist richtig: Sie kommen da nicht mehr alleine heraus. Die gute Nachricht lautet: Sie müssen es auch nicht! Das wusste Jesus lange vor uns. Er wusste, dass wir alleine nicht klarkommen würden. Deshalb hat er uns in eine Gemeinschaft gestellt. Suchen Sie sich Hilfe von außen. Unbedingt! Bitte tun Sie es! Bleiben Sie nicht alleine!

Vielleicht lesen Sie diese Zeilen und sagen: »Ich bin so ein Peter, so eine Sabine. Ich bin heute nicht mehr im Rennen dabei. Früher, ja, da war ich mittendrin, gehörte zum Leitungsteam der Gemeinde, war Feuer und Flamme für Jesus. Doch dann hat mich eine Sache zu Fall gebracht!«

Ich weiß, dass ich gar nicht ermessen kann, durch welches Leid und welche Not Sie gegangen sind. Doch eines weiß ich ganz sicher: Gott ist ein Gott der zweiten (und dritten und vierten) Chance! Das ist er wirklich! Bitte stehen Sie wieder auf! Bleiben Sie nicht alleine! Suchen Sie sich Menschen, die Sie unterstützen und Ihnen helfen.

Mit 35 Jahren nahm ich, noch in Nepal lebend, gemeinsam mit einigen Missionarskollegen an einer mehrtätigen Raftingtour teil, die regelmäßig für Touristen angeboten wurde. Ich genoss es, Zeit in der herrlichen Natur zu verbringen. Geleitet wurde die Tour von Schweizer Aussteigern, die sich mit gelegentlichen Raftingtouren ihren Lebensunterhalt verdienten und ansonsten ein geruhsames Hippiedasein an einem See führten und Haschisch konsumierten.

Wie reagierte ich auf diese Leute? Ein Teil von mir sah in ihnen Menschen, die Jesus bitter nötig hatten. Dieser Teil verurteilte sie für ihren hedonistischen Lebensstil. Doch, wenn ich ehrlich war, gab es auch eine ganz andere Regung in mir: Ich beneidete sie! Von morgens bis abends konnten sie tun und lassen, was sie wollten und wohin die Lust sie trieb. Sie hatten keinen Stress! Sie mussten nichts leisten! Sie hatten unendlich viel Zeit und mussten nur ab und zu solche Raftingtouren durchführen. Wenn ich sie abends am Lagerfeuer beobachtete, verspürte ich in mir plötzlich eine unglaubliche Sehnsucht, mein jetziges Leben über Bord zu werfen und auch so ein völlig abgedrehtes, »freies« Leben zu leben. Natürlich war der andere Teil in mir entsetzt. Wie konnte ich nur so fühlen und denken?

Kurze Zeit nach unserer Rückkehr aus Nepal begab ich mich in Therapie. Dadurch erkannte ich unter anderem, dass mich diese unbändige Sehnsucht auf meine enorme Leistungsorientiertheit hinwies. Natürlich hätte ich auch als Missionarin ein ausgewogenes Leben führen können, doch ich selber hatte mich immer wieder zu besonderen Leistungen angetrieben und mir wenig Ruhe gegönnt. Kein Wunder, dass meine Seele aufschrie und sich nach Entspannung, Lust und Leichtigkeit sehnte. Im Laufe der Therapie rutschte mein Kopfwissen über Gottes Liebe ein Stück weiter in mein Herz. Ich konnte Zusammenhänge aus meiner Geschichte verstehen und verarbeiten. »Ketten« und bremsende Überzeugungen durfte ich mit Gottes Hilfe lösen und stattdessen gesunde, lebensfördernde, jesusgemäße Wahrheiten in mein Herz aufnehmen.

Meine Hauptgefährdung ist auch heute noch mit Überbeschäftigung verbunden. Meine inneren Warnleuchten blinken auf, wenn ich stöhne: »Am liebsten will ich auf eine ferne Insel! Nur weg von hier!« Meistens steckt dann wieder Überforderung dahinter: Ich fühle mich für zu vieles verantwortlich oder habe zu viele Aufgaben übernommen.

Das Leben in Gemeinschaft hilft mir, ausgewogener zu leben: der regelmäßige ehrliche Austausch mit Freunden, meiner Gebetspartnerin, meiner Mentorin. Wenn ich um meine Gefährdungen weiß, kann ich sie liebevoll im Blick behalten und rechtzeitig erkennen, wenn sie mir zur Gefahr werden.

Impuls:
Was ist Ihre persönliche Hauptgefährdung? Was könnte Sie zu Fall bringen?
Welche Personen haben von Ihnen die ausdrückliche Erlaubnis erhalten, Sie auf Irrwege, Verirrungen und falsche Entwicklungen hinzuweisen, sollten sie diese bei Ihnen wahrnehmen? Wessen Rat suchen Sie und von wem nehmen Sie Ermahnungen an?
Wie könnten Präventionsmaßnahmen konkret bei Ihnen aussehen?

Die psychologische Grundlagenforschung zeigt auf, welch erstaunlich große Rolle Gefühle in der Steuerung und Bewältigung unseres Lebens spielen. Aufgrund von bisherigen Erfahrungen in unserem Leben haben sich bestimmte Emotionen an konkrete Tätigkeiten, Bereiche, Themen, Gegenstände und Menschen »geklebt«. Gute Gefühle wurden aufgebaut durch emotional positive Erfahrungen und schlechte Gefühle durch emotional negative Erfahrungen.

Von klein auf hatte Martinas Oma, die in der Familie wohnte, Martina abends vor dem Einschlafen aus den verschiedensten Kinderbibeln Jesusgeschichten vorgelesen. Martina liebte diese kuscheligen, abendlichen Bibel-Vorlesezeiten sehr.

In Dieters Familie wurde während seiner Kindheit jeden Tag nach dem Abendessen ein Bibeltext mit dazugehörigem Kalenderblatt vorgelesen. Dieter hasste diese Andachten. Er fand sie langweilig und gewöhnte sich schon früh an, währenddessen gedanklich abzutauchen.

Als Georg als Student Christ wurde, begann er, mit einem Bibelleseplan ausgerüstet, täglich in der Bibel zu lesen. Er verstand jedoch überhaupt nicht, was er las, fand keinen Bezug zu seinem tatsächlichen Leben und verlor bald die Lust am Wort Gottes.

Positive Gefühle bewirken in uns automatisch eine Affinität für die jeweilige Tätigkeit / das Thema / den Bereich. Schlechte Gefühle führen dazu, dass wir ebendiesen Bereich oder dieses Thema vermeiden. Das gilt selbstverständlich auch für geistliche Disziplinen wie unsere Stille Zeit, Bibellesen und Beten. So liest Martina heute gerne in der Bibel, während Dieters heutige Versuche, sich zum Bibellesen zu zwingen, immer wieder auf der Strecke bleiben. Auch Georg liest nur sporadisch in der Bibel.

Schlechte Gefühle führen dazu, dass wir ebendiesen Bereich oder dieses Thema vermeiden. Das gilt selbstverständlich auch für geistliche Disziplinen wie unsere Stille Zeit, Bibellesen und Beten.

Nahm man noch vor 50 Jahren an, dass der Mensch vor allem über verstandesmäßige Einsichten handelt, zeigt die Grundlagenforschung des Gehirns, dass das weit weniger der Fall ist und dass der Mensch vor allem über seine (meist unbewussten) Gefühle gesteuert wird.

> *Impuls:*
> Nehmen Sie sich eine halbe Stunde ungestört Zeit. Fragen Sie sich: »Wenn ich ganz ehrlich bin, wie stehe ich auf einer Skala von 1 bis 10 (wenn 10 sehr positiv ist) gefühlsmäßig zu den Tätigkeiten:
> - Bibellesen,
> - Beten,
> - Stille Zeit halten?

Ich persönlich verbinde heute mit diesen drei Begriffen sehr Positives. Ich bete und lese gerne in der Bibel. Deshalb fällt es mir auch so leicht, täglich meine Stille Zeit zu halten. Ich bin an dieser Stelle überhaupt nicht besonders diszipliniert, sondern verbinde mit ihr warme und gute Gefühle. Meistens liebe ich es, morgens früh aufzustehen und mir ausführlich Zeit für mein Gebet, das Bibellesen und Tagebuchschreiben zu nehmen. Es zieht mich normalerweise regelrecht dazu.

Das war jedoch früher ganz anders. Vor 25 Jahren hätte ich vermutlich sowohl beim Bibellesen als auch beim Beten eine 2 oder 3 auf der Skala von 1 bis 10 angegeben. Ich hätte im Blick auf das Beten sofort diese Gedanken präsent gehabt: »Ja, ja, ich weiß: Ich sollte mehr beten! Und zwar sollte ich sowohl in den Dank und die Anbetung als auch in die Fürbitte noch mehr Zeit investieren.« Dabei hätte ich innerlich gestöhnt und mich schlecht gefühlt. Damals hatte ich zur Fürbitte ein Ringbuch zusammengestellt, das mir nach Wochentagen gegliedert täglich die Namen der Leute vor Augen hielt, für die ich regelmäßig beten wollte bzw. meinte zu sollen. Auch der Gedanke an meine Gebetsliste ließ mich stöhnen. Ich fühlte mich im Grunde vor meiner Gebetszeit ähnlich wie vor dem Frühjahrsputz, also einer Aufgabe, die zwar ungeliebt, doch notwendig war.

Dementsprechend quälte ich mich oft durch diese Zeit, bzw. sie fiel mit schlechtem Gewissen unter den Tisch, weil ich es nicht schaffte, mich dazu zu zwingen.

Alles, was bei uns mit guten Gefühlen verknüpft ist, bewirkt, dass wir uns einer Sache positiv nähern. Und alles, was bei uns mit schlechten Gefühlen verknüpft ist, führt zur Vermeidung. So einfach ist das. Wenn Sie nicht das tun, was Sie eigentlich tun möchten, liegt es vermutlich daran, dass Sie – aus berechtigtem Grund (!) – schlechte Gefühle mit der Tätigkeit verknüpft haben (siehe die Beispiele von Martina, Dieter und Georg). Doch Sie sind mit diesen schlechten Gefühlen weder geboren worden noch dazu verdammt, den Rest Ihres Lebens mit ihnen leben zu müssen. Die Lösung des Problems liegt nicht darin, sich mit noch mehr Druck zu zwingen, die gute Sache doch endlich zu tun. Das wäre so, als würden Sie beim Autofahren gleichzeitig mit dem einen Fuß auf die Bremse treten (Ihre innere Abwehr) und mit dem anderen Fuß versuchen, noch mehr Gas zu geben (Disziplin), damit das Auto doch irgendwie vorwärtskommt.

Wenn Sie nicht das tun, was Sie eigentlich tun möchten, liegt es vermutlich daran, dass Sie – aus berechtigtem Grund (!) – schlechte Gefühle mit der Tätigkeit verknüpft haben.

Während ich diese Zeilen schreibe, höre ich bereits die Warnungen mancher Leute, den Gefühlen eine so hohe Bedeutung zuzuschreiben, verbunden mit dem Hinweis: »Wir leben doch nicht nach dem Lustprinzip!« Ebendiese Leute würde ich gerne nach ihrem eigenen Erleben, ihrem tatsächlichen Erleben fragen: Lesen Sie gerne in der Bibel und beten Sie gerne? Wenn ja, unterstreichen Sie doch genau diesen Punkt. Sollten Sie diese Frage verneinen, wage ich zu behaupten, dass Sie es auch nur sporadisch schaffen, sich zur Stillen Zeit zu zwingen, und dass sie, häufiger als Ihnen lieb ist, doch unter den Tisch fällt.

Vor allem: Sich zu zwingen, wird immer wieder nur das eigentliche Problem (nämlich eine Steigerung des schlechten Gefühls und der damit einhergehenden Vermeidung) verstärken. »Gelingt es Ihnen nicht, während des Lernens [oder Bibellesens oder Betens; Anmerkung der Autorin] ein gutes Gefühl aufzubauen, können Sie die negativen Gefühle nicht vom Lernen [oder Bibellesen oder Beten; Anmerkung der Autorin] abkoppeln. Dadurch wird irgendwann das Vermeiden erneut gezündet, und alles bisher Erreichte fällt wie ein Kartenhaus zusammen. Diesen Zusammenhang kann man nicht häufig genug betonen.«[19] Wenn sich die innere Qualität nicht verändert, wenn die Seele keine Lust und Freude an der Gemeinschaft mit Gott und am Bibellesen findet, bleibt spätestens dann alles auf der Strecke, wenn uns die Kraft fehlt, Druck auf uns auszuüben oder uns zu zwingen: im Alter oder in den Herausforderungen des Alltags.

Nachhaltige Veränderung, und darum geht es ja in diesem Buch, kann also nur geschehen, wenn sich unser emotionaler Zugang zu einer Sache verändert.

Wie war das bei mir? Während einer erneuten Hinwendung zu Christus mit Anfang 30 habe ich an den Stellen, wo es mir bewusst war, das »Müssen müssen« über Bord geworfen. Mir wurde damals neu klar, dass Jesus mich doch zu einer ganz neuen Lebensart und vor allem zur Freiheit berufen hat. Mein Gottesbild veränderte sich. Ich lernte (und lerne) zunehmend, aus der Liebe meines Papas im Himmel zu leben. Ich stellte meine Gebetslisten ein und begann, einfach nur »mit Gott abzuhängen«. Ich erzählte ihm von dem, was mich gerade beschäftigte, und lernte es, ihm mein Herz auszuschütten. Über viele Jahre hielt ich gar keine regelmäßigen Fürbittezeiten mehr. Ich stellte auch zunächst das Bibellesen ein und las stattdessen eher gute christliche Bücher, die mir ganz neu vor Augen stellten, was für einem wunderbaren Gott ich gehörte, oder Artikel der Zeitschrift *Aufatmen*. Sie inspirierten mich in Bezug auf mein konkretes Leben und meinen Glauben. Manchmal las ich auch abschnittweise in der Bibel, dann wieder über längere Zeiten gar nicht. Schließlich fand ich eine Bibellesemethode, die mich sehr inspirierte und die in mir

19 Fritz Jansen, Uta Streit, *Positiv lernen*, Springer Verlag, Seite 215.

eine innige, vorher nicht gekannte emotionale Liebe zum Wort Gottes auslöste (siehe Anhang, S. 218 f, Lectio Divina). Seit vier Jahren lese ich nun in dieser Weise die Bibel.[20]

Vor einigen Monaten schrieb ein Freund aus Übersee, dass er es als seine Mitberufung ansehe, für die vielen Menschen, denen er auf seinen Vortragsreisen begegne, auch zu beten. Es seien inzwischen ca. 500 Leute, für die er regelmäßig Fürbitte leiste. Früher hätte mich so ein Brief enorm unter Druck gebracht. Ich hätte mich als absoluter Gebetsversager gefühlt, denn ich bete nicht einmal für einen Bruchteil von Leuten regelmäßig.

Heute staune ich über diese Berufung unseres Freundes. Ich freue mich mit ihm. Gleichzeitig sage ich mir: »Und mein Gebetsleben sieht anders aus. Das ist okay.« Ich bete morgens in meiner Stillen Zeit für einige Menschen und Situationen, häufig auch spontan während des Tages: während einer Autofahrt, zwischen Beratungen, beim Kochen. Wann immer ich an einen Menschen oder eine Sache denke, spreche ich kurz mit Gott darüber. Darüber hinaus beten Wolfgang und ich ein- bis zweimal in der Woche miteinander. Das war's.

Da ich mittlerweile positive Erfahrungen mit dem Beten und Bibellesen gemacht habe, ist es mir eine Freude bzw. ein inneres Anliegen und keine Pflicht, regelmäßig zu Gott zu kommen und Zeit mit ihm zu verbringen.

Gott hat das Gehirn wunderbar erdacht. Während Sie sich beim Beten und Bibellesen freuen und positive Gefühle erleben, werden im Gehirn die entsprechenden Nervenzellen miteinander verknüpft und die alten Verschaltungen (die schlechte Gefühle beim Beten und Bibellesen auslösten) nach und nach wieder aufgegeben. Prof. Gerald Hüther, Hirnforscher aus Göttingen, sagte auf einer Konferenz: »Neurons that fire together will wire together.« – Nervenzellen, die zusammen aktiviert werden, werden sich miteinander verbinden. Und das funktioniert nicht nur während unserer Kindheit oder Jugend, sondern auch noch im hohen Alter.

---

20 Wie mein Beispiel zeigt, ist der emotionale Zugang zu Gebet und Bibellesen auch eng an das eigene Gottesbild geknüpft.

Impuls:
Wenn Sie mit Ihrer Stillen Zeit, mit dem Gebet oder Bibellesen eher schlechte Gefühle verbinden, hören Sie damit auf. Vielleicht möchten Sie dieses oder ein ähnliches Gebet beten: »Herr Jesus Christus, ich möchte so gerne mit Freude und Lust meine Beziehung zu dir pflegen, mit dir reden und in deinem Wort lesen. Bitte hilf mir, meinen mir entsprechenden Weg zu finden. Amen.«
Fragen Sie Ihre Freunde, welche guten Erfahrungen sie mit dem Beten oder Bibellesen gemacht haben. Probieren Sie neue Wege und Ideen aus und nehmen Sie dabei Ihr Herz wahr. Spüren Sie, wann es streikt und wann es hüpft.
Wenn Sie sich Zeit zum Beten oder Bibellesen nehmen, achten Sie auf sich. Gestalten Sie Ihr Umfeld so, dass Sie sich wohlfühlen. Beginnen Sie mit einer kurzen Zeiteinheit. Machen Sie es anders als bisher: an einem anderen Ort, mit einem neuen Andachtsbuch oder einer Zeitschrift, schriftlich, malend, beim Spazierengehen oder wie auch immer.

Wir wurden von Gott geschaffen, unserer Vision gemäß zu leben. Wenn ich mir meine Vision anschaue, dann bin ich sicher, dass Gott sich mich so oder so ähnlich gedacht hat. Sie beschreibt eine Birgit, die Christus völlig vertraut und hingegeben für ihn lebt. Doch in meinem und in Ihrem Leben sind – wie wir oben gesehen haben – Verletzungen entstanden, wurden Entscheidungen getroffen und Lebensmuster gewählt, die nicht von Gottes Art geprägt sind. Sie haben uns verändert und verbogen.

In meinem und in Ihrem Leben sind Verletzungen entstanden, wurden Entscheidungen getroffen und Lebensmuster gewählt, die nicht von Gottes Art geprägt sind. Sie haben uns verändert und verbogen.

Vor einigen Jahren traten an meiner linken Schulter starke Schmerzen auf, die mich nachts nicht schlafen ließen und auch auf Schmerzmittel kaum reagierten. Während einer Untersuchung bat mich mein Orthopäde, beide Arme nach vorne auszustrecken und anschließend langsam parallel nach oben zu führen. Mehrmals führte ich diese Bewegung aus. Subjektiv war ich davon überzeugt, dass ich es genauso machte, wie mein Orthopäde gesagt hatte. Doch im Spiegel konnte ich beobachten, dass ich den linken Arm ab einer gewissen Höhe stets nach links oben anstatt gerade nach oben und parallel zum rechten Arm führte.

Ich war verblüfft: Mein Gefühl, dass ich meinen linken Arm genau wie meinen rechten gerade nach oben bewegte, stimmte nicht mit der beobachtbaren Realität überein. Es war eine Täuschung!

Der Arzt erklärte mir, dass ich vermutlich irgendwann, vielleicht schon als Kind oder Jugendliche, eine Verletzung der Schulter erlitten hatte. Vielleicht war ich beim Rollschuh- oder Inlinerfahren unglücklich gestürzt. Diese Verletzung bewirkte eine Schonhaltung. Die Schulter bewegte sich nur noch in der Weise, wie dies schmerzfrei möglich war, und fand Bewegungsabläufe, die für sie am günstigsten waren. Diese zunächst »clevere« Lösung stellte sich jedoch langfristig für den Körper als ungesund heraus und wurde jetzt zum Problem, da alle umgebenden Körperstrukturen sich ebenfalls hatten »verbiegen« müssen. Das tat ihnen nicht gut und führte nach vielen Jahrzehnten zu Schmerzen.

Um meine Schulterschmerzen loszuwerden, musste ich meine Schulter sanft, aber beharrlich dazu bringen, die Bewegungen in der Weise durchzuführen, wie sie ursprünglich zum optimalen Zusammenspiel des Bewegungsapparates gedacht waren. Dazu bekam ich eine sogenannte Schulterhilfe, ein Trainingsgerät, das ich mir auf die Schulter legte und das nur diese ursprünglichen, bisher von meiner Schulter verweigerten Bewegungen zuließ. Zunächst war das schmerzhaft, aber ich übte so lange, bis meine für diese Bewegungen mittlerweile untauglichen Muskeln gekräftigt waren und ich die Übung schmerzfrei durchführen konnte. Anschließend nahm ich zwei kleine Wasserflaschen in die Hand, während ich trainierte, und später übte ich mit schwereren Gewichten.

Nur mit dieser Hilfe konnte ich die Bewegungen durchführen, die zu meiner Heilung und zur Stärkung meines Bewegungsapparates nötig waren. Ohne sie hätte ich zwar guten Willens trainieren können, doch hätte ich damit mein krank machendes Bewegungsmuster eher weiter verstärkt, anstatt ein heilsames einzuüben.

Ähnlich ist das auch mit der Reife: Wenn wir von unserem Istzustand zu unserer Vision hinwachsen wollen, brauchen wir solche »Schulterhilfen«, die uns darin unterstützen, tatsächlich das Neue, Gute, Heilsame zu trainieren und nicht die krank machenden, gewohnten Muster zu verstärken, die uns das Problem beschert haben. Eine »Strukturhilfe« bewirkt, dass wir wunden Punkten nicht länger ausweichen, sondern nach und nach die degenerierten Muskeln aufbauen und stärken. Nur über diese Struktur, die wir uns selber auferlegen, überwinden wir die Folgen der Verletzungen, die uns im Laufe der Zeit immer mehr zu schaffen machen.

Mein Dank-Tagebuch ist solch eine Struktur. Jeden Abend dankbare Momente und Situationen festzuhalten, bewirkt eine Veränderung in Richtung Dankbarkeit. Ohne diese Struktur würde das nicht in meinem Leben geschehen.

Auch eine andere Hilfe habe ich fest in meinem Leben etabliert: In meiner »Gebetszweierschaft« (siehe Anhang, Seite 217) stellt mir meine Gebetspartnerin jede Woche einige Fragen, deren Beantwortung mir manchmal leichtfällt und manchmal auch unglaublich schwer. Kürzlich kamen wir während unseres Telefongesprächs bei der zweiten und dritten Frage (»Was möchte dich Jesus gerade lehren? Was stinkt dir gerade – wo ist Sünde in deinem Leben?«) an einen wunden, verborgenen Punkt. Von selber hätte ich das Thema nicht zur Sprache gebracht. Auf keinen Fall. Es fiel mir schwer, ehrlich zu antworten. Aber weil ich eigentlich ganz tief weiß, dass Jesus mich an dieser Stelle in die Freiheit führen möchte, und weil ich mich entschieden habe, mich dieser Struktur zu unterstellen, *damit* Jesu Leben sich in meinem Leben kraftvoll ausbreitet, tat ich es trotz meiner Angst und meines Unwohlseins. Heute bin ich im Blick auf diese Sache schon viel hoffnungsvoller. Das Bekenntnis vor meiner Schwester und ihr glaubensvolles Gebet haben meinen Glauben wachsen lassen. Ich glaube, dass Gott mit mir in diesem Punkt zu seinem Ziel kommt. Ohne die Unterstützung durch die Gebetszweierschaft wäre dieser Sieg jedoch nicht geschehen.

Wenn wir Schritte in Richtung unserer Vision gehen, wirken diese auf uns fremd und nicht authentisch. Normal und gut fühlt sich hingegen genau das Verhalten an, das unserem Istzustand entspricht und über das hinaus wir ja eigentlich wachsen möchten. Hierzu ein Beispiel:

> Wenn wir Schritte in Richtung unserer Vision gehen, wirken diese auf uns fremd und nicht authentisch.

Marianne hatte in ihrer Urspungsfamilie gelernt, immer das zu sagen, was der andere hören wollte, damit sie genau das bekam, was sie wollte. Ob ihre Aussagen der Wahrheit entsprachen oder nicht, spielte keine Rolle. Es war ein kompliziertes Leben, weil sie ständig auf der Hut sein musste, dass ihre vielen Lügen nicht aufgedeckt wurden.

Dann kam sie zum Glauben an Jesus und ihr wurde klar, dass die Wahrheit zu sagen die bessere Art zu leben ist. Aber von selber änderte sich ihr Verhalten nicht. Jedes Mal, wenn sie merkte, dass ihr gerade eine Lüge auf der Zunge saß, musste sie sich bewusst für die Wahrheit entscheiden. Die 12-Schritte-Gruppe[21] ihrer Gemeinde

21 Eine 12-Schritte-Gruppe ist eine Selbsthilfegruppe, die sich nach dem 12-Schritte-Programm richtet, das ursprünglich von den Anonymen Alkoholikern erstellt wurde. Mittlerweile gibt es solche Gruppen auch in christlichen Gemeinden.

war für sie eine Struktur, die sie Woche für Woche darin unterstützte und anfeuerte, bei der Wahrheit zu bleiben. Nach einiger Zeit sagte Marianne: »Es geht schon viel leichter. Ich lüge immer seltener und sage auch dann die Wahrheit, wenn es für mich von Nachteil ist. Und wenn mir eine Lüge herausgeplatzt ist, bemerke ich es viel schneller und kann es wieder richtigstellen.«

Wenn Sie auf Ihre Vision hintrainieren, geht das mit Phasen einher, in denen sich das neue Verhalten nicht natürlich anfühlt. Das gerade zeigt, dass Sie Neues einüben. Ihr neues Verhalten wird Ihnen jedoch nach und nach natürlicher vorkommen.

In Jeremia 31,33 sagt Gott zu seinem Volk: »Ich will mein Gesetz in ihr Herz geben und in ihren Sinn schreiben.« Das neue Verhalten, das uns noch fremd ist, ist Gott überhaupt nicht fremd. Es ist vermutlich sogar eine Facette seines Charakters: die Wahrheit zu sagen, dankbar, freudig, demütig, großzügig zu sein – so ist doch unser Gott! Er hat durch seinen Heiligen Geist diese DNA in unser Herz gelegt. Auch wenn wir es zunächst nicht fühlen, ist das neue Verhalten zutiefst gottgemäß, es ist zutiefst authentisch für den Christus in uns. Gottes Geist will uns unterstützen, damit es uns in Fleisch und Blut übergeht.

Henry Cloud, ein amerikanischer Psychologe, sagt: »Nach meinen Erfahrungen besteht die Hauptursache dafür, dass Menschen nicht wachsen, darin, dass sie sich keinen Kräften außerhalb ihrer selbst aussetzen, die sie zum Wachsen anspornen.«[22] Und dann beschreibt er das physikalische Gesetz der »Entropie«. Dieses besagt, dass ein System, das sich selbst überlassen bleibt, nicht weiterwächst, sondern eingeht und stirbt. Jedes System braucht Energie von außen, um lebendig zu bleiben und weiterwachsen zu können.

Das ist bei uns Menschen nicht anders. Wir alle brauchen regelmäßigen Input von außen. Wir können nicht von der Inspiration der Vergangenheit leben. Früher war ich immer wieder entmutigt und enttäuscht von mir. Da hatte ich doch auf einer Konferenz sechs Monate zuvor solch großartige Erfahrungen mit Gott gemacht, hatte

---

22 Henry Cloud, *Charakter gefragt*, Brunnen Verlag, S. 194.

viele Vorsätze gefasst (»Von jetzt an wird alles anders!«) und war dann doch wieder kläglich gescheitert. Die umwälzende Lebensveränderung war ausgeblieben, und während ich darüber nachdachte, kamen Gefühle der Scham und Enttäuschung über mich selbst auf.

Heute sehe ich die Sache mit dem Training viel entspannter. Ich nehme gelassen hin, dass manche Vorhaben auf der Strecke bleiben. Auf Konferenzen oder Seminaren überfrachte ich mich nicht mehr mit einer Vielzahl an Vorhaben. Stattdessen versuche ich, eine oder zwei Herausforderungen in den Blick zu nehmen. Mehr nicht. Ich weiß heute auch, dass die Willenskraft des Menschen um ein Vielfaches kleiner ist, als man das im Allgemeinen angenommen hat. Und ich achte bei meinen Vorhaben viel stärker darauf, wohin mich mein Herz zieht.

Zwei Dinge jedoch tue ich:

1. Ich baue in mein Leben Strukturen ein, die mir helfen, auf der Wachstumsspur zu bleiben.
2. Ich nutze die Kraft von guten Gewohnheiten und Ritualen.

1. Ich baue in mein Leben Strukturen ein, die mir helfen, auf der Wachstumsspur zu bleiben.

Im Blick auf ein beständiges Wachstum gibt es kaum einen wichtigeren Punkt als diesen: Hören Sie nicht auf, sich regelmäßig Situationen auszusetzen, die Sie weiterbringen können. Leben Sie versöhnt mit der Tatsache, dass Sie meist viel wissen und dennoch wenig in die Tat umsetzen. Entspannen Sie sich in dem Wissen, dass Sie als Mensch so gestrickt sind. Sie brauchen beständig von außen Energie – Motivation und Inspiration –, um im Wachstumsprozess motiviert zu bleiben. Machen Sie es zu Ihrer Lebensphilosophie, weiter zu lernen. Entscheiden Sie sich, Langzeitstudent zu bleiben.

Machen Sie es zu Ihrer Lebensphilosophie, weiter zu lernen. Entscheiden Sie sich, Langzeitstudent zu bleiben.

Dies gilt insbesondere, wenn Sie in der Gemeinde oder Ihrem Beruf vor allem in der Rolle des Gebenden sind. Sie können nicht ständig andere aufbauen, ohne selber immer wieder in der Position des Empfangenden zu sein.

Was könnten solche Wachstumshilfen sein?

- herausfordernde Konferenzen, Seminare oder Weiterbildungsmodule
- gute Bücher und Leserituale (z.B. jeden Tag 15 Minuten lesen),
- Zeitschriften wie *Aufatmen*
- Coaching, Beratung, Mentoring
- Therapie
- eine Gebetszweierschaft (siehe Anhang, S. 217)
- regelmäßige Treffen mit Freunden, die Sie inspirieren
- eine Kleingruppe, die Sie zum Wachsen herausfordert
- regelmäßige Stille Tage in einem Kloster oder Stille-Haus

Impuls:
Welche Wachstumsstruktur könnte Ihnen konkret bei Ihrem Training helfen, damit Sie einen wunden Punkt überwinden?
Welche Wachstumshilfen haben Sie bereits in Ihr Leben eingebaut?

2. Ich nutze die Kraft von guten Gewohnheiten und Ritualen.

Unser aller Leben ist heute voller Herausforderungen und Möglichkeiten. Es überfordert uns, jeden Tag aufs Neue 99 Entscheidungen treffen zu müssen. Gute Gewohnheiten und Rituale helfen uns, ohne große Anstrengung das zu tun, was wir ja eigentlich und zutiefst auch tun wollen: Zeit mit Gott verbringen, in der Bibel lesen, beten, feiern, Zeit mit Menschen verbringen, die uns lieb sind: dem Ehepartner, den Kindern, Freunden. All das, wofür wir uns jedes Mal neu entscheiden müssen, bevor wir es tun, steht in der Gefahr, auf der Strecke zu bleiben.

Es überfordert uns, jeden Tag aufs Neue 99 Entscheidungen treffen zu müssen.

Jeden Morgen setze ich mich mit einer Tasse Kaffee ins Wohnzimmer und beginne meinen Tag mit Tagebuchschreiben, Gebet und Bibellesen. Darüber denke ich überhaupt nicht mehr nach. Ich tue es einfach. Diese Stille Zeit hilft mir, mit Gott im Gespräch zu bleiben und mein Leben von ihm formen zu lassen.

Muss man das so machen? Nein, natürlich nicht. Wenn Sie den Eindruck haben, dass Sie ohne ein solches Ritual mit Gott gut im Gespräch sind und dass sein Wort Sie auf irgendeine Weise prägen kann, dann brauchen Sie es nicht.

Unseren Eheabend installierten Wolfgang und ich vor über 20 Jahren. Wenn es bei uns in Beruf, Gemeinde und/oder Familie drunter und drüber geht, wissen wir: Unser Abend kommt – ganz bestimmt. Dieser Abend ist nur für uns zwei reserviert.

Muss man solch einen Eheabend durchführen? Nein, natürlich nicht. Wenn Ihr Ehepartner und Sie auch ohne einen solchen Abend den Eindruck haben, dass genügend Zeit für Ihre Zweisamkeit ist, dann brauchen Sie ihn nicht.

Rituale und gute Gewohnheiten sind eine Möglichkeit, kräftesparend das zu verfolgen, was ansonsten in Gefahr steht, auf der Strecke zu bleiben. »Wir alle wollen das Richtige, vermeiden aber eine Art von Lebensstil, die aus unseren Absichten Wirklichkeiten werden lässt«, sagt Dallas Willard, amerikanischer Theologe und Autor.

Rituale und gute Gewohnheiten sind eine Möglichkeit, kräftesparend das zu verfolgen, was ansonsten in Gefahr steht, auf der Strecke zu bleiben.

Impuls:
Machen Sie sich bewusst, welche Rituale, die Sie in Ihrem Wachstum unterstützen, Sie bereits etabliert haben. Überlegen Sie: Welches neue Ritual möchte ich einüben?

Fehler und Sünde als Einladung verstehen lernen – vom Teufelskreis zu einem Gnadenkreislauf

Wir haben unsere Vision, die uns beflügelt. Wir möchten so gerne immer mehr in das Bild Jesu hineinwachsen. Wollen reifen, innere Stärke gewinnen. Wir haben einen Minimumfaktor identifiziert oder den Bereich gefunden, in dem unser Herz uns in die Freiheit ruft. Wir haben uns auf die Laufbahn begeben und trainieren.

Doch es wird nicht lange dauern, bis wir einen Fehler machen, sündigen oder versagen. Das ist so sicher wie das Amen in der Kirche. Und es wird bis an unser Lebensende so bleiben.

Wie fühlen Sie sich, wenn Sie einen Fehler bemerken oder erkennen, dass Sie gesündigt haben? Wie Sie Fehler oder Sünde bewerten und mit ihnen umgehen, entscheidet darüber, ob Sie sich in Richtung Leben oder Tod bewegen. Der eine Weg führt Sie in einen Teufelskreis, der andere in einen Gnadenkreislauf.

Stellen Sie sich folgende Situationen vor:

- Sie hatten sich vorgenommen, bei der nächsten Auseinandersetzung mit Ihrem Ehepartner oder Freund ruhig und sachlich zu bleiben. Doch dann kam ein schwieriges Thema auf den Tisch und Sie sind doch wieder explodiert und sagten verletzende Worte (Sünde).
- Sie hatten sich mit einem Freund zum Badminton verabredet, sich den Termin jedoch nicht im Terminplaner eingetragen. Eine halbe Stunde nach dem verabredeten Zeitpunkt ruft Ihr Freund Sie genervt aus dem Sportzentrum an und fragt, wo Sie bleiben. Sie lesen gerade Ihren Kindern eine Gutenachtgeschichte vor (Fehler).

Wie fühlen Sie sich in solchen Situationen? Welche Gedanken und Gefühle kommen in Ihnen auf?

Viele von uns empfinden in solchen Momenten Scham, Schuldgefühle, Aggression oder Entmutigung. Diese Gefühle können sich gegen uns selber oder gegen den anderen richten. Bei manchen läuft innerlich die Platte ab: »Schrecklich! Immer ich! Ich bin unmöglich! Ein hoffnungsloser Fall!« Bei anderen: »Ach, das kann doch jedem passieren! Der soll sich mal nicht so anstellen. Neulich hat der doch auch …«

In einem Teufelskreis werden Fehler und Sünde automatisch mit unserem Wert als Mensch verknüpft. Deshalb kämpft der eine wild darum, den Fehler von sich zu weisen oder stundenlang zu rechtfertigen – denn einen Fehler zuzugeben wäre schrecklich –, während der andere den Fehler anerkennt und sich sogleich in einen Sumpf der schlechten Gefühle über sich selber stürzt. Damit so etwas nicht wieder passiert, will man fortan Fehler oder Sünde meiden wie die Pest.

Nichts jedoch raubt uns die Lebens- und Glaubenslebendigkeit so sehr wie die Angst vor Fehlern oder Sünde. Wenn unser höchstes Ziel darin besteht, keinen Fehler zu machen oder nicht zu sündigen, dürfen wir uns nicht dem Training stellen. Wir dürfen kein Wagnis eingehen, müssen immer auf Nummer sicher gehen.

Nichts raubt uns die Lebens- und Glaubenslebendigkeit so sehr wie die Angst vor Fehlern oder Sünde. Wenn unser höchstes Ziel darin besteht, keinen Fehler zu machen oder nicht zu sündigen, dürfen wir uns nicht dem Training stellen.

Nun beruft uns Jesus jedoch zu einem Weg, auf dem wir wachsen und lernen. Nichtgelingen und Fehler sind per se Teil eines jeden Lernprozesses. Und Jesus weiß das. Wie sieht also der Gnadenkreislauf aus, in den er uns führen will?

Im Gnadenkreislauf übe ich als Erstes ein, Fehler und Sünde als Einladung zu verstehen. Diese Einladung Jesu lautet: »Hey, Birgit, es geht um einen Fehler / um eine Sünde. Um mehr nicht! Es geht nicht um deinen Wert als Mensch. Meine Liebe zu dir kennt keine Einschränkungen. Nichts kann dich trennen von ihr! Kein Fehler! Keine Sünde! Das steht unumstößlich fest! Du darfst dich wieder neu in meine Arme fallen lassen.«

Wenn ich diese Einladung vernehme, staune ich innerlich, freue ich mich. Der Boden unter meinen Füßen wankt nicht mehr. Meine Daseinsberechtigung ist nicht in Gefahr. Ich bin sicher. Und mit meinem Gott kann ich nun der Wahrheit ins Gesicht schauen. Ich muss sie nicht mehr verbiegen, um dem schrecklichen Gefühl auszuweichen, keinen Wert mehr zu haben, wenn ich einen Fehler oder eine Sünde zugebe.

Meinem Ehepartner kann ich lernen zu sagen: »Es tut mir leid, dass ich explodiert bin und dich dabei verletzt habe. Das war nicht in Ordnung von mir. Bitte verzeih mir!« Meinen Freund kann ich zurückrufen: »Ich habe vergessen, den Termin in meinen Kalender einzutragen. Ich habe unser Treffen vermasselt und das ist echt doof für dich! Es tut mir leid!« Und dann kann ich mit meinem Freund überlegen, ob ich mich noch schnell in die Sportklamotten schmeiße und zu ihm fahre oder ob sich das nicht mehr lohnt.

Im Gnadenkreislauf bin ich in der Lage, klar zu denken und zu lernen. Mein Wert und meine Daseinsberechtigung stehen zu keinem Zeitpunkt auf dem Spiel.

Ob wir uns im Nebel der Selbstanklage und Scham befinden oder ob wir auf dem festen Fundament der Liebe Gottes stehen, entscheidet darüber, wie neugierig, risikobereit und freudig wir in unserem Training und unserem Dienst stehen. Wer sich für Gott einsetzt, wird mehr Fehler machen als die, die von den Rängen aus zuschauen. Wir müssen das Thema des Versagens und Nichtgelingens für uns geklärt haben, sonst bleibt unser Fokus nicht auf die freudige Nachfolge gerichtet, sondern darauf, möglichst keine Fehler zu machen. Dazu hat uns Jesus jedoch nicht berufen.

Wer sich für Gott einsetzt, wird mehr Fehler machen als die, die von den Rängen aus zuschauen.

Ich kann es einüben, Momente, in denen ich Gefühle von Scham über Sünde oder Fehler bemerke, als Einladung zu sehen. Als Einladung dazu, mich erneut in der Liebe Gottes zu gründen. Ich lerne, Scham und die Gedanken der Selbstabwertung oder der Anklage an Gott abzugeben und stattdessen die Liebe Gottes neu in mich aufzunehmen. Dabei kann es hilfreich sein, ein inneres Bild zu speichern, das mir ad hoc die Einladung Jesu, wie ich sie eben beschrieben habe, präsent sein lässt. Erinnern Sie sich an eine besonders intensive Situation, in der Gott Ihnen seine Liebe und seine Sicherheit zugesprochen hat. Wenn Sie sich an dieses Bild erinnern, indem Sie kurz die Augen schließen und es sich so lebendig wie möglich erneut vor Augen malen, dann werden Sie spüren, wie der Trost Gottes wieder in Ihr Herz einzieht. Und wenn das nicht hilft, können Sie laut aussprechen: »So bin ich! So bin ich auch und das darf sein!« Ich persönlich bin eben manchmal chaotisch und impulsiv. Gott liebt mich brutto. Erst wenn die Scham sich löst, bin ich in der Lage, reif und erwachsen zu überlegen, an welcher Stelle ich Buße tun muss oder etwas lernen kann.

Ed Land, der Gründer von Polaroid, sagte einmal: »Ein Fehler ist ein Ereignis, dessen großer Nutzen sich noch nicht zu deinem Vorteil ausgewirkt hat.« Was müssen wir also tun, damit unsere Fehler sich zu unserem Vorteil auswirken? Wir dürfen fragen: »Was kann ich aus dem Fehler lernen? Welche wichtige Information liefert er mir?«

Das Gleiche gilt, wenn ich gesündigt habe. Ja, ich habe versagt. Und wieder gründe ich mich in der Wahrheit: Nichts kann mich trennen von der Liebe Gottes. Aus Gottes Sicht ändert meine Sünde überhaupt nichts. Gott hat für alle Zeit und Ewigkeit einen Weg geschaffen, wie ich mit Sünde umgehen kann. Ich darf Buße tun. Ich darf sagen: »Herr Jesus, bitte vergib mir! Es tut mir leid.« Und dann weiß ich, dass mir meine Sünde vergeben ist. Ich muss mich nicht länger mit ihr befassen. Jesus kam für die Kranken und Schwachen, also für die, die wissen, dass sie es nicht hinkriegen. Wenn wir Buße tun und Sünde bekennen, lösen wir eine Party im Himmel aus. Das gilt nicht nur Erstbekehrten, sondern auch uns, die wir schon seit Jahren oder Jahrzehnten mit Jesus leben und vielleicht zum 850. Mal über ein und derselben Sache Buße tun.[23]

Impuls:

In welchen Situationen spüren Sie Scham, Selbstanklage und Entmutigung? Was hat Ihnen schon einmal geholfen, diesen Kreislauf zu durchbrechen?

In welcher Situation waren Sie schon einmal völlig von Gottes Liebe überwältigt? Wann war das? Wie war das genau? Vergegenwärtigen Sie sich diese Situation immer wieder.

23 Sehr hilfreich vertieft dieses Thema: *Harald Sommerfeld, No More Blues. Glauben ohne Schuldgefühle*, Down to Earth Verlag.

Es gibt Zeiten, da haben wir den Eindruck, dass bereits das Leben, das ganz normale Leben, uns so in Beschlag nimmt, dass wir alle Kräfte brauchen, um einigermaßen zu überleben. Charakterveränderung und Training geschehen inmitten der Herausforderungen, in denen wir stehen.

Zwischen 20 und 30 sind es die vielen Entscheidungen, die getroffen werden müssen: Welcher Beruf? Partner? Wohnort? Arbeitsplatz? Freunde?

Die Zeit zwischen 30 und 40 könnte man als die Rushhour des Lebens bezeichnen. Kleine Kinder. Durchwachte Nächte. Karriereaufbau. Vielleicht ein Hausbau. Gemeindemitarbeit. 24 Stunden scheinen pro Tag zu wenig und die Kraft zu klein zu sein. Vielleicht ist auch die Frage nach dem Partner nach wie vor präsent.

Mit zunehmendem Alter kommen Lebensbrüche hinzu: vielleicht eine Scheidung, Kinder, die ganz andere Wege gehen, als man sich das gewünscht hatte, Arbeitslosigkeit, der Aufbruch in die Berufstätigkeit nach der Kinderpause, Einsamkeit, Zweifel und Fragen an das Leben und den Glauben.

Die Lebensmitte. Plötzlich weiß man, dass man sein Alter nicht mehr einfach verdoppeln kann, wie viele von uns das seit ihrer Kindheit an ihrem Geburtstag getan haben. Es geht bergab. Man sieht die Spuren des Alterns, wenn man in den Spiegel schaut, und man weiß: Ich werde einmal sterben. Das Leben fühlt sich nicht mehr so unendlich an wie früher. Die Jahre vergehen immer schneller, und kaum dreht man sich um, ist schon wieder Weihnachten.

Die Kinder verlassen einer nach dem anderen das Haus. Es wird stiller. Die Zeit der Berentung rückt näher. Was aber füllt mein Leben aus, wenn ich nicht mehr arbeiten gehe? Werde ich dann nur noch »spielen« oder in den Urlaub fahren? Welche Berufung hat Gott für mich jenseits der Pensionierung? Die Kräfte lassen nach. Der Körper meldet sich immer häufiger mit Wehwehchen und vielleicht auch schweren Krankheiten. Freunde und Bekannte sterben, und wir wissen, dass auch wir eines Tages sterben werden.

Geistliches Wachstum geschieht nicht im künstlich-luftleeren Raum, sondern genau da, inmitten dieser Herausforderungen des Lebens, inmitten der Lebensphase, in der wir stehen. Auch mit Jesus fällt es uns nicht in den Schoß, die entsprechenden Aufgaben zu bewältigen. Das Leben ist schwierig. Für alle Menschen. Doch unser Glaube macht den entscheidenden Unterschied: Wir sind nicht alleine. Wir haben einen Herrn und Heiland, der uns hilft, ermutigt, tröstet, anfeuert. Mit Jesus in den Herausforderungen zu stehen ist die gute Nachricht für uns alle.

Geistliches Wachstum geschieht nicht im künstlich-luftleeren Raum, sondern genau da, inmitten dieser Herausforderungen des Lebens, inmitten der Lebensphase, in der wir stehen.

Die drei wichtigsten Fragen, die mein Mann und ich uns zurzeit aufgrund unserer Lebensphase stellen, lauten:

- Wie können wir unsere drei (fast) erwachsenen Kinder in guter Weise ins Leben entlassen?
- Was verändert sich für uns in ein oder zwei Jahren, wenn unser Nest leer ist, im Blick auf unsere Ehebeziehung, unsere Berufungen in Beruf und Gemeinde, unsere Wohnsituation?
- Wie können wir mit Jesus gelassen und zuversichtlich älter werden?

Impuls:
Stellen Sie sich Ihr Lebensalter auf einer Linie von 0 bis 100 Jahren vor. Wo auf dieser Linie befinden Sie sich gerade? Was sind die drei größten Herausforderungen aufgrund der Lebensphase, in der Sie stehen? Formulieren Sie Ihre drei wichtigsten Fragen, auf die Sie mit Gottes Hilfe eine Antwort finden möchten.
Beten Sie darüber. Sprechen Sie mit Freunden oder einem Mentor über sie. Notieren Sie sich die kleinen und großen Antworten, die sie nach und nach erhalten.

Ich habe mir angewöhnt, in meiner Stillen Zeit am Morgen und manchmal auch während des Tages Folgendes zu beten: »Herr Jesus, was willst du gerade tun? Was willst du an mir oder durch mich tun?« Und dann versuche ich hinzuhören, was Gott mir auf diese Frage antwortet. Das, was mir dann in den Sinn kommt, nehme ich als Gottes Antwort. Ich möchte es lernen, mich in seine guten Absichten einzuklinken.

Häufig höre ich nach dem Gebet gar nichts. Das ist in Ordnung. Manchmal höre ich auch ermutigende und bestätigende Worte Gottes. Ich habe beispielsweise den Eindruck, dass Jesus mir inmitten meiner beschäftigten Unruhe wieder seinen Frieden schenken möchte. Manchmal habe ich auch den Eindruck, ich sollte eine bestimmte Person anrufen oder eine E-Mail schreiben.

Vor einigen Jahren hatte ich einen ungewöhnlichen Eindruck. Ich meinte zu hören: »Wenn du Johannes gleich zum Friseur fährst, dann leihe Herrn Cau das Buch *Farbwechsel* von Wolfram Kopfermann aus.« Ich stutzte. Dieses Buch ist ein grundlegendes Buch über den Glauben. Ich hatte es seit Jahren nicht mehr in der Hand gehabt, ja, ich wusste gar nicht, in welchem Bücherregal es bei uns stand. Also stapfte ich in den Keller, suchte es und fand es tatsächlich in einer hinteren Ecke. Das Buch sah sehr unansehnlich aus. Es war völlig gewellt! Anscheinend hatte es einmal komplett im Wasser gelegen. Die Seiten waren zum Teil aneinandergeklebt. Dieses Buch konnte ich doch niemandem anbieten! Mit welcher Erklärung sollte ich das tun?!

Dennoch: Bevor wir mit dem Auto abfuhren, löste ich die Seiten voneinander und stopfte es in meine Tasche. Als Johannes' Haarschnitt fertig war und ich an der Kasse zahlte, wusste ich: jetzt oder nie!, und zog das gewellte Buch heraus. Mit dem ermutigendsten Blick, der mir in dieser Situation möglich war, schaute ich in Herrn Caus Gesicht und meinte: »Herr Cau, ich würde Ihnen gerne dieses Buch leihen. Es ist ein Buch über den christlichen Glauben.« Er stutzte, schaute abwechselnd mich und das gewellte Buch an und nahm es in seine Hand. »Das Buch hat leider im Wasser gelegen, aber es ist wirklich gut!«, fügte ich hinzu. »Vielen Dank!«, meinte er erstaunt. Ich drehte mich um, ging zur Tür und war einfach nur froh, aus dem Laden zu kommen.

Nach zwei Wochen rief mich Herr Cau an und sagte, dass er mit mir über das Buch reden wolle. Bei meinem nächsten Friseurbesuch meinte er: »Frau Schilling, ich habe das Buch zweimal gelesen. Währenddessen musste ich immer wieder weinen.« Und dann erzählte er, was das Buch in ihm ausgelöst hatte. Einige Monate später nahmen er und seine Ehefrau an einem Alpha-Kurs teil und entschieden sich Jesus Christus nachzufolgen.

Was wäre gewesen, wenn ich an diesem Tag nicht bereit gewesen wäre, für Jesus ein Wagnis einzugehen und mich zum Narren zu machen? Warum nur fällt es mir im konkreten Fall doch meistens so schwer? Warum folge ich solchen Impulsen so häufig nicht? Was hätte denn im schlimmsten Fall passieren können? Herr Cau hätte das Buch dankend ablehnen können. Er hätte es ungelesen oder auch angelesen mit der Bemerkung zurückgeben können: »Nein danke, das ist gar nichts für mich.« Selbst wenn – das hätte ich doch überlebt!

Dieses Erlebnis hat mich ermutigt, mehr Wagnisse für Jesus einzugehen. Es stärkt unseren Glauben sehr, wenn wir erleben, dass Gott persönlich zu uns spricht und uns an seinem Handeln in dieser Welt teilhaben lässt.

Impuls:
Beten Sie in den kommenden Tagen immer wieder dieses Gebet: »Herr, was möchtest du gerade tun?« Nehmen Sie das, was Ihnen dann in den Sinn kommt, als Gottes Antwort. Handeln Sie entsprechend, auch wenn es Sie zunächst etwas Überwindung kostet. Sollten Sie Zweifel an dem haben, was Sie hören, besprechen Sie dies mit einem Freund oder Gebetspartner.

Gelegenheiten, im Alltag zu wachsen, aufmerksam wahrnehmen und nutzen

90 Prozent unseres Trainings geschieht also nicht auf christlichen Seminaren, Konferenzen oder im Gottesdienst, sondern dort, wo wir uns die meiste Zeit aufhalten – in unserem normalen Alltag: zu Hause mit den Kindern, beim Wickeln des Babys, im Büro, auf Geschäftsreise, während einer Weiterbildung, bei der Pflege der alten Eltern, während man die Wäsche faltet oder bei Aldi einkaufen geht – eben mitten in den Umständen, die gerade das eigene Leben ausmachen.

Gelegenheiten, um im Alltag zu wachsen, bemerke ich dadurch, dass ich innerlich irritiert bin und merke: »Hier stimmt irgendetwas nicht. Warum bin ich gerade so sauer oder verletzt oder traurig oder enttäuscht oder spüre diese Leere in mir? Was ist eigentlich los?« Jetzt sollte ich innehalten und Gott fragen: »Herr, was passiert hier gerade? Was möchtest du mir zeigen?« Irritationen weisen mich auf Gelegenheiten hin, zu wachsen. Ich glaube, dass Veränderung hauptsächlich so geschieht.

Vor vier Jahren besuchten meine Freundin Visnja und ich eine Fortbildung, die in der Gedenkstätte Kreisau in Polen stattfand. Eine tolle Lernwoche lag hinter uns, als die Tagungsleitung am Ende bekannt gab, dass ein beträchtlicher Geldbetrag in der Kaffeekasse fehlte. Ich rechnete nochmals genau nach, wie viel ich getrunken hatte, und kam zu dem Schluss, dass ich mir nichts zuschulden hatte kommen lassen. Wie aber reagierte Visnja? Sie legte einen zusätzlichen Geldschein in die Kasse. »Das ist ja absolut unsozial! Man kann das doch nicht einfach dem Institut überlassen«, sagte sie.

Zunächst beobachtete ich ihr Verhalten mit Erstaunen. Aber als ich den Betrag sah, war ich sprachlos: 20 Euro! Einfach so! Und dabei hatte sie überhaupt keinen Kaffee getrunken! Wie konnte sie nur so viel Geld in die Kasse legen? Während der letzten Stunden des Seminars musste ich ständig an die Kasse und Visnjas Verhalten denken. »Sollte ich etwa auch noch Geld in die Kasse tun?«, fragte ich mich. Doch dann blieb ich bei meinem: »Nein, auf keinen Fall. Ich zahle nur für das, was ich auch verbraucht habe.«

Auch Stunden später, auf dem Rückflug nach München, ging mir diese blöde Kaffeekassensache nicht aus dem Kopf. Warum nagten diese Gedanken nur so an mir? Ging es vielleicht gar nicht nur um die Kaffeekasse, sondern um mehr? Aber um was? Wollte mich der Heilige Geist auf etwas aufmerksam machen? Auf was? Sollte ich das Thema mit Visnja besprechen? Nein, das wäre doch zu peinlich! Ach, hätte ich doch einfach auch ein paar Euro extra in die Kasse gelegt, dann hätte ich jetzt meine Ruhe! Wie peinlich: so kleinlich im Blick auf die Kaffeekasse zu sein!

Doch wenn ich ehrlich war, spürte ich: Das Gefühl und diese Gedanken kannte ich. Das war keine Einzelreaktion. Irgendetwas juckte mich im Blick auf das Thema Geld, und ich wusste gar nicht, was es war. Nach einigem Hin und Her nahm ich all meinen Mut zusammen, unterbrach Visnja bei dem, was sie gerade erzählte, und sagte: »Du, Visnja, da ist etwas, was ich mit dir besprechen möchte.« Und dann wusste ich nicht, wie ich weitermachen sollte. Am liebsten wäre ich im Erdboden versunken. »Das ist doch peinlich. So eine Lappalie! Mach dich nicht lächerlich!«, schrie ein Teil in mir. Aber ein anderer Teil wusste es besser. »Ich weiß eigentlich gar nicht, was mein Problem ist, aber es hat mit der Kaffeekasse zu tun …«

Und dann erzählte ich ihr von meiner Beobachtung und meiner inneren Unruhe. »Was könnte das sein? Kannst du mir weiterhelfen?«, fragte ich sie. Visnja war mir ganz zugewandt und stellte mir dann viele Fragen. Nein, im Alltag drehte sich mein Denken gar nicht um Geld. Nein, eigentlich fiel es mir auch nicht schwer, Geld auszugeben. Aber wenn ich es genauer betrachtete (ich spürte die Peinlichkeit wieder in mir aufsteigen), fiel es mir eigentlich vor allem dann nicht schwer, wenn ich Geld für meine Familie oder mich ausgab.

Nach einer halben Stunde – es kam mir wie eine Ewigkeit vor – meinte Visnja: »Du, Birgit, ich glaube, ich weiß, was dein Problem ist. Dein Problem ist Sünde und hat einen Namen. Es ist Geiz!«

»Du, Birgit, ich glaube, ich weiß, was dein Problem ist. Dein Problem ist Sünde und hat einen Namen. Es ist Geiz!«

Ich war fassungslos, aber ich wusste sofort: Visnja hatte recht. Genau das war es: Geiz, zumindest in bestimmten Bereichen, und zwar vor allem dann, wenn es um Großzügigkeit im Verborgenen ging. Nach außen sichtbar handelte ich manchmal großzügig. Als Familie gaben wir seit Langem unseren sogenannten Zehnten, also ein Zehntel unseres Einkommens, an die Gemeinde oder an Hilfsprojekte. Und wenn ich von besonderen Zielen und Projekten motiviert war, gab ich auch mal mehr. Aber wenn ich ehrlich war, tat ich es selten richtig gerne. Und in die sonntägliche Kollekte gab ich schon seit Jahren fast nichts. Wie hatte ich das begründet? Ich hatte es rationalisiert: Es ist besser, Geld über das Gemeindekonto zu geben, als es in die Kollekte zu tun. Dann können wir das steuerlich absetzen. Wir Christen sollen ja gute Haushalter sein! Aber ich hatte nicht aus einer inneren Freiheit heraus gehandelt.

Ich musste an eine andere Freundin denken. Mehrmals schon hatte ich bei ihr fassungslos beobachtet (natürlich nur insgeheim), mit welcher *Freude* sie Geld abgab. Ja, sie hatte richtigen Spaß dabei, mit vollen Händen das zu verteilen, was Gott ihr anvertraut hatte. Dann erinnerte ich mich an meine Kämpfe, als Gott uns damals in die Mission berufen hatte. Arm wie Kirchenmäuse würden wir als Missionare sein! Von Spenden sollten wir in Zukunft leben! Wie schwer war es mir gefallen, Gott damals ein Ja dafür zu geben.

Dann fiel mir auch schon die nächste Geschichte ein. Ich hatte alle Bücher von Gordon MacDonald gelesen, aber das Buch über Großzügigkeit hatte ich mir nicht gekauft. Ich erinnerte mich genau an die Situation, als ich während einer Tagung am Büchertisch das Buch kurz in die Hand genommen und dabei gedacht hatte: »Nein, das Thema spricht mich überhaupt nicht an.« Dann hatte ich es wieder zurückgelegt.

All diese Begebenheiten erzählte ich Visnja. Noch nie zuvor hatte ich darüber gesprochen. Mehrmals schaute mich Visnja erstaunt an und sagte dann: »Ja, Birgit, schämst du dich denn nicht? Das müsstest du aber ändern!« Sie sagte es liebevoll und annehmend, und mir war inzwischen ehrlich gesagt auch alles egal. Ja, für jede dieser verborgenen Geschichten schämte ich mich (es war jedoch keine lähmende, zerstörende Scham, sondern diese Traurigkeit, die zur Buße führt, vgl. 2. Korinther 2,9-10). Doch gleichzeitig wuchsen in mir unaufhörlich die Sehnsucht und die Zuversicht – Freiheit. Freiheit! Da wollte ich mit Jesu Hilfe unbedingt hin.

Als sich mein Geiz-Geld-Geschichten-Reichtum erschöpft hatte, steckten wir, inzwischen im Flieger zwischen München und Köln, die Köpfe zusammen und beteten. Visnja leitete mich durch das Gebet. Sie hat von Natur aus eine laute Stimme, und während sie engagiert betete, wurde sie immer lauter. Immer wieder flüsterte ich ihr zu: »Visnja, leiser! Bitte leiser! Es muss ja nun nicht das ganze Flugzeug mitbekommen!«

In angemessener Lautstärke – Gott ist ja schließlich nicht schwerhörig – bekannte ich meine Schuld und löste mich von der Haltung des Geizes. Ich bat darum, von Jesu Großzügigkeit erfüllt zu werden. Dann sprach Visnja mir im Namen Jesu die Vergebung meiner Sünde zu. Ich hätte nach dem Gebet die Welt umarmen können. Ich fühlte mich wie von einer Last befreit. Da, wo vorher Bedrückung und Scham gewesen waren, sprudelte nun tiefe Freude. Freude an Gott, Freude an seiner Gnade, Freude am Leben und Freude an dem Geschenk von Freundschaft.

Ich beobachte, dass ich seitdem großzügiger geworden bin, und ich übe diese Haltung weiter ein, sodass ich dereinst eine großzügige Frau sein werde.

Wie kam es zu dieser Chance, zu wachsen?

- Ich habe auf meine Gefühle geachtet und bin meiner Irritation auf den Grund gegangen, statt sie wegzudrücken.
- Ich habe Scham überwunden und eine Freundin eingeladen, mit mir gemeinsam zu erkunden, was da los war – ich glaube, ich bin ein Stückchen mehr dem Gnadenkreislauf gefolgt.
- Ich war bereit, mir etwas von Visnja sagen zu lassen, war an dieser Stelle demütig.
- Ich war bereit, Buße zu tun und umzukehren – ganz konkret.

Impuls:
Üben Sie sich darin, wahrzunehmen, wenn Sie irritiert, frustriert oder ärgerlich sind. Fragen Sie sich: Was ist da gerade los?
Sprechen Sie mit Gott darüber. Manchmal ist das von den Umständen her nicht umgehend möglich. Schreiben Sie sich dann in Stichpunkten kurz die Situation auf (sonst vergessen Sie sie vermutlich) und gehen Sie dem Ganzen zu einem anderen Zeitpunkt nach, z. B. in Ihrer Stillen Zeit. Sprechen Sie ggf. mit einem Freund oder Gebetspartner darüber.

An dieser letzten Geschichte sieht man auch, dass Freundschaft und Gemeinschaft der Dreh- und Angelpunkt in unserem Prozess des Wachstums sind. Wir verändern uns nicht im Alleingang. Wir brauchen das Feedback, die Ermutigung, die Ermahnung, den Trost, den Zuspruch der Sündenvergebung und die heilende Erfahrung in der Gemeinschaft. Und genau darum geht es im nächsten Kapitel.

4. Freundschaft

Wie Freundschaften uns auf dem Weg zur Reife helfen

Warum Freundschaft?

Ralf ist eigentlich von Herzen gerne Gemeindeleiter. Seine Ehefrau Sabine unterstützt ihn, und das macht ihr im Grunde Freude. Doch sie fühlen sich inmitten ihrer lebendigen Gemeinde einsam und fragen sich, wem sie sich anvertrauen können.

Als Inges Mann plötzlich starb, stellte Inge ihre Mitarbeit in einer übergemeindlichen Ehe- und Familienarbeit ein. Sie klagt darüber, dass sich ihre Freunde seit ihrem Ausstieg aus der Ehearbeit nur noch selten melden, und ist ziemlich desillusioniert über christliche Gemeinschaft.

Tom und Judith waren als junges Paar von vielen Freunden umgeben. Heute, zehn Jahre später, haben sie alle Hände voll zu tun mit ihren vier kleinen Kindern. Tom ist in Beruf und Gemeinde sehr engagiert. Einige Freunde sind weggezogen. Man trifft sich nicht mehr so häufig, Missverständnisse treten auf. Es fehlten die Kraft und Zeit, sie zu klären, und jeder scheint sich zurückzuziehen.

Anja ist Single. Mit Mitte 30 sieht sie sich in der Gemeinde umgeben von lauter Paaren und Familien. Sie fühlt sich oft einsam und als fünftes Rad am Wagen.

Thomas leitet den Kinderdienst in seiner Gemeinde mit 40 ehrenamtlichen Mitarbeitern. Das tut er leidenschaftlich gerne. Er bekommt positives Feedback für seinen Dienst. Darüber hinaus jedoch fühlt er sich inmitten seiner großen Gemeinde allein.

Gott hat uns Menschen als Beziehungswesen in seinem Bild, ihm ähnlich, geschaffen. Er selbst, Gott Vater, Gott Sohn und Gott Heiliger Geist, ist ein Wesen, das in liebevoller Gemeinschaft lebt.

Gott hat uns Menschen als Beziehungswesen in seinem Bild, ihm ähnlich, geschaffen.

Die Art und Weise, *wie* wir Menschen Beziehungen leben, hat sich jedoch im Laufe der Jahrtausende geändert. Zu biblischen Zeiten sah es vermutlich ähnlich aus wie in Kutabla, einem kleinen Bergdorf in den Hügeln Nepals, mehrere Tageswanderungen von einer Straße entfernt, in dessen Nähe wir vor Jahren mit unseren kleinen Kindern ein Jahr lang lebten.

Die Menschen in Kutabla waren entweder als Jungen dort geboren oder als Mädchen nach der Heirat zu ihrer Schwiegerfamilie gezogen. Die Söhne übernahmen die Felder des Vaters und blieben in der Regel ihr Leben lang zu Hause wohnen. Oft lebten zwei, drei oder vier Kleinfamilien unter einem Dach. In Kutabla kannte jeder jeden. Es war klar, wer wem beim Bestellen der Felder half, wer mit wem den Reis pflanzte, von wem man den Ochsen auslieh und in welcher Mühle man das Getreide mahlen ließ. Mancher Dorfbewohner hatte noch nie ein Auto gesehen, lag doch die nächste Straße zwei Tageswanderungen entfernt.

Ausführungen zum Thema Freundschaft, wie ich sie hier weitergebe, würden in dieser Kultur überhaupt keinen Sinn ergeben. Die Menschen dort leben in festen Beziehungen, mit all ihren positiven Aspekten wie Sicherheit und Geborgenheit, aber auch mit allem Einengenden, Negativen. In Kutabla ist man auf Gedeih und Verderb Teil eines Familiensystems, ob es einem nun passt oder nicht.

Warum sollte man dort über das Thema Freundschaft nachdenken? Warum sollte man sich Freunde suchen? Man hat doch eine große Familie. Und vor allem: Wo sollte man sich Freunde suchen? Die Auswahl wäre in Kutabla nicht sehr groß. Auch in unseren Breitengraden in Westeuropa sah es vor wenigen Jahrhunderten nicht viel anders aus.

Doch heute ist Freundschaft ein wichtiges Thema für uns, die wir im 21. Jahrhundert in Westeuropa oder Amerika leben, denn die meisten wohnen nicht mehr in Großfamilien zusammen und unser Lebensradius ist um ein Vielfaches größer. Freundschaften sind daher neben der Kleinfamilie die Form, wie wir das zutiefst biblische Prinzip von Gemeinschaft leben dürfen.

Wir finden in der Konkordanz einige wenige Geschichten und Bibelstellen zum Thema »Freund sein und Freundschaft«. Bei den

Themen »Beziehungen« und »Gemeinschaft« jedoch haben wir ein nahezu unerschöpfliches Reservoir. In der Bibel geht es um ein großes Thema: um unsere Beziehung zu Gott und um die Beziehungen unter uns Menschen. Jesus kam, um uns als Einzelpersonen zu erlösen, aber er kam auch, um unsere Beziehungen zu revolutionieren, zu erneuern. Um uns zu befähigen, liebevoll zusammenzuleben.

Genau das ist der Kern vieler Aussagen: »Ein neues Gebot gebe ich euch, dass ihr euch untereinander liebt, wie ich euch geliebt habe, damit auch ihr einander lieb habt. Daran wird jedermann erkennen, dass ihr meine Jünger seid, wenn ihr Liebe untereinander habt« (Johannes 13,34-35). Große Teile der neutestamentlichen Briefe behandeln die Frage, wie wir Beziehungen untereinander gestalten können. Wie kann Gemeinschaft gelingen? Was fördert sie, was behindert sie? Dieses Thema nimmt einen so großen Raum ein, weil wir Beziehungen brauchen wie die Luft zum Atmen. Weil wir ohne feste, innige Freundschaften in unserer Persönlichkeit verkümmern.

Natürlich sieht das je nach Kultur und sozialer Struktur anders aus. Wenn in Kutabla Menschen zum Glauben kommen, fragen sich einheimische Leiter und Missionare: »Wie können Großfamilien so miteinander umgehen, dass der Einzelne sich wertgeschätzt fühlt und in seiner Persönlichkeit reifen und wachsen kann? Was verändert sich zwischen Schwiegermutter und Schwiegertochter, die nach der Hochzeit ins Haus zieht, wenn Christus im Einzelnen Gestalt gewinnt?« Manche Anweisungen der Paulusbriefe passen genau in diese Kultur hinein.

In Westeuropa brauchen wir ebenso von Christus erneuerte Beziehungen: in unseren Ehen, unseren Familien, Gemeinden und, ein ganz wichtiger Bereich, in unseren Freundschaften.

Während der Arbeit an diesem Buch besuchte ich in Berlin einen Coaching-Kongress. Dort stellte Prof. Hüther, Hirnforscher aus Göttingen, die enorme Wechselwirkung von guten bzw. schlechten Beziehungen und der Entwicklung unseres Gehirns und des gesamten Lebens dar. Der Wert von guter Gemeinschaft kann also nicht hoch genug angesiedelt werden.

Versuch einer Definition

Freunde sind Leute, mit denen ich gerne Zeit verbringe und die gerne Zeit mit mir verbringen.

Obwohl der Alltag meiner Freunde genau wie meiner gut gefüllt ist, setzen wir alles daran, uns in regelmäßigen Abständen zu treffen. Immer wieder kommen wir mit unseren Kalendern bewaffnet zusammen und hören nicht auf, Termine abzufragen, bis die nächsten Treffen, oft schon Monate im Voraus, fest eingetragen sind. Menschen, bei denen ich innerlich aufstöhne, wenn ich ihre Telefonnummer auf dem Display erkenne, oder mit denen ich mich ab und zu treffe, um ihnen zu helfen, sind nach meiner Definition keine Freunde.

Freundschaft ist immer freiwillig. Ich kann sie nicht einfordern bzw. sie kann nicht von anderen eingefordert werden. Zwei Menschen sind Freunde, wenn sie sich freiwillig einander zuwenden und ihr Leben miteinander teilen.

> Zwei Menschen sind Freunde, wenn sie sich freiwillig einander zuwenden und ihr Leben miteinander teilen.

Freunde können Familienangehörige sein, müssen es aber nicht. Letzte Woche erzählte Marcus begeistert im Gemeindeleitungskreis unserer Gemeinde, dass er am nächsten Tag mit seinem Bruder und Vater Hunderte von Kilometern gen Norden fahren würde, um ihren Fußballclub Werder Bremen zu unterstützen. Nachts gegen 2 Uhr kämen sie wieder heim. Das sei um einiges früher als bei ihrer letzten gemeinsamen Fußballaktion, wo die Fahrt nach Mailand ging. Als Nicht-Fußballfan sitze ich fassungslos dabei, freue mich aber an Marcus' strahlendem Gesicht. Sein Bruder und Vater sind seine guten Freunde.

Jede Freundschaft ist einzigartig, geprägt von unterschiedlichen Aspekten und Schwerpunkten.

Aspekte von Freundschaft

Einen Gnadenraum schenken

Früher dachte ich: »Nur ich bin auf dieser Welt ein wenig komisch. Irgendetwas ist mit mir nicht in Ordnung. Wenn ich mich wirklich so zeigte, wie ich bin, dann wären Menschen von mir entsetzt und würden sich zurückziehen.« Durch meinen Beruf als Beraterin weiß ich inzwischen, dass die meisten Menschen das schon von sich gedacht haben – Manager, Hausfrauen, Ärzte, Handwerker, Altenpfleger, Pfarrer.

In einer Freundschaft zeige ich mich so, wie ich wirklich bin. Ich zeige mich mit meiner Zerrissenheit, meinen Schwächen, meinen Macken. Ich zeige auch die Seiten, die ich an mir so schwer annehmen kann. Und ich erlebe, wie mich die Gnade Gottes durch den Bruder, durch die Schwester berührt.

Vor einigen Monaten schrieb uns unser Freund Thomas einen Tag nach einem konfliktreichen Treffen mit ihm und seiner Frau folgende Zeilen: »Danke für euer Mitleiden, euer Bemühen, eure Freundschaft. Deine Umarmungen und Deine Worte, Birgit, haben mir besonders gutgetan. Weil Du mein Verhalten besonders unmöglich fandest, aber dennoch in Freundschaft bei mir warst. Es sitzt bei mir noch ganz tief, dass mich falsches Verhalten und Fehler wertlos und weniger liebenswert machen. Deshalb tat mir die Umarmung neben der deutlichen Kritik besonders gut und hatte etwas Heilendes.«

Wir alle sind in und durch Beziehungen in unserer Vergangenheit verletzt worden. Doch in und durch Beziehungen fließt auch Gottes Heilung in unser Leben hinein.

Impuls:
Wem gewähren Sie solch einen Gnadenraum?
Bei wem erleben Sie diesen Gnadenraum?

Ermahnen

Thomas hat in seinem Brief auch den Aspekt des Ermahnens angesprochen. Wir brauchen Menschen, die den Mut haben, uns auf Charakterschwächen und zerstörerische Verhaltensmuster, die sie in unserem Leben sehen, anzusprechen. So etwas tun wir normalerweise nicht. Auch in Freundschaften brauchen wir die ausgesprochene *Aufforderung* unseres Freundes, dass es erwünscht ist, ihm kritisches Feedback zu geben. Oft denken wir uns unseren Teil, sprechen es dem Betroffenen gegenüber jedoch nicht an, weil wir uns Ärger und Stress ersparen wollen.

Dennoch: Es ist ein Abenteuer und langfristig enorm freundschaftsfördernd, wenn wir uns gegenseitig auffordern: »Wie ist es für dich, am ›anderen Ende‹ unserer Freundschaft zu sein? Welche negativen Muster beobachtest du in meinem Leben? Ich schätze deine Meinung! Bitte teile mir mit, wenn du etwas siehst!«

Als unsere Kinder noch klein waren, taten wir etwas sehr Mutiges. Wir fragten Susan und Tom, englische Mit-Missionare, die ebenfalls kleine Kinder hatten, ob sie sich einmal im Monat mit uns zum Austausch und gemeinsamen Gebet treffen würden. Thema sollten unsere Ehen sein. Susan und Tom waren sehr beschäftigt. Die Wahrscheinlichkeit, dass sie absagen würden, war sehr hoch. Doch sie sagten zu. Über mehrere Jahre trafen wir uns einmal im Monat und erzählten davon, wie es uns als Ehepaaren und Eltern erging.

An einem Abend sprach Wolfgang Tom auf seine viele Arbeit an. Ständig war er bis spät in der Nacht im Krankenhaus. »Du arbeitest einfach zu viel! Immer und immer wieder sagst du, dass sich das bald ändert, aber es ändert sich überhaupt nichts. Was treibt dich so an, dass du ständig bis an den Rand der Erschöpfung arbeitest?« Natürlich hatte Susan ihm das schon häufig gesagt, aber das hatte meistens in einem Ehestreit geendet. Durch das Feedback von Wolfgang erkannte Tom, dass seine Überbeschäftigung tatsächlich ein Problem in seinem Leben war, für das er Verantwortung übernehmen und das er angehen musste.

Über längere Zeit schon beobachtete ich bei Katrin ein zunehmend ungünstiges Verhaltensmuster. Wir hatten einander zugesagt, uns darauf hinzuweisen, sollten wir so etwas beim anderen beobachten. Dabei ist es uns klar, dass keiner allein die »Wahrheit« besitzt, sondern nur seine Sicht der Dinge weitergeben kann, und dass es letztlich immer in der Verantwortung des Empfängers liegt zu entscheiden, was er mit kritischem Feedback macht.

Nun ist es das eine, dies hier so faktisch zu schreiben. Im konkreten Fall habe ich lange mit mir gerungen, ob ich die Sache tatsächlich ansprechen sollte oder nicht. Ich wünschte, ich müsste es nicht tun. Ich betete über der Sache. Ich prüfte mich, ob ich auch nur einen Hauch von Genugtuung, Besserwisserei, Schadenfreude oder Ähnlichem in mir entdeckte (so etwas kenne ich auch, und dann gebe ich *kein* Feedback, sondern schaue, was in meinem Herzen los ist). Nein, das war nicht der Fall. Ich litt mit Katrin an dieser Stelle, stellte mir vor, welch negative Auswirkungen dieses Verhaltensmuster in zehn oder zwanzig Jahren für sie haben könnte. Und dann war mir klar: Es wäre lieblos, es nicht zu tun. Ich entschied mich, ihr zu schreiben. Was ich ihr mitteilte, war hammerhart, aber es war genau das, was ich über diese Sache dachte und was ich beobachtete. Einen Tag später klingelte das Telefon. Als ich Katrins Stimme hörte, stockte mein Herz. Sie sagte: »Birgit, ich danke dir für dein Feedback. Ich werde darüber nachdenken und beten.«

Ich war so erleichtert und *so* stolz. Ich war so unglaublich stolz auf Katrin. Sie ist eine Frau, die im Glauben und Leben wachsen will. Sie will nicht geschont werden, sondern sich der Wahrheit ihres Lebens stellen und davon lernen.

Impuls:
Wer hat Sie lieb und würde es wagen, Sie auf ungünstige Charakterentwicklungen und problematische Verhaltensmuster hinzuweisen, sollte er diese bei Ihnen beobachten? Wie würden Sie vermutlich auf solch ein schmerzhaftes Feedback reagieren? Auf wessen Rat würden Sie hören? Bitten Sie zwei oder drei Freunde ausdrücklich darum, dies in Zukunft zu tun. Sagen Sie ihnen zu, dass Ihre erste Reaktion auf Kritik immer die von Katrin sein wird. Dies könnte die mutigste »Impuls-Aktion« dieses Buches sein und Ihr Leben am stärksten verändern. Achten Sie allerdings bei der Wahl Ihrer Freunde unbedingt darauf, dass diese warmherzig sind, zu ihren eigenen Schwächen stehen und auch selber von anderen Kritik annehmen können.
Fragen Sie Ihre Freunde von Zeit zu Zeit: »Wie ist es für dich, mit mir befreundet zu sein?«
Wem geben Sie Feedback bzw. könnten Sie anbieten, Feedback zu geben, sollte er es wünschen?

Ermutigen, anfeuern

Wir sind nicht nur für unsere eigenen Charakterschwächen blind, auch unsere Fortschritte und Stärken nehmen wir nur getrübt wahr. Wir brauchen Freunde, die uns auf unsere Fortschritte aufmerksam machen, ja, die uns regelrecht »erwischen«, wenn wir wieder einen Schritt weiter auf unserer Charakterentwicklungsreise gegangen sind.

Vor Kurzem klagte ich einer Freundin mein Leid, dass ich wieder zu viele Termine angenommen hatte und mich unter Druck fühlte. Daraufhin sagte sie: »Aber das kommt doch heute viel seltener vor als noch vor zwei Jahren. Heute planst du schon viel weiser und

Wir brauchen Freunde, die uns auf unsere Fortschritte aufmerksam machen, ja, die uns regelrecht »erwischen«, wenn wir wieder einen Schritt weiter auf unserer Charakterentwicklungsreise gegangen sind.

vorausschauender!« Ja, das stimmte, aber ich hatte es gar nicht im Blick gehabt.

Vor einigen Jahren saßen Wolfgang und ich im Nachtcafé des Dünenhofs, einem christlichen Tagungshaus. Bei Kerzenschein erzählten wir einander, was uns gerade bewegte. Ich berichtete von einer Begegnung, die ich kurz zuvor gehabt hatte. Scham und Gefühle der Verdammung erfüllten mich, weil ich wieder einmal in eines meiner hartnäckigen »Sündenlöcher« getappt war. Ich war enttäuscht von mir und mutlos. War Veränderung nur ein frommer Wunsch? Würde Gott je mit einem so schweren Fall wie mir zurechtkommen? Wolfgang nahm meine Hand, schaute mir liebevoll in die Augen und erinnerte mich an Situationen in der letzten Zeit, wo er bereits eine Veränderung in diesem Bereich beobachtet hatte. Tränen füllten meine Augen, und ein unglaubliches Gefühl von Ermutigung und Frieden breitete sich in mir aus.

Impuls:
Wer entdeckt bei Ihnen die Vorboten von Veränderung und Wachstum? Wer feuert Sie an und ermutigt Sie in Ihrem Leben?
Wen ermutigen Sie auf seinem Lebensweg?

Freude teilen

Vor Kurzem beendete unser Freund Ajith Fernando, Autor und Leiter von Jugend für Christus in Sri Lanka, während einer Dienstreise in Ägypten nach sieben Jahren intensiver Arbeit seinen Bibelkommentar zum 5. Buch Mose, in genau dem Land, in dem Mose gelebt hatte. »Als ich die letzten Zeilen meines Kommentars schrieb, war ich so begeistert, dass ich vor Freude hätte schreien können«, schrieb er in einer E-Mail. »Aber man schreit nicht vor Freude, wenn man alleine ist! Freude ist nur dann vollkommen, wenn man sie mit jemandem teilen kann. Also tat ich das nächstbeste und schrieb meiner Frau eine SMS, die sie wiederum meinen beiden Kindern weiterleitete.

Und die schickten mir dann eine SMS, in der sie mir mitteilten, wie sehr sie sich über meine Freude freuten!«

Wir brauchen Freunde, die sich mit uns an unseren Erfolgen freuen. Leider gibt es nur im Negativen einen speziellen Ausdruck: das Wort »Schadenfreude«. Hier ist jedoch genau das Gegenteil gemeint, nämlich die positive Mitfreude. Freunde dürfen sozusagen »Gönnen-Könner«[24] sein. Mir fällt das von Natur aus nicht leicht. Wenn Menschen um mich herum sehr begabt sind, dann habe ich sofort den Anspruch, in diesem oder jenem Bereich genauso gut sein zu müssen wie sie. Das ist wohl immer noch mein alter, leistungsorientierter Adam, der schwimmen kann, wie Luther es sagt. Wo aber will ich hin? Ich möchte so gerne eine Gönnen-Könnerin sein. Jemand, der sich von Herzen mitfreut, wenn eine Freundin erfolgreich ist, wenn einem Freund etwas richtig gut gelungen ist. Daher übe ich es ein. Wann immer mir eine Freundin ein positives Feedback oder einen Erfolg mitteilt, werfe ich mein Herz nach vorne und … freue mich mit ihr. Wie schön, dass mir das zunehmend gelingt.

Zu Beginn dieses Buchprojektes kam ich überhaupt nicht voran. Ich wollte meine Freundin Christiane anrufen, um ihr mein Leid zu klagen, hatte jedoch ihren Mann Tobias am Apparat. Bevor ich loslegen konnte, erzählte Tobias, wie in seiner zweiwöchigen Krankheitsphase ein Buch entstanden sei. Es hätte sich ihm förmlich aufgedrängt und wäre in seinen Grundzügen fast fertig. Als ich das hörte, zögerte ich zunächst, denn ich verspürte Neid in meinem Herzen. Ich war über seine Aussage zunächst frustriert. Das war doch eigentlich nicht fair, oder? Doch dann dachte ich: Wenn Jesus es sich leisten kann, dass ich so langsam vorankomme, ist es doch sein Problem. Mehr als mich zum Schreiben zur Verfügung zu stellen, kann ich nicht. Ich spürte in dem Moment die Liebe Jesu und dann … konnte ich mich von Herzen mit Tobias freuen. Ich konnte wieder einmal das Gönnen-Können üben.

Freundschaften können wir nur dann leben, wenn wir uns zunehmend mit dem anderen freuen können. Wenn wir nicht nur die Trauernachrichten miteinander teilen, sondern auch die Erfolgsnachrichten.

24 Diesen Begriff hörte ich auf einem Vortrag von Paul Donders, Leiter von Xpand.

Impuls:
Mit wem können Sie Ihre Erfolge und Lebensgeschenke feiern?
Wie gut ist Ihre Fähigkeit ausgeprägt, anderen Erfolg und Gutes gönnen zu können?

Schützen, trösten

Vor einigen Jahren erhielt ich einen Brief, in der mir eine Bekannte mitteilte, welche Charakterschwächen sie in meinem Leben beobachtete. Ich war tief verunsichert und fragte mich, ob ich tatsächlich diese schreckliche Person war, die sie in ihrem Brief beschrieb. Ich bat sechs Freunde, den Brief zu lesen und mir ehrlich Feedback zu geben, ob sie das auch so sahen oder nicht. Ich wusste, dass mich meine Freunde zwar lieb hatten, mir jedoch auch unangenehme Wahrheiten zumuten würden. Wie erleichtert war ich, als sie mir einhellig als Feedback gaben: »80 Prozent dessen, was die Bekannte beschreibt, sehen wir nicht in deinem Leben. Die anderen 20 Prozent beobachtet sie richtig. Sie beschreibt Charakterschwächen von dir, die du jedoch bereits kennst und an denen du ohnehin schon arbeitest. Das ist also nichts Neues.«

An dieser Stelle haben mich meine Freunde geschützt. Ich brauchte den nagenden Selbstzweifeln nicht weiter nachzugehen. Ich durfte den Brief getrost entsorgen und wieder froh meines Weges gehen.

Wenn wir durch schwere Zeiten gehen, brauchen wir Freunde, die uns aufrichten und trösten. Die für uns beten, wenn wir selber nur noch Ängste und Zweifel haben. Das haben wir besonders in unserer Gemeindekrise oft erlebt. Ich weiß nicht, wie wir diese Zeit ohne den Trost und Schutz unserer Freunde durchgestanden hätten.

Wenn wir durch schwere Zeiten gehen, brauchen wir Freunde, die uns aufrichten und trösten. Die für uns beten, wenn wir selber nur noch Ängste und Zweifel haben.

Impuls:
Wem zeigen Sie Ihre Verunsicherung und Verzweiflung?
Von wem können Sie sich trösten lassen?
Wen trösten Sie, wenn er in Not ist?

Lernen und Inspirieren

Wie können wir denn leben? – dieser Buchtitel von F. Schaeffer könnte als Überschrift über vielen Gesprächen mit unseren Freunden stehen. Wie können wir denn leben in unserer komplizierten Welt? Wie können wir zu unseren Werten stehen? Wie unsere Ehe lebendig und froh gestalten? Wie den Herausforderungen von älter werdenden Eltern und Kindern in schwierigen Zeiten begegnen? Fragen über Fragen. Wie gut tut es, in Gesprächen mit Freunden neu für das eigene Leben inspiriert zu werden. Wie hilfreich ist es, wenn wir hören, wie sie ihr Leben bewältigen, welche Strategien sie gefunden haben, um mit Ausdauer das Rennen zu laufen, in dem wir stehen.

Wir erzählen einander, was uns gerade beschäftigt. Wir teilen einander die Buchtitel mit, deren Inhalt uns gerade herausfordert, die Ideen, die uns beschäftigen, und die Fragen, denen wir nachgehen. Wir erzählen von Predigten, die uns inspiriert haben. Und während wir das tun, inspirieren wir einander.

Vor einer gemeinsamen Urlaubsreise mit unseren Freunden Volker und Sigrid vereinbarten wir ein theologisches Buch, das wir während der Reise besprechen wollten. Jeden Tag saßen wir mit unseren Büchern beieinander und gingen Kapitel für Kapitel durch. Durch die gemeinsame Diskussion konnten wir die Inhalte besser verstehen und vertiefen.

Impuls:
Wer inspiriert Sie? Nach welchen Treffen haben Sie neue Inspiration für Ihr Leben und Ihre Arbeit?
Wen inspirieren Sie?

Das Leben feiern

Wir alle sind viel zu ernst. Das Leben ist schwierig, und wir haben genügend Anlass, sorgenvoll auf dieses oder jenes zu schauen. Jesus aber sagt: »Sorgt nicht um euer Leben!« (Matthäus 6,25a). Wir dürfen lernen, im Vertrauen auf Gott zu leben. Und dieses Vertrauen ist nicht nur etwas für den Sonntagmorgen, sondern für unseren tatsächlichen, konkreten Alltag.

Als Freunde dürfen wir einander zur Freude einladen. Wie damals in Nepal treffen wir uns auch heute regelmäßig mit einem Ehepaar zum Austausch und Gebet. Wir merken, dass wir in Gefahr stehen, zu häufig zu ernst zu sein. Und so planen wir immer wieder auch Feierzeiten ein. Zurzeit bereiten wir eine dreitägige Wanderung am Rheinsteig vor. Ich bin sicher, wenn wir gemeinsam unterwegs sind und abends bei einem Glas Wein zusammensitzen, werden wir viel miteinander lachen.

Gemeinsam etwas unternehmen. Die Welt entdecken. Spaßzeiten planen. Wir brauchen das, um fröhliche Menschen zu bleiben.

Impuls:
Wann haben Sie das letzte Mal mit Freunden gefeiert?
Wie feiern Sie am liebsten?
Wie könnte Ihre nächste »Feierzeit« aussehen?

Helfen

Nach unserer Rückkehr aus Nepal stand ich vor vielen Herausforderungen. Eine davon war: Wie richte ich binnen kürzester Zeit unser Haus ein, sodass wir als Familie darin wohnen können? Meine Freundin Claudia nahm sich eine Woche »Urlaub« von ihrer Familie. Von morgens bis abends düsten wir durch IKEA, schoben mehrere Wagen vor uns her und bezogen dann noch bis spät in die Nacht unsere alten Polstermöbel mit neuem Stoff. Claudia half uns beim Auswählen von Möbelstücken, beim Einrichten der einzelnen Zimmer, beim Abwägen von Qualität und Preis. Nach zwölf Jahren

Missionarsdasein in Nepal wäre ich zu diesem Zeitpunkt mit all den vielen Entscheidungen völlig überfordert gewesen. Für diese Unterstützung werde ich Claudia ewig dankbar sein.

Wir alle haben Zeiten, in denen wir die Hilfe von Freunden brauchen. Ganz praktische Hilfe, wie beim Einrichten unseres Hauses. Wir brauchen Hilfe bei Umzügen. Hilfe beim Großputz. Hilfe beim Beaufsichtigen unserer Kinder, sodass wir auch einmal zu zweit einen Eheurlaub machen können, wenn keine fitten Großeltern in der Nähe wohnen.

Impuls:
Wer greift Ihnen unter die Arme, wenn Sie Hilfe brauchen?
Wen unterstützen Sie, ganz praktisch?

Beten

Wann immer ich mich mit Christiane treffe, beten wir am Ende unseres Treffens. Wir befehlen das, was wir einander erzählt haben, unsere Sorgen, Hoffnungen und Träume, Jesus an. Jedes Mal berührt dies mein Herz. Immer wieder spüre ich, wie meine Verzweiflung in Bezug auf eine schwierige Angelegenheit weicht und sich stattdessen Hoffnung breitmacht.

Während einer schweren Zeit legte Christiane mir segnend die Hände auf. Sie sagte prophetisch, dass jetzt meine Felder brachliegen dürften, wie in einer Winterzeit, aber dass sie gewiss sei, dass nach dem Winter wieder der Frühling kommen und Neues in meinem Leben aufkeimen würde. Wie sehr weinte ich während dieses Gebets. Ich spürte, dass jetzt Winterzeit sein durfte, und eine vage Hoffnung begann sich breitzumachen, dass nach dem Winter auch bei mir wieder der Frühling Einzug halten würde.

> Wir brauchen Freunde, die wir spontan anrufen können, um zu sagen: »Bitte bete für mich. Ich komme in dieser oder jener Sache nicht klar.«

Wir brauchen Freunde, die wir spontan anrufen können, um zu sagen: »Bitte bete für mich. Ich komme in dieser oder jener Sache nicht klar.« Wir selber dürfen Freunde sein, die für andere beten.

Impuls:
Mit wem betest du gemeinsam?
Wenn du könntest, wie du wolltest, mit wem würdest du gerne beten? Sprich diesen Freund an.

Diejenigen, die verheiratet sind, werden vielleicht bei einigen oder all diesen Freundschaftsaspekten an den eigenen Ehepartner gedacht haben. Als Paar eine tiefe, innige Freundschaft zu leben, sie mit den Jahren immer mehr zu vertiefen, ist ein kostbarer Aspekt von Ehe. Wolfgang ist mein bester Freund. Ich bin so dankbar für unsere tiefe Freundschaft.

Dennoch wäre es für Wolfgang eine absolute Überforderung, mein einziger Vertrauter und tiefer Freund zu sein. Auch als Verheiratete brauchen wir über unsere Ehebeziehung hinaus Freunde. Wir brauchen Menschen mit anderen Persönlichkeitsmerkmalen, anderen Stärken, Erfahrungen und Sichtweisen.

Wolfgang begann sich mit diesem Thema zu beschäftigen, als ich mich vor 20 Jahren weigerte, seine einzige Vertraute zu sein. Ich merkte, wie mich sein Wunsch, alles mit mir zu besprechen, sein einziger Ansprechpartner für seine ärztliche Arbeit, seine Missions-Leitungsaufgabe und vieles mehr zu sein, völlig überforderte. Ich schätze es an Wolfgang, dass er sich heute auch mit eigenen Freunden trifft und Freundschaften pflegt.

Impuls:
Welche Aspekte von Freundschaft leben Sie mit wem? Welche Bereiche sind gut abgedeckt, welche nicht? Wer sind Ihre Freunde? Erstellen Sie eine Liste, und führen Sie auf, mit wem Sie eine intensive, mit wem eine mittlere und mit wem Sie eine lockere Freundschaft führen. Wie stimmig ist für Sie das, was da auf dem Blatt Papier steht? Welche Freundschaft würden Sie gerne intensivieren? Welche weniger intensiv leben?

Was kennzeichnet Freundschaft?

Freunde …

- *verbringen regelmäßig Zeit miteinander.*
  Dies kann bedeuten, dass man sich nur zwei Wochenenden im Jahr sieht, die schon lange zuvor eingeplant wurden, und ab und zu miteinander telefoniert. Wenn man näher beieinander wohnt, trifft man sich regelmäßig für einen Freundschaftsabend oder zu gemeinsamen Unternehmungen. Diesen Treffen wird dieselbe Wichtigkeit eingeräumt wie einem dienstlichen oder gemeindlichen Termin. Wenn man auf diese Weise mehrere Freundschaften pflegt, bedeutet das natürlich, dass man weder beruflich noch im Blick auf die Mitarbeit in der Gemeinde ständig ausgebucht sein darf.

- *sind bereit, sowohl zu geben als auch zu nehmen.*
  In einer lebendigen Freundschaft investiert man zeitweise mehr, dann wieder empfängt man – abhängig von der Situation. Auf Dauer jedoch besteht ein ausgewogenes Verhältnis von Geben und Nehmen.

  Noch in Nepal lebend traf ich mich regelmäßig mit meiner Freundin Susan, einer Psychologin. Jedes Mal landeten wir bei mir und meinen Problemen. Ich merkte, dass ich dies auf Dauer nicht so wollte. Immer war ich die Nehmende, Bedürftige, und Susan die Gebende, scheinbar Starke. Ich merkte, dass ich kurz davorstand, mich aus fadenscheinigen Gründen aus der Freundschaft zu verabschieden. Glücklicherweise tat ich es jedoch nicht, sondern sprach Susan offen darauf an. Ich bat sie, mich Anteil an ihrem Leben haben zu lassen und auch von ihren Kämpfen und Problemen zu erzählen. Das fiel mir damals nicht leicht, aber anschließend merkten wir beide viel schneller, wenn wir wieder einmal in solch ein Ungleichgewicht kamen, und Susan lernte es, ihre Schwächen und Probleme mitzuteilen.

- *fühlen sich auf Augenhöhe.*
  Sie haben das Empfinden, ebenbürtige Partner zu sein. Wenn ich mich auf Dauer im Beisein eines Freundes minderwertig fühle, mache ich dadurch Freundschaft unmöglich. Ich werde dem Freund keine Kritik zumuten und mich nicht unverstellt zeigen. Ich blende dann in der Regel auf der einen Seite die Schwächen meines Freundes und auf der anderen Seite meine eigenen Stärken aus. Ich nehme nur meine Schwächen und die Stärken des Freundes wahr. Dies ist jedoch nur ein Teil der Wahrheit. Auch ich verfüge über Stärken und die Freundin über Schwächen. Nur wenn ich meine Minderwertigkeit überwinde, kann eine lebendige Freundschaft weiter wachsen.

  Wenn ich mich einem Freund gegenüber ständig als überlegen oder stärker erlebe, könnte es genau andersherum sein: Ich sehe nur meine tollen Seiten, bin jedoch blind für meine Schwächen und eigene Durchschnittlichkeit.

- *haben keine Angst vor Nähe.*
  Freundschaft wächst und lebt da, wo ich mich unverstellt zeige. Wo ich mich gebe, wie ich wirklich bin. Wo ich aufhöre zu berechnen, wie mein Verhalten womöglich ankommt.

> Meine Lust auf und an Freundschaft steigt mit dem Grad, mit dem ich einfach ich selbst bin.

Denn das ist in einer Freundschaft völlig egal. Einem Freund mute ich mich zu. Ich rufe ihn zum Beispiel an mit den Worten: »Ich schaffe es nicht alleine. Bitte hilf mir!« Meine Lust auf und an Freundschaft steigt mit dem Grad, mit dem ich einfach ich selbst bin. Beim Aufbau einer Freundschaft ist das subjektiv zunächst mit Angst verbunden. »Wer weiß, ob sich mein Freund nicht zurückzieht, wenn er sieht, wie ich wirklich bin?«, denken wir vielleicht. Fast immer ist es genau umgekehrt. Da, wo ich mich unverstellt zeige, gebe ich dem anderen unausgesprochen die Erlaubnis, dies ebenfalls zu tun. Wie oft habe ich schon gesagt (oder von Freunden verbunden mit großer Erleichterung gehört): »Du, das kenne ich auch von mir!«
Freunde nehmen sich auch mal in den Arm, sie schauen einander in die Augen und sagen sich Worte der Wertschätzung und Zuneigung: »Ich freue mich so darüber, dass es dich gibt! Ich schätze dich sehr und unsere Freundschaft ist mir kostbar.« Freunde schämen sich nicht, wenn sie voreinander weinen. Sie können emotionale Dichte miteinander aushalten.

Spätestens jetzt werden die männlichen Leser befürchten, in einem Frauenbuch gelandet zu sein. Natürlich beeinflusst die Tatsache, dass ich als Frau dieses Buch schreibe, die Bearbeitung der verschiedenen Themen. In unserer Gesellschaft leben Frauen Freundschaften verbindlicher und selbstverständlicher als Männer. Dennoch weiß ich, dass sich auch Männer diese Aspekte von Freundschaft in der Tiefe ihres Herzens wünschen. In meinen Beratungsgesprächen ist das immer wieder ein brennendes Thema. Ich freue mich an Bekannten und Freunden, Männern, die starke Freundschaften leben.

Freundschaften …

- *sind unterschiedlich eng und locker.*
  Manche Freundschaften leben wir sehr verbindlich. Wir treffen uns regelmäßig und verfolgen das Leben des anderen sorgsam. Wir beten täglich für den Freund. Wir wissen, was ihn gerade beschäftigt. Wir mailen oder telefonieren häufig miteinander.

Solch intensive Beziehungen kann man nur mit wenigen Menschen leben. Andere Freundschaften sind eher locker. Man sieht sich vielleicht ein- oder zweimal im Jahr. Wenn man zusammen ist, ist man sich wirklich nahe, aber in den Zwischenzeiten hat man keinen oder nur selten Kontakt. Auch das ist wertvoll und gut. Häufig spielen dabei auch örtliche Entfernungen eine Rolle.

- *sind dynamisch.*
  Mit meiner Freundin Christiane verbindet mich eine 30-jährige Freundschaft. Wir haben uns als junge Frauen bei einem Bibelkurs kennengelernt und uns seitdem, auch während meiner Zeit in Nepal, begleitet. Unsere Kinder sind im gleichen Alter und zum Teil miteinander befreundet. Unsere Ehemänner haben sich, wenn auch nicht in der gleichen Intensität, ebenfalls angefreundet.

  Gemeinsame Geschichte ist kostbar. Dennoch kann eine Freundschaft nicht alleine von der gemeinsam erlebten Vergangenheit leben. Dass unsere Freundschaft auch heute so lebendig ist, liegt daran, dass wir uns ähnlich entwickelt haben und immer noch viele gleiche Interessen besitzen.

  Mit anderen Menschen sind Freundschaften über die Jahre auch eingeschlafen. Sei es, weil wir jetzt zu weit voneinander entfernt wohnen oder weil wir uns zu unterschiedlich entwickelt haben und uns nicht mehr viel verbindet. Auch das ist in Ordnung. Dafür wachsen neue Freundschaften. Kerstin habe ich beispielsweise erst vor wenigen Jahren kennengelernt. Wir begegneten uns auf einer Konferenz, merkten, dass wir Spaß daran hatten, uns zu unterhalten, und so wuchs nach und nach eine tiefe Freundschaft.

- *leben von gemeinsamen Werten und Interessen.*
  Meine Freunde sind sehr verschieden: Singles, verheiratet, älter oder jünger, Jesusnachfolger oder auch nicht. Was sie jedoch alle verbindet, ist das Thema dieses Buches: Es sind wachsende Menschen, die sich weiterentwickeln und lernen möchten. Menschen, die sich in Schwierigkeiten helfen lassen und an ihrem Charakter gearbeitet haben. Wenn ich mir meine Freunde

anschaue, erkenne ich, wie wichtig mir Reife ist, denn meine Freunde inspirieren mich alle an der einen oder anderen Stelle zur Reife, sind mir eine Inspiration. Natürlich können es genauso gemeinsame Interessen und Hobbys wie Musik oder Sport sein, die verbinden und Freundschaften fördern.

- *erfordern Reife und fördern Reife.*

Jeder noch so reife Mensch kennt Zeiten und Situationen, in denen er in kindische Verhaltensmuster abrutscht und sich unreif verhält. Gerade in unserer Ehe und in engen Freundschaften werden unweigerlich von Zeit zu Zeit unsere verletzlichsten Seiten berührt. Die Frage ist: Merke ich das und übernehme ich selber dafür die Verantwortung, oder schiebe ich dem anderen oder den Umständen die Verantwortung zu? Und kann ich mich von unreifem Verhalten wieder distanzieren?

Genau dann, wenn ich tief in meinen Gefühlen getroffen bin, entscheidet es sich, ob unsere Freundschaft dadurch weiter wächst oder ob wir vor der Nähe zurückweichen und uns auf »sicheren Boden« zurückziehen.

Genau dann, wenn ich tief in meinen Gefühlen getroffen bin, entscheidet es sich, ob unsere Freundschaft dadurch weiter wächst oder ob wir vor der Nähe zurückweichen und uns auf »sicheren Boden« zurückziehen.

Seit Monaten schon kam unser regelmäßiges Treffen mit Thomas und Susanne nur nach mehrmaligem Nachfragen meinerseits zustande. Zweimal hatten sie Termine kurzfristig abgesagt und sich nicht um einen Ersatztermin gekümmert. Schon nach der ersten Absage war ich enttäuscht, aber nach der zweiten Absage ratterte es in meinen Gedanken: »Das war es! Die haben doch überhaupt keine Lust auf unsere Freundschaft! Das ist ihnen überhaupt nicht wichtig. Nein, dann habe ich auch keine Lust mehr! Das war's! Wir ziehen uns zurück!« Ich war verletzt, fühlte meine Freundschaft nicht wertgeschätzt.

Doch dann suchte ich doch das Gespräch. Ich traf mich mit Susanne und sagte stockend etwa Folgendes: »Ich weiß gar nicht, wie ich eure Absagen einordnen soll. Ich wünsche mir eine engere Freundschaft mit euch beiden. Sie ist mir kostbar. Doch in den letzten Monaten habe ich den Eindruck, die Freundschaft bedeutet euch nicht so viel wie mir, und dann spüre ich in mir den Impuls, mich zurückzuziehen, weil ich meine Freundschaft ja nicht aufdrängen möchte.« Während ich das sagte, begann ich zu weinen.

Susanne antwortete: »Ich glaube, ich bin im Bezug auf Freundschaft wie blockiert. Wenn es dich und Betty (eine andere Freundin) nicht gäbe, hätte ich keine Freunde. Ich scheine dafür gar keine Antenne zu haben und fühle mich in dem Bereich wie behindert. Aber ich will eure Freundschaft! Bitte gebt nicht auf. Ich will in Zukunft mehr Verantwortung dafür übernehmen!« Dann haben wir uns umarmt und spürten eine tiefe Zuneigung füreinander.

Bei einer anderen Freundin löste ein kritisches Feedback von mir eine Welle von Entrüstung und Panik aus. Während mir ihre Antwortflut entgegenströmte, dachte ich entsetzt: »Nichts wie weg! Das hier will ich gar nicht!« Aber ich rannte nicht weg. Wir blieben dran. Wir hielten die hohe emotionale Dichte von Angst, Verletzung und Wut aus, sprachen mehrere Stunden miteinander, sortierten es aus, bis wir durch waren. Das war Schwerstarbeit für uns beide, aber es brachte unsere Beziehung auf eine tiefere, verlässliche Ebene.

Tiefe Freundschaft erfordert Reife und fördert Reife. Wenn Freundschaften langweilig oder anstrengend werden, könnte es daran liegen, dass man um Konfliktpunkte herumeiert und diese nicht anspricht.

Hätte ich meinen Frust über Susannes Verhalten nicht angesprochen, wäre unsere Freundschaft zunehmend anstrengend geworden, und ich vermute, ich hätte mich unter fadenscheinigen Gründen, die nicht der Wahrheit entsprochen hätten (im Grunde wären es Lügen gewesen), nach und nach zurückgezogen.

> Reife Freunde sprechen zeitnah ihren Frust oder Ärger an, bearbeiten die Sache miteinander, dann gewähren sie dem anderen wieder Gnade.

Reife Freunde sprechen zeitnah ihren Frust oder Ärger an, bearbeiten die Sache miteinander, dann gewähren sie dem anderen wieder Gnade. Sie kämpfen um diese Kostbarkeit: Freundschaft.

- *der Eltern prägen die Werte der Kinder.*
  In Gesprächen mit unseren erwachsenen Kindern kommen wir immer wieder auf Wolfgangs und meine Freunde zu sprechen. Sie haben unsere Freundschaften über die Jahrzehnte hinweg beobachtet und unsere Freunde sind ihnen Vorbilder für ihr Leben geworden. Sie haben gesehen, wie wir mit unseren Freunden über Gott und die Welt diskutierten. Sie wussten, dass wir mit ihnen Ehekonflikte besprachen. Sie beobachteten uns, wie wir Freizeitaktivitäten vorbereiteten und erlebten. Vor Kurzem sagte eine unserer Töchter: »Wie gut, dass ihr Freunde habt, mit denen ihr eure Sorgen teilt, und sie daher nicht auf uns abladet!« Dies beobachtet sie bei Freunden, deren Eltern keine engen Freunde haben.

Freundschaften in christlichen Kreisen

Durch unsere Gemeinden geistern viele Mythen über das Thema Freundschaft. Auf einige davon will ich hier eingehen.

Mythos 1: Der wahrhaft geistliche Christ macht alles alleine mit seinem Herrn aus und braucht keine tiefen Freundschaften.

Diese Überzeugung lässt sich biblisch nicht belegen. Wir lesen z. B. von der tiefen Freundschaft zwischen David und Jonatan. Abgesehen davon sind es in unserem Kulturkreis vor allem Freundschaften, durch die wir das biblische Prinzip der Gemeinschaft leben. Ich beobachte, dass dieser Mythos vor allem in Leuten lebt, die von ihrer Lebensgeschichte und Persönlichkeitsstruktur her Schwierigkeiten haben, nahe und tiefe Beziehungen zuzulassen.

Mythos 2: Jeder sollte mit jedem befreundet sein. Exklusive Freundschaften sind ungeistlich.

In einer Gemeinde leben wir freundschafts*ähnliche* Beziehungen. Man trifft sich jede Woche im Gottesdienst. Man bekommt die Entwicklung in den Familien mit. Wenn man sich begegnet, fragt man: »Wie geht es dir?« Das ist eine gute Sache, nur werden im Rahmen eines Gottesdienstes und der kurzen Gesprächen vorher und hinterher nicht unsere tiefen Bedürfnisse nach Gemeinschaft befriedigt. Dazu brauchen wir Kleingruppen – und Freundschaften.

In vielen Gemeinden gilt das unausgesprochene Gebot, dass jeder mit jedem befreundet sein sollte. Also lädt man sich, schön der Reihe nach, gegenseitig einmal im Jahr ein. Das jedoch ist keine Freundschaft. Es ist auch gar nicht möglich, mit 50 Leuten gleichzeitig befreundet zu sein. Wenn ich alle Gemeindemitglieder einmal im Jahr treffe, baue ich zu niemandem eine tiefere Beziehung auf.

> In vielen Gemeinden gilt das unausgesprochene Gebot, dass jeder mit jedem befreundet sein sollte.

Freundschaften sind immer exklusiv. Mit dem einen bin ich befreundet, mit dem anderen nicht. Um die Aspekte von Freundschaft leben zu können, ist dieser Rahmen, diese Grenze, unbedingt wichtig. Jesu Beziehung zu seinen Jüngern kann man nicht direkt mit unseren Freundschaften vergleichen. Wir können aber erkennen, dass er keine Probleme damit hatte, dass etwas exklusiv war. Die einen gehörten zu seinem Jüngerkreis, die anderen nicht.

Exklusive Freundschaften zu leben bedeutet jedoch nicht, dass man während einer Gemeindeveranstaltung zu zweit zusammengluckt und vertraute Gespräche führt. Das wäre unsensibel. Meine Freundin Ulrike gehört zu meiner Gemeinde. Außer einem kurzen Hallo und einer Umarmung unterhalten wir uns vor oder nach einem Gemeindetermin so gut wie gar nicht. Da sind wir beide viel zu sehr beschäftigt zu schauen, wer vielleicht neu ist, wer eine Ermutigung braucht, mit wem man beten könnte oder wen man sonst noch sprechen wollte. Wir treffen uns privat oder telefonieren miteinander.

Mythos 3: Wenn ich aktiv in der Gemeinde mitarbeite, werden automatisch tiefe Freundschaften entstehen.

Auch das ist ein Trugschluss. Immer wieder beklagen Leiter und langjährige Mitarbeiter in Gemeinden die Tatsache, dass sie sich trotz aller Aktivitäten letztlich alleine fühlen. Ich beobachte Menschen, die, nachdem sie sich Jahrzehnte in eine Gemeinde eingebracht haben, schlussendlich keine Freunde haben und im Alter alleine dastehen. Oft ist diese Einsicht verbunden mit einer tiefen Enttäuschung und Bitterkeit: Da hat man jahrzehntelang dem Herrn treu gedient und dann wird man doch von allen verlassen. So ist der subjektive Eindruck. Es ist daher auf jeden Fall nötig, sich aktiv um Freundschaften zu bemühen und diese zu pflegen.

Was führt zu solchen Überzeugungen und Denkweisen? Worauf müssen wir in unseren Gemeinden hinweisen, z. B. in Predigten oder Kleingruppenabenden?

Tatsache 1: Die Gemeinschaft, die ich in einer Kleingruppe oder Gebetszweierschaft erlebe, ist eine strukturgestützte Freundschaft auf Zeit und nicht eine Freundschaft fürs Leben.

Das Thema Freundschaft begeistert mich sehr. Dennoch bin ich genauso ein Fan von Gemeinschaftsstrukturen, die uns in unserem Reife- und Wachstumsprozess unterstützen. Ich liebe meine aktuelle Kleingruppe und meine Gebetszweierschaft. In meinem Frauenhauskreis treffen wir uns vierzehntägig. Wir haben bewusst eine einfache Struktur gewählt, sodass jeder anhand eines Blattes die Leitung der Gruppe übernehmen kann (die Anleitung für solch eine Kleingruppe finden Sie im Anhang, S. 218). Wir beginnen stets mit einem gemeinsamen Abendessen. Während des Essens kommen wir innerlich erst einmal an, schalten von unserem beschäftigten Alltag ab und erzählen uns die aktuellen Neuigkeiten. Dann folgt eine Austauschrunde, in der jeder erzählt, wie es ihm gerade ergeht. Anschließend lesen wir nach einer bestimmten Methode, der »Lectio Divina« (siehe Anhang, S. 218), einen Bibelabschnitt und vertrauen darauf, dass Gott durch sein Wort zu uns in unsere Situation spricht. Am Schluss beten wir füreinander und für Gebetsanliegen, die uns wichtig sind.

Einmal pro Woche treffe ich mich zudem mit einer Frau unserer Gemeinde zur Gebetszweierschaft.[25] Das Besondere daran ist, dass wir uns am Telefon treffen. Wir beide haben ein volles Leben. Wir können es einrichten, 45 Minuten zu telefonieren, eine weitere Stunde für die An- und Abfahrt würde uns zeitlich überfordern. Anhand einer einfachen Struktur (siehe Anhang, S. 217) tauschen wir uns über Erfolge, Positives, Schweres, zu bekennende Sünde, Versuchungen und den Stand unserer Beziehungen aus. Anschließend beten wir füreinander. Alles am Telefon.

Lizzie und ich waren zunächst skeptisch, wie es wohl wäre, sich auf diese Weise auszutauschen und zu beten. Doch ganz schnell empfanden wir es als so normal, als säßen wir einander gegenüber. Lizzie weiß, an welchen Punkten ich gerade Probleme habe und wachsen möchte. Sie fragt nach, wie es mir diesbezüglich geht. Sie selbst wollte eigentlich schon immer regelmäßig in der Bibel lesen. Die Gebetszweierschaft hat ihr geholfen, es tatsächlich zu tun. Wir tauschen Tipps und Ideen aus und feuern uns an, mit Ausdauer das Rennen des Glaubens zu laufen. Inzwischen beginnen immer mehr Leute unserer Gemeinde solch eine Gebetszweierschaft. Sie ist eine tolle Wachstumshilfe auf unserer Reise zur Reife. Hier geht der Austausch tiefer, als das in einer Kleingruppe möglich ist. Dennoch erlebe ich auch die Kleingruppe als sehr unterstützend und hilfreich.

Sowohl in meiner Kleingruppe als auch in meiner Gebetszweierschaft lebe ich eine strukturgestützte Freundschaft auf Zeit. Wenn die Kleingruppe weiter wächst, wird sie geteilt, damit die Gruppe nicht zu groß und unpersönlich wird. Uns Menschen fällt es meistens schwer, diese zeitliche Begrenzung positiv zu bewerten. Meine Beobachtung ist jedoch, dass auf Dauer feste Gruppen in der Gefahr sind, oberflächlich und langweilig zu werden.

---

25 Die Idee erhielt ich von Georgia Bühlmann, Leiterin von Vineyard Deutschland und Schweiz.

Tatsache 2: Gemeinschaft entsteht, wo Menschen ihr wirkliches Leben mit seinen Stärken und Schwächen, Höhen und Tiefen ehrlich miteinander teilen.

Sich voreinander zu öffnen und unverstellt zu zeigen, ist durch nichts zu ersetzen. Nicht durch tolle Bibelarbeiten, Vorträge, wohlformulierte Gebete – durch nichts. Nur durch Offenheit wächst das Vertrauen untereinander und entsteht Gemeinschaft. Wie kann ich Vertrauen fördern? Was ist dazu notwendig? Ist Vertrauen nicht eben »einfach vorhanden« oder nicht? Kann man das überhaupt beeinflussen?

> Sich voreinander zu öffnen und unverstellt zu zeigen, ist durch nichts zu ersetzen.

Ich wage zu behaupten, dass Vertrauen zwar nicht »machbar« ist, ich als Mitglied der Gruppe jedoch viel dazu beitragen kann, dass Vertrauen entsteht.

> Ich wage zu behaupten, dass Vertrauen zwar nicht »machbar« ist, ich als Mitglied der Gruppe jedoch viel dazu beitragen kann, dass Vertrauen entsteht.

Als meine Frauen-Kleingruppe entstand, kannten wir fünf uns entweder gar nicht oder nur sehr oberflächlich. Wir sagten einander zu, dass wir vertraulich mit Informationen umgehen würden. Ich entschied mich, offen zu sein, und teilte eine aktuelle Baustelle in meinem Leben mit. Andere folgten und erzählten ebenfalls von dem, was sie wirklich belastete. Nach und nach wurde das Niveau, auf dem wir uns mitteilten, immer tiefer. Bei den letzten drei Treffen erzählte jedes Mal eine Frau unter Tränen eine ganz persönliche Sache – von einer Angst, von einer großen Erleichterung und Gebetserhörung, von einer tiefen Not.

Ich beobachte, dass das meistens so ist: Wenn einer den Mut hat, über die eigenen Schwächen, Ängste und Sorgen zu sprechen, tun es die anderen auch. Wie sehr liebe ich es, von den anderen Frauen umbetet zu werden. Und ich trete selbst liebend gerne bei Gott für sie ein. Wie schön ist es zu sehen, wie Mitglieder der Gruppe beginnen, an Jesus zu glauben und in der Nachfolge zu wachsen!

Ich freue mich jedes Mal auf meine Kleingruppe. Mein innerlicher »Stöhn-Faktor«, den ich von anderen Hauskreismodellen oder früheren Gemeindeaktivitäten kenne, ist nicht oder nur selten vorhanden. Ich vermute, es hängt mit zwei Dingen zusammen, dass ich mich so auf die Gruppe freue. Obwohl ich in der Gemeindeleitung bin (auf das Thema von Leitung und Freundschaft komme ich weiter unten zu sprechen), befinde ich mich nicht in der ständigen Geberrolle. Es tut mir gut, auch selber das zu empfangen und zu leben, wovon ich eigentlich im Hinblick auf Gemeinde überzeugt bin: dass Gemeinde nicht nur für die Mitglieder da ist, sondern auch für den Leiter. Der zweite Punkt: Wir sind ehrlich und echt in der Kleingruppe, plustern uns nicht voreinander auf. Das reduziert die Unlust und erhöht den Freudefaktor.

Tatsache 3: Es ist in Ordnung und gewollt, dass exklusive Freundschaften in der Gemeinde entstehen. Keiner muss mit irgendwem befreundet sein.

Die Gemeinde ist ein wunderbarer Ort, um Freunde zu finden. Freunde, mit denen man auch über die Gemeindearbeit hinaus persönlich verbunden ist. Das passiert jedoch nicht automatisch und das macht auch keiner an meiner Stelle für mich. Hier darf ich verantwortlich mein Leben gestalten.

Was ist das aber überhaupt für eine Beziehung, die wir innerhalb dieser Kleingruppe oder Gebetszweierschaft oder im Leitungskreis leben? Ist das nun Freundschaft oder nicht?

Ja, es ist Freundschaft, doch es ist eine Freundschaft, die durch eine Struktur gestützt ist.

»Strukturgestützte« Freundschaften

Freundschaften können zu einem unterschiedlichen Grad von Strukturen gestützt werden oder aber völlig unabhängig von ihnen sein.

Freundschaft

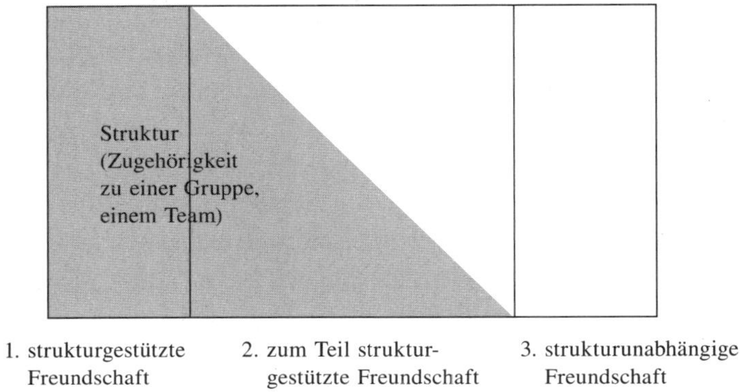

Auf der linken Seite des Diagramms sind Freundschaften dargestellt, die zu 100 Prozent von einer Struktur gestützt werden. In meiner Frauen-Kleingruppe treffen wir uns einfach deshalb freundschaftlich, weil jede von uns sich dafür entschieden hat, Teil dieser Gruppe zu sein. Dadurch lernen wir einander kennen und teilen unser Leben. Das, was wir tun, ist echt. Wir erleben etwas, das man sonst nur in einer Freundschaft erlebt. Daher ist es auch Freundschaft, die allerdings durch eine Struktur unterstützt wird.

In der Mitte des Diagramms sind Freundschaften, die sowohl durch eine Struktur gestützt werden als auch von Sympathie, gleichen Interessen und Werten. Man hat sie zu Personen, bei denen man während der regelmäßigen Teamtreffen oder vor den Gottesdiensten bemerkt, dass man sich sympathisch ist und gemeinsame Interessen hat. Vor oder nach den Treffen steht man noch zusammen und erzählt, was einen gerade so beschäftigt, und vielleicht trifft man sich ab und zu darüber hinaus. Auch das ist echt. Man mag sich und erlebt Freundschaft, doch auch sie ist strukturgestützt. Das Gleiche haben wir in Schulklassen, während des Studiums und Ähnlichem erlebt.

Die Beziehung ändert sich allerdings unweigerlich, wenn die Struktur wegfällt, weil man vielleicht in ein anderes Team wechselt oder sich die Kleingruppe in zwei neue teilt. Das ist normal und gut und richtig. Doch nur dann, wenn man sich die Erlaubnis gibt, strukturgestützte

Freundschaften zu beenden, kann man wieder offen für neue Freundschaften in der nächsten Kleingruppe oder im nächsten Team sein. Es ist unmöglich, über Jahrzehnte zwar stets neue Freundschaften aufzubauen, dabei aber nie alte Freundschaften zu beenden. Das würde unweigerlich wieder zu der Kultur »Jeder muss mit jedem befreundet sein« führen. In meinen Beratungen beobachte ich, dass dieser strukturbedingte Aspekt oft nicht bedacht wird. Man denkt, dass das, was man in der Gruppe erlebt, Freundschaft ist. Und das ist es ja auch. Dennoch ist die Freundschaft durch die Struktur der Gruppe gestützt. Wenn diese Struktur wegfällt, zeigt es sich ganz neu, wie stark der Freundschaftswunsch von beiden Seiten auch jenseits der Struktur besteht. So haben wir vermutlich alle erlebt, wie sich viele Schulfreundschaften lockerten oder einschliefen, nachdem wir die Schule verlassen haben.

Es ist unmöglich, über Jahrzehnte zwar stets neue Freundschaften aufzubauen, dabei aber nie alte Freundschaften zu beenden.

Und so kommt es zu Reaktionen wie bei Inge, von der am Anfang des Kapitels die Rede war. Sie war enttäuscht, weil sich nach dem Ausstieg aus der Ehearbeit plötzlich niemand mehr meldete.

Kinder im selben Alter und eine große örtliche Nähe wirken ebenfalls freundschaftsfördernd. Doch beim Auseinanderbrechen der Kinderfreundschaften oder einem Umzug oder Gemeindewechsel können auch diese Beziehungen wieder wegfallen.

Rechts im Diagramm sind Freundschaften abgebildet, die jenseits von einer Gruppe und einer Struktur bestehen. Sie sind strukturunabhängig. Sie werden einzig und alleine aufgrund von Sympathie, von gleichen Interessen und Werten gepflegt. Und aufgrund von Faktoren, die uns vielleicht gar nicht einsichtig sind, denn letztlich bleiben ja Zuneigung und Liebe auch ein Stück Geheimnis.

Wie ich weiter oben beschrieben habe, brauchen wir Freundinnen und Freunde, die uns über lange Strecken unseres Lebens, ja, lebenslang, begleiten. Wir brauchen Freunde, die uns tragen, auch wenn Strukturen wegfallen oder zusammenbrechen. Wie wichtig war es für uns in der Gemeindekrise, dass wir tragende Freundschaften auch außerhalb unserer Kleingruppen und der Gemeinde hatten.

Natürlich sind gleichzeitig die Gemeinde, die Kleingruppe, die Gebetszweierschaft wunderbare Orte, um Freunde kennenzulernen. Ich kann zunächst signalisieren: »Du, ich mag dich. Ich wäre gerne mit dir auch über unsere Kleingruppe hinaus befreundet.« Ich lade die Person zu privaten Treffen oder Unternehmungen ein oder zeige mein Interesse durch kleine Aufmerksamkeiten. Und dann beobachte ich, wie der andere darauf reagiert. Erwidert er meine Freundschaftszeichen oder nicht?

Natürlich ist es traurig, wenn ich bemerke, dass ich mit meinem Wunsch alleine bin. Das ist mir auch schon passiert. Unreife sagt dann: »Ich wusste es ja! Ich bin anscheinend nicht toll genug, dass man mich als Freund auswählt. Ich werde sowieso keine Freunde finden.« Reife sagt: »Schade, die Person möchte nicht mit mir befreundet sein. Vielleicht hat sie schon zu viele Freunde oder kann sich das aus einem anderen Grund nicht vorstellen.« Das ist traurig. Dennoch gestehe ich dem anderen zu, meinen Freundschaftswunsch nicht zu erwidern. Ich halte weiter Ausschau nach einer Person, mit der ich gerne befreundet sein möchte und die diesen Wunsch erwidert.

Freundschaften für Menschen in gemeindlicher Verantwortung

Wie können Leiter – egal, ob Hauskreisleiter, verantwortliche Mitarbeiter, Gemeindeleiter oder Pastoren – innerhalb ihrer Gemeinde Freundschaft leben? Können Leiter überhaupt Freundschaften in der Gemeinschaft haben, die sie leiten? Sind sie in solchen Beziehungen nicht immer doch die Leiter? Ist es überhaupt weise, wenn sie sich vor den Leuten öffnen, die sie leiten und die darüber hinaus eventuell sogar ihre Arbeitgeber sind?

Welche Antworten Sie auf diese Fragen für sich finden werden, ist abhängig von verschiedenen Faktoren:

1. Ihrem Leitungs- und Gemeindeverständnis

Wie verstehen Sie sich als Leiter bzw. als Pastor? Welche Aufgaben/Rolle hat Ihrer Meinung nach ein Leiter? Wie sieht das Verhältnis zu den zu Leitenden aus? Welches Amtsverständnis haben Sie für sich?

Welche Organisationsform hat Ihre Gemeinde? Ist sie eine Freikirche? Landeskirche? Hauskirche? Wie verstehen Sie das Konstrukt Gemeinde? Wie sähe Ihre Gemeinde idealerweise aus? Welche Rolle möchten Sie darin spielen? Wovon träumen Sie im Hinblick auf Gemeinde? Sehen Sie sich eher als Teamplayer oder Einzelleiter?

2. dem Leitungs- und Gemeindeverständnis Ihrer Gemeinde

Wie sehen die Mitglieder Ihrer Gruppe oder Gemeinde Sie als Leiter oder Pastor? Wer sind Sie für sie? Was ist ihrer Meinung nach Ihre Aufgabe? Wie sehen die Gemeindemitglieder sich selber? Welches Gemeindeverständnis haben sie?

Ich persönlich lebe mit der Überzeugung, dass Gemeinde auch für mich als Leiterin nicht nur Arbeit und Dienst, sondern auch Familie ist. Gemeinde, die ich (mit)leite, ist auch für mich Gemeinde. Gleichzeitig sehe ich die Notwenigkeit, mich als Leiterin nur so weit zu öffnen, wie dies im Blick auf die Gruppe, den Einzelnen, die Gemeinde verantwortlich und mit meiner Rolle als Leiter zu vereinbaren ist.

> Ich beobachte, dass diejenigen auf Dauer mit Freude in ihren Gemeinden mitarbeiten, die ihre eigenen Überzeugungen im Blick auf die Gemeinde auch tatsächlich selber leben.

Ich beobachte, dass diejenigen auf Dauer mit Freude in ihren Gemeinden mitarbeiten, die ihre eigenen Überzeugungen im Blick auf die Gemeinde auch tatsächlich selber leben. Es sind Leiter, die nicht den Gemeindegliedern das eine predigen, z. B. wie gut und wichtig die Gemeinschaft innerhalb der Gemeinde ist, und auf der anderen Seite selber etwas völlig anderes leben und als Person außen vor bleiben. Auch sie haben für sich in der Gemeinde eine Gemeinschaft, eine Kleingruppe oder das Leitungsteam, wo sie sich öffnen können.

Gleichzeitig übernehmen sie die Verantwortung für ihre besondere Situation als Leiter und gehen damit reif und weise um. Ihre tiefsten unausgegorenen Seiten, manche

> Ein Leiter überprüft immer, ob das, was er sagt, den anderen dient oder nicht.

Verletzungen und Zweifel und Fragen gehören nicht in den gemeindlichen Raum. Ein Leiter überprüft immer, ob das, was er sagt, den anderen dient oder nicht. Er wird existenzielle Fragen, die im Blick auf seinen Glauben aufbrechen – natürlich kennen Leiter wie alle anderen Christen auch Phasen von Zweifel –, nicht dem neuesten Mitglied seiner Kleingruppe mitteilen. Damit würde er den jungen Christen eventuell völlig überfordern. Für diese Fragen braucht der Leiter andere Räume, wo das Innerste mitgeteilt und bearbeitet wird.

Widerspreche ich nun hier nicht dem, was ich eben im Blick auf meine Kleingruppe oder Gebetszweierschaft gesagt habe? Ich denke nicht. Sehen wir uns an, welche verschiedenen Grade von Offenheit es in Beziehungen gibt.

Unterschiedliche Grade von Offenheit in Beziehungen

Jesus ist unser großes Vorbild. Also wollen wir sehen, bei wem Jesus sich geöffnet hat und wie offen er sich den Menschen in seinem Umfeld zeigte.

Grad der Offenheit Jesu

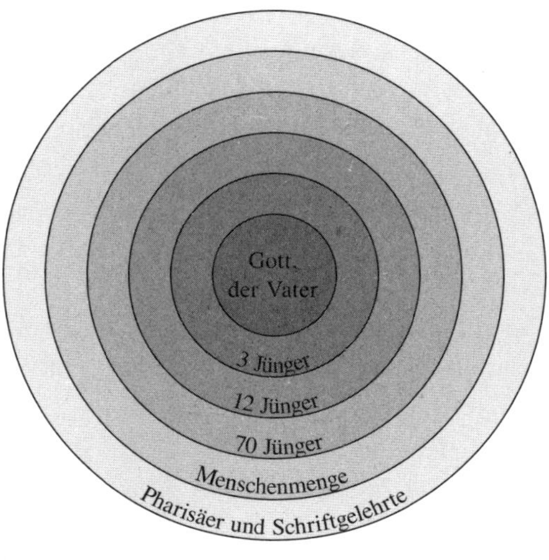

In dem innersten Kreis sehen wir, dass Jesus nur einer Person hundertprozentig sein Innerstes zeigte: seinem Vater im Himmel. Immer wieder zog er sich vor der Menschenmasse und auch seinen Jüngern zurück, um mit seinem Vater zu sprechen und sich seine Liebe (erneut) zusprechen zu lassen.
Dann erleben wir Jesus, wie er drei seiner Jünger, Petrus, Johannes und Jakobus, bei besonderen Situationen dabeihaben wollte. Diese drei Jünger begleiteten Jesus auf den Berg der Verklärung. Sie durften sein Ringen im Garten Gethsemane mitbekommen. Ja, er suchte ihre Unterstützung und Hilfe. Mit ihnen verband ihn eine besondere Nähe.

Viele andere Begegnungen teilte er mit seinen zwölf Jüngern. Sie durften ihn drei Jahre lang Tag und Nacht beobachten. Sie waren ihm ganz nahe. Er lehrte sie, diente ihnen und liebte sie.

Dann war um ihn herum eine Gruppe von 70 Jüngern.

Darüber hinaus gab es die Menschenmenge, der er diente und die er belehrte (z.B. bei der Speisung der 5000).

Als weitere Gruppe gab es die Pharisäer und Schriftgelehrten.

Jesus war zu jeder Zeit ehrlich. Zu jeder Gruppe von Menschen und zu seinem Vater im Himmel. Doch er war unterschiedlich offen. Jesus war sehr klar darin, vor wem er sich wie weit öffnete. Vor seinen drei Jüngern zeigte er mehr von seinem Herzen als vor Pilatus oder der Menschenmenge.

Was bedeutet das für uns? Hier auf Erden sollte auch ich mich nur bedingt voll und ganz vor Menschen öffnen. Wie Jesus darf ich jedoch völlige Offenheit vor meinem Vater im Himmel haben. Ihm darf ich mein Herz ganz und zu jeder Zeit ausschütten. Er kennt es sowieso. Ich brauche nichts zu verbergen.

Darüber hinaus kann ich diese Offenheit meinem Ehepartner, einigen Freunden oder einem Seelsorger entgegenbringen. In guten Zeiten, wenn Christus in meinem Herzen regiert und ich mich reif verhalte, darf ich mein Herz völlig öffnen und mich ganz so zeigen, wie ich bin. Ich persönlich kenne jedoch auch Zeiten, wo mein Herz »böse und verstockt« ist, wo ich meine Wunden lecke und z.B. ärgerlich auf meinen Ehemann bin. Dann ist es gut, dass meine Gedanken nicht von außen einsehbar sind. Es ist meistens nicht weise, mich während eines »Unreife-Anfalls« meinem Partner in völliger Offenheit mitzuteilen. Denn das würde Verletzungen und Wunden hervorrufen.

Nun bin ich jedoch eine Person, die natürlicherweise das Herz auf der Zunge trägt. Das ist eine Stärke, aber auch eine Schwäche. (Das ist übrigens meistens so: Eine Schwäche ist die Kehrseite einer Stärke.) Reif werden bedeutet für mich zu lernen, in solchen Zeiten den Mund zu halten. Die meisten Paare, die ich in der Paartherapie begleite, insbesondere christliche Paare, stehen jedoch eher in der Gefahr, zu distanziert, zu »fromm« zu sein. Hier ermutige ich dazu, auch den Frust und Ärger einmal herauszulassen und dem Partner zu sagen, wie man sich fühlt. Intimität entsteht gerade auch da, wo ich mich unverstellt mitteile, auch mit meinen unausgegorenen Anteilen. Sehen Sie selbst, auf welcher Seite Sie eher vom Pferd fallen und wie Ihre Entwicklungsrichtung aussehen könnte.

Wie Jesus mache ich graduelle Unterschiede in meiner Offenheit. Ich brauche Freunde außerhalb der Gemeinde, in der ich eine Leitungsverantwortung innehabe. Ich brauche »safe people« – sichere Menschen –, wie Bill Hybels sie nennt. Bei diesen Freunden kann ich mich auch in schwierigen Situationen einfach aussprechen. Sie wissen, dass Ärger oder Frust über die Gemeinde und einzelne Personen nur eine vorübergehende Erscheinung ist und dass es mein Ziel sein wird, diese oder jene Situation in guter Weise zu klären.

Wie Jesus mache ich graduelle Unterschiede in meiner Offenheit. Ich brauche Freunde außerhalb der Gemeinde, in der ich eine Leitungsverantwortung innehabe.

Wäre das auch im Leitungskreis möglich? Vielleicht. Vielleicht aber auch nicht. Das hängt von dem Selbstverständnis des Leitungskreises ab, von dem Vertrauen untereinander.

In unserem Leitungskreis haben echte Beziehungen untereinander einen ganz hohen Stellenwert. Wir nehmen uns zu Beginn eines jeden Treffens ausführlich Zeit, um zu hören, wie es jedem ergeht. Wir beten füreinander. Wir zeigen sehr viel von uns. Wir sagen es, wenn wir Stress in unseren Ehen und Familien haben. In Krisenzeiten können wir voreinander weinen. Wir segnen einander.

Dennoch könnte ich mir Anliegen vorstellen, die auch hier nicht hingehören würden, zumindest nicht zu jedem Zeitpunkt und in völliger Offenheit, sondern für die wir einen gemeindeexternen Raum bei Freunden oder Seelsorgern bräuchten.

Mein Leben besteht jedoch glücklicherweise nur extrem selten aus solchen Situationen. Wie andere Menschen auch stehe ich momentan vor ganz normalen Herausforderungen: meinen Alltag zu bewältigen, meine Zeit weise einzuteilen, mein jugendliches Kind elterlich zu begleiten, für meine erwachsenen Kinder Ansprechpartner zu sein, mit den Finanzen auszukommen und aufrichtig meine Steuer zu bezahlen, mein Ego im Zaum zu halten, gelassen auf den Wasserrohrbruch im Keller und die daraufhin eingesetzten dröhnenden Trockenmaschinen zu reagieren, Strategien für meine Firma zu entwickeln, meine Ehebeziehung zu pflegen, den älter werdenden Eltern beizustehen, Zeiten mit Gott einzuplanen, Buße zu tun für ungute Verhaltensmuster und vielem, vielem mehr. Das alles macht doch mein Leben zu 98 Prozent aus! Und in all diesen Bereichen kann auch ich als Leiterin hundertprozentig offen sein.

Viel mehr noch: Gerade indem ich mich in meinen Schwierigkeiten und Herausforderungen mitteile und öffne, leite ich und bin ein Vorbild. Man beobachtet bei mir, wie wirkliches Leben mit Jesus aussieht, erkennt hoffentlich, dass mein Glaube an Jesus mein Leben stärkt und inspiriert. Genauso wird jedoch sichtbar, dass auch ich es nicht immer hinkriege und dass ich versage. Wenn ich authentisch Einblick in mein Leben gewähre, verhindere ich, dass ich von Leuten meiner Gruppe und meiner Gemeinde einen Heiligenschein verpasst bekomme. Und ohne Heiligenschein lebt es sich definitiv leichter. Alles andere wäre sowieso unecht und eine Lüge.

Zu meinem persönlichen Gemeinde- und Leitungsverständnis gehört es also, dass ich mich zu einem ganz hohen Anteil unverstellt zeige, dass ich so, wie ich bin, sein darf. Ich hätte auf Dauer keine Freude an Gemeindearbeit, wenn es anders wäre. Gemeinde ist Familie und sie ist es auch für mich, die ich diese Gemeinde (mit-) leite. Ich glaube, auch deshalb fühle ich mich in *Lebenswert*, meiner Gemeinde, so wohl. Reife bedeutet aber auch, dass ich als Leiterin punktuell Eigenes zurückstelle und die besonderen Herausforderungen meiner Funktion weise annehme.

In fast jedem Beratungsgespräch mit Gemeindeleitern und Pastoren ermutige ich dazu, dem Aufbau von Freundschaften eine sehr hohe Priorität einzuräumen. Wenn man innerhalb der eigenen Gemeinde diese Offenheit untereinander (noch) nicht erlebt, ist es umso wichtiger, Freundschaften mit »sicheren Menschen« außerhalb der Gemeinde zu pflegen. Es entlastet sehr, sich mit Leuten auszutauschen, die in ähnlichen Situationen sind, die selber Hauskreis-, Gemeindeleiter oder Pastoren sind, jedoch in einer anderen Gemeinde und Stadt ihren Dienst tun.

Häufig erzählen mir Leiter traurig, dass sie außerhalb der Gemeinde keine Freunde haben: »Der Hinweis, Freundschaften aufzubauen, macht zwar Sinn, aber ich kenne einfach keine Leute, mit denen ich mich anfreunden kann.« Ich stelle ihnen dann häufig die Frage: »Mit wem haben Sie sich, alleine oder als Paar, in den letzten Jahren schon einmal getroffen, mit dem Sie sich – vielleicht – doch eine Freundschaft vorstellen könnten?« Auf der Flipchart sammeln wir die Namen, die genannt werden. »Wenn Sie könnten, wie Sie wollten, mit wem würden Sie sich gerne einmal treffen und, wenn möglich, eine Freundschaft aufbauen?« Weitere Namen werden aufgeschrieben.

Dann gebe ich eine Hausaufgabe: »Laden Sie all diese Leute in den nächsten sechs bis zwölf Monaten einmal zu sich ein. Beobachten Sie während des Treffens, wie es Ihnen in Ihrem Miteinander ergeht. Wenn Sie die Zeit genießen, sagen Sie während oder nach dem Treffen, dass Sie sich mehr persönlichen Kontakt wünschen, z. B. indem Sie sagen: ›Ich habe den Nachmittag mit dir/euch letzten Sonntag genossen. Lass(t) uns das doch wiederholen!‹ Beobachten Sie dann, wie die Person oder das Paar reagiert. Spricht sie/es auch eine Einladung aus? Bei manchen Leuten wird es bei dem einmaligen Treffen bleiben. Aber mit anderen wird es zu weiteren Unternehmungen kommen.«

Wenn Sie nach zwei oder drei Treffen den Eindruck haben: Ja, das könnte passen, dann stellen Sie eine mutige Frage, z. B. »Wir (bzw. ich – je nachdem, ob Sie es sich für sich alleine oder für sich als Paar wünschen) würden uns gerne alle sechs Wochen mit euch treffen, um mit euch über uns und unser Erleben in der Ehe, Familie, im Beruf und in der Gemeinde zu sprechen und zu beten. Bitte überlegt doch, ob ihr das möchtet oder nicht. Wir würden uns freuen, wenn ihr zusagt, aber es ist für uns auch völlig okay, wenn ihr euch dagegen entscheidet.« Diese zeitliche und inhaltliche Struktur kann helfen, die Freundschaft zu stützen. Sie ist transparent, und es ist für jeden klar, um was es geht.

Während der Beratung wird es an dieser Stelle oft ganz still. Und dann folgen die »Ja, aber …«-Kommentare. »Ja, aber die haben schon so viele Freunde!« – »Was machen wir, wenn die das gar nicht wollen?« – »Die sind so beschäftigt, die haben für so etwas bestimmt keine Zeit!« – »Bei denen läuft alles so super. Die brauchen solche Freundschaften bestimmt nicht!«

Das Gefühl, das nun im Raum steht, ähnelt dem Gefühl, das wir aus Kindertagen kennen, wo wir noch im Sandkasten saßen und fragten: »Willst du mit mir spielen?« Wie weh tat es, wenn ein Kind antwortete: »Nein, ich will nicht! Du darfst nicht mitspielen!«

Das Gefühl, das nun im Raum steht, ähnelt dem Gefühl, das wir aus Kindertagen kennen, wo wir noch im Sandkasten saßen und fragten: »Willst du mit mir spielen?«

Die schlechte Nachricht lautet: Ich kenne keinen anderen Weg, wie man als Erwachsener gezielt Freundschaften aufbauen könnte. Daher lohnt es sich, diese Hürde und die innere Scham zu überwinden. Die gute Nachricht ist aber: Diejenigen, die ich bisher bei diesen Prozessen begleitet habe, haben alle – nach einiger Zeit und manchen Absagen – tatsächlich auch Freundschaften aufbauen können. Die, bei denen alles so super zu laufen scheint, sind nämlich genauso Menschen wie Sie und ich und sehnen sich letztlich nach Freundschaften. Und auch die Vielbeschäftigten dürfen es lernen, einige Arbeitstermine zugunsten von Freundschaftsterminen zu streichen. Vielleicht sind gerade Sie Gottes Geschenk an Ihre neuen Freunde, da Sie ihnen den Wert von Freundschaft vor Augen halten!

Wenn das Thema Freundschaft schmerzhaft für Sie ist

Vielleicht geht es Ihnen am Ende dieses Kapitels emotional schlecht. Wann immer ich das Thema Freundschaft bei meinen Seminaren behandele, werden einige Leute still, und ein Hauch von Traurigkeit hängt in der Luft. Dann folgen Kommentare wie: »Ich habe den Eindruck, ich komme immer zu spät. Diejenigen, die ich mir als Freunde vorstellen könnte, sind bereits besetzt und sind beziehungsmäßig ausgelastet.« Oder: »Ich finde einfach keine Freunde. Wann immer ich eine Freundschaft aufbauen möchte, zieht sich der andere aus fadenscheinigen Gründen wieder zurück. Ich bin ratlos und weiß nicht, was ich tun kann. Dabei sehne ich mich nach Freundschaften. Ich weiß nicht, woran das liegt.«

Wenn Sie Probleme haben, Freundschaften aufzubauen, könnte das zwei Ursachen haben:

Vielleicht suchen Sie die perfekten Freunde, die es gar nicht gibt. Möglicherweise sind Sie sehr anspruchsvoll – sobald Sie beim anderen eine Schwäche entdeckt haben, sind Sie enttäuscht, und derjenige scheidet als potenzieller Freund aus. Ja, es ist gut und richtig, zu schauen, wer zu uns passen könnte, doch perfekte Freunde gibt es einfach nicht. Ich könnte ad hoc bei allen meinen Freunden und Freundinnen Bereiche nennen, die mich manchmal nerven. Aber so sind sie nun einmal. Da stehen sie zurzeit. Ich habe mich entschieden, sie mit ihren kleinen Macken anzunehmen und lieb zu haben. Sie zu akzeptieren, so wie sie sind, und mich an ihren vielen wunderbaren Seiten zu erfreuen.

Und die Wahrheit lautet: Auch ich bin nicht die perfekte Freundin, nicht der perfekte Mensch. Hätten meine Freunde diese Qualität in mir gesucht, hätte ich keine Freunde. Mich entlastet das sehr: Ich brauche keine perfekte Freundin zu sein. Auch ich habe Macken und Bereiche, die meine Freunde manchmal nerven. Das Geschenk von Freundschaft ist doch, dass ich »brutto«, also so, wie ich wirklich bin, angenommen und geliebt werde.[26]

Ein zweites Problem könnte sein, dass Sie tatsächlich ein Verhaltensmuster zeigen, das Leute auf Abstand bringt und bewirkt, dass sie nicht mit Ihnen befreundet sein möchten. Das Traurige ist, dass

---

26 Bei dem Punkt »Ermahnung« auf S. 110 geht es nicht darum, den Freund so formen zu wollen, wie ich ihn am liebsten hätte, sondern darum, ihn auf Fehlentwicklungen in seinem Reifungsprozess hinzuweisen, die ich beobachte.

sich die meisten zurückziehen, ohne Sie über den wahren Grund zu informieren. Aber es ist auch verständlich, denn dieser wahre Grund, den sie Ihnen nennen müssten, würde in unserer Kultur eindeutig in die Kategorie »verletzend« fallen.

Das wahre, unausgesprochene Feedback könnte vielleicht so lauten: »Wann immer wir zusammen sind, spüre ich, wie dein deprimierter Gesichtsausdruck in mir nach und nach eine Schwere auslöst. Zeit mit dir zu verbringen tut mir einfach nicht gut, und ich merke, wie erleichtert ich bin, wenn unsere Treffen wieder vorbei sind.«

Oder: »Wenn wir miteinander reden, spüre ich eine ständige Angst, dass du gleich irgendeinen verurteilenden, scharfen Kommentar von dir gibst. Wenn ich ehrlich bin, habe ich Angst vor dir. Ich spüre zu selten Wärme und Freundlichkeit. Ich fühle mich bei dir nicht sicher und angenommen. Nein, da ziehe ich mich lieber schnell wieder unter fadenscheinigen Gründen zurück.«

Oder: »Während unserer Treffen prahlst du ständig. Du redest nur von dir und deinen Erfolgen. Einerseits denke ich: ›So toll kann man doch gar nicht sein‹, andererseits fühle ich mich dennoch minderwertig und denke: ›Mit so einem tollen Hecht kann ich eh nicht mithalten.‹ Das ganze Hin und Her: ›Wer ist toller, besser, reicher?‹, ist mir viel zu anstrengend für eine Freundschaft. Da bleibe ich lieber auf Abstand.«

Wenn Sie Freundschaften suchen, aber es einfach nicht zu funktionieren scheint, habe ich einen Rat, für den Sie viel Mut brauchen: Halten Sie Ausschau nach zwei oder drei reifen Menschen, bei denen Sie ein gutes Urteilsvermögen beobachten, die in der Grundhaltung Ermutiger sind und denen Sie sich in Ihrem Lernprozess anvertrauen möchten. Bitten Sie sie um Folgendes: »Ich habe eine ungewöhnliche Bitte an dich. Ich möchte gerne Freundschaften aufbauen und merke doch, dass sich potenzielle Freunde immer wieder vor mir zurückziehen. Ich vermute, dass das mit mir zu tun hat, weiß aber nicht, woran das liegen könnte. Wenn du in meinem Leben etwas beobachtest, was der Grund dafür sein könnte, dann sage mir das. Vermutlich wird es in die Kategorie ›verletzend‹ fallen. Es wird etwas sein, das man einander normalerweise nicht sagt. Ich bitte dich ganz herzlich: Bitte tue es trotzdem! Ich verspreche dir, für jedes noch so kritische Feedback dankbar zu sein, denn ich kann mir ja vorstellen, wie schwer es dir fällt, mir so etwas zu sagen. Ich werde dir zuhören, werde mich nicht verteidigen und beleidigt sein. Und dann werde ich in Ruhe überlegen, was ich von dem Feedback lernen kann.«

Und wenn Sie dann ein solches Feedback erhalten, bleiben Sie tapfer! Jesus liebt Sie so, wie Sie jetzt sind. Das steht fest. Hören Sie mutig zu, was der andere Ihnen spiegelt, und versuchen Sie, so viel wie möglich für Ihr Wachstum zu lernen! Wenn Menschen tatsächlich kritisches Feedback geben, wenn man sie darum gebeten hat, machen sie uns ein Geschenk.

Wenn Menschen tatsächlich kritisches Feedback geben, wenn man sie darum gebeten hat, machen sie uns ein Geschenk.

Impuls:
Wir brauchen Gemeinschaft wie die Luft zum Atmen. Jeder von uns. Weil wir so von Gott geschaffen sind. Eine Freundschaft aufzubauen, braucht Zeit. Sie können jedoch heute überlegen, mit wem Sie eine strukturgestützte Freundschaft aufbauen wollen. Überlegen Sie, wen Sie ansprechen möchten, um eine Gebetszweierschaft oder Kleingruppe zu starten, und betrachten Sie den Aufbau von Freundschaften als Ihr Projekt für die nächsten Jahre. Setzen Sie das ganz oben auf Ihre Gebetsliste!

5. Die Krise

Wie schwere Zeiten uns innerlich stark machen

Wenn Menschen, die ein starkes Leben führen, von ihrer Vergangenheit erzählen, betonen sie an der ein oder anderen Stelle, welch prägende Rolle schwere Zeiten und Krisen gespielt haben. Das Erstaunliche daran ist, dass diese Zeiten so gut wie immer als Reifungs- und Wachstumszeiten beschrieben werden, für die man im Rückblick dankbar ist. Daher ist es wichtig, richtig mit ihnen umzugehen bzw. für Krisen gewappnet zu sein.

Mythen über das Thema Krise

In vielen von uns leben Mythen – falsche, verborgene Überzeugungen –, was das Thema »Krisen« anbetrifft. Wenn wir eine schwere Zeit durchmachen, sind wir fassungslos, und im Grunde denken wir verzweifelt: Wieso muss mir das passieren? Wieso muss gerade *ich* eine solche Krise erleben? So habe ich mir das Leben – die Mitarbeit in der Gemeinde, meine Kindererziehung, meine Ehe, meinen Beruf – überhaupt nicht vorgestellt.

Die Überzeugung, die dahintersteht, lautet:

Mythos 1: Eigentlich sollte es in meinem Leben keine Krisen geben! Normal wäre, dass immer alles gut läuft.

Obwohl wir um uns herum ständig Menschen beobachten, die Schweres durchleben, haben wir den Anspruch, dass uns selber nichts dergleichen passieren sollte. Woran mag das liegen? Vielleicht lebt in uns nach wie vor die Erinnerung an eine bessere Welt, an das Paradies. Wir Menschen sind

> Seit Adam und Eva leben wir in einer zerbrochenen Welt und Krisen sind Teil eines jeden Lebens.

eigentlich dazu geschaffen, ohne Krisen, Stress und Sünde zu leben – eigentlich. Unser Herz sehnt sich danach, in ewiger Harmonie, Freude und Glück zu leben. Doch seit Adam und Eva leben wir in einer zerbrochenen Welt und Krisen sind Teil eines jeden Lebens.

Die christliche Variante dieser Überzeugung lautet:

Mythos 2: Wenn ich Jesus treu nachfolge, lebe ich unter seinem Segen. Dieser Segen zeigt sich darin, dass es mir und den Meinen gut geht und es keine nennenswerten Probleme und erst recht keine Krisen gibt.

Während unserer Gemeindekrise war ich immer wieder fassungslos und dachte: »Da waren wir zwölf Jahre lang in der Mission! Dann haben wir Gott zehn Jahre treu und hingegeben in der Gemeinde gedient – und jetzt so eine Krise? Gott, das ist doch einfach nicht fair!«

Erst während dieser Krise schaute ich genauer hin, wie das Leben der Propheten und Jesusnachfolger wirklich aussah. Und ich stellte erstaunt fest, dass es normal war, zu leiden und auch Krisen durchzustehen. Jeremia, Amos, Petrus, Paulus, Johannes – nennen Sie mir einen Jünger oder Apostel, bei dem man keine Stürme und Krisen beobachten kann. Ja, es scheint geradezu ein Kennzeichen echter Jesusnachfolge zu sein, dass man leidet und Notzeiten erleben muss. Im elften Kapitel des Hebräerbriefes lesen wir von unglaublichen Krisen und Stürmen, denen die Gottesmänner und -frauen ausgesetzt waren. Ein Buch von Ajith Fernando hat im englischen Original den Titel: *The Call to Joy and Pain – Embracing Suffering in Your Ministry* – wörtlich übersetzt: »Die Berufung zu Freude und Schmerz – das Leid des Dienstes annehmen«[27]. Leid und Schmerz gehören zur Nachfolge dazu.

Krisen können aufgrund von eigenem Versagen und Charakterschwächen ausgelöst werden (z. B. Petrus' Verleugnung von Jesus)

---

27 Dieses Buch wurde uns zu einer enormen seelsorgerlichen Hilfe: Ajith Fernando: *Aus Tränen werden Sterne – Freude und Leid in der Nachfolge Jesu.* SCM Hänssler.

oder durch schwierige Lebensumstände (z. B. Schiffbruch von Paulus). Sie können auch durch Verfolgung und Anfeindung von außen entstehen (z. B. Gefangennahme von Paulus oder Petrus; Tötung von Johannes dem Täufer) sowie durch Kritik und Zwietracht von innerhalb der religiösen Gruppe oder Gemeinde (Jesu Mitjuden forderten seinen Tod; Paulus wurde von Gemeindeleuten massiv angegriffen).

Geistliche Reife bedeutet, schlichtweg anzuerkennen, dass Krisen auf Erden vorkommen, ein »Ja« dazu zu haben, dass der Knecht nicht über seinem Herrn steht (vgl. Matthäus 10,24), und Schmerzen anzunehmen.

Auch wenn wir radikal mit Jesus leben, gehören Stürme und Krisen dazu. Wir dürfen den faulen Tauschhandel mit Gott aufgeben: »Ich diene dir und dafür musst du mich segnen (und zwar in der Weise, wie ich den Segen haben will, und das ist wie folgt: …).«

In der Beratung von Christen begegnet mir ein weiteres falsches Konzept. Es lautet:

Mythos 3: Das Leben auf dieser Erde ist ein Jammertal. Krise, Elend, Leid – nichts anderes ist uns verheißen und nichts anderes erwarte ich. Das ist unser Kreuz und im Himmel wird dann die Freude kommen.

Auch das entspricht nicht der Gesamtaussage der Bibel. Ja, in manchen Teilen der Welt erleiden Menschen unglaubliche Not. Aber häufig sind gerade sie es, die inmitten von schwersten Umständen und Leid Freude verbreiten und Not lindern. Denken wir an Corrie ten Boom, eine niederländische Christin, die aufgrund ihres Einsatzes für Juden selber im Konzentrationslager landete und dort Mitgefangene ermutigte und Freude verbreitete.

Der Unterschied zwischen einem Sturm und einer Krise

Was ist eine Krise? Was ein Sturm? Wir alle verfügen über Strategien, mit denen wir die Herausforderungen unseres Lebens bewältigen.

Dazu gehört auch unser Vertrauen auf Jesus. Wenn wir jedoch Stürme erleben, die unsere Bewältigungsstrategien überfordern, löst das eine Krise aus. Wir fühlen uns bedroht. Der Boden unter uns beginnt zu wanken. Methoden, die sonst bei uns funktionieren, um Probleme zu lösen, greifen nicht mehr. Unsere Erfahrungen, Ziele und Werte geben uns keine sichere Orientierung mehr für unser Leben. Wir verstehen die Welt nicht mehr. Wir verstehen Gott nicht mehr. Wir fühlen uns wie gelähmt und spüren eine tiefe Sinnlosigkeit. Hoffnungslosigkeit macht sich breit. Wir fühlen uns als Opfer der Umstände, unfähig zu handeln.

Wir Menschen sind in der Lage, Schweres zu ertragen. Doch etwas zuzulassen, das wir nicht verstehen und einordnen können, ist für uns schier unerträglich und verunsichert uns zutiefst.

Wir Menschen sind in der Lage, Schweres zu ertragen. Doch etwas zuzulassen, das wir nicht verstehen und einordnen können, ist für uns schier unerträglich und verunsichert uns zutiefst.

Ein Sturm ist noch keine Krise. Denken wir an Stephanus in Apostelgeschichte 7, der kurz nach Pfingsten verhaftet wird. Er hält eine feurige, mutige Rede und wird anschließend gesteinigt. Natürlich war das ein Sturm. Aber wenn wir diesen Bibeltext aufmerksam lesen, staunen wir darüber, dass Stephanus' Herz, sein Vertrauen in Jesus, nicht überfordert wurde. Mit Gottes Hilfe geht er mitten durch den Sturm hindurch, befielt sich Jesus an und betet für seine Verfolger.

Wann aus einem Sturm eine persönliche Krise wird, ist von der entsprechenden Person und der momentanen Situation abhängig. Wenn wir wachsen und innerlich erstarken, wird unsere Toleranzgrenze steigen. Trägt ein Mann sein drittes Kind zu Grabe und sagt dabei: »Und dennoch setze ich mein Vertrauen auf Gott«, dann ist dies Vertrauen ein Geschenk Gottes – und gleichzeitig ist es auch die Frucht von vielen, vielen guten Entscheidungen und ein Zeichen dafür, dass sich der Charakter und Glaube bewährt haben.

Meine Lebenskrisen

Krisen können von außen ausgelöst werden oder von innen, durch eigenes Versagen oder Seelenunruhe. Wenn ich auf mein bisheriges Leben blicke, erkenne ich drei große Lebenskrisen. Zwei wurden durch notvolle Umstände ausgelöst, eine durch innere Prozesse.

Meine erste Lebenskrise erlebte ich gemeinsam mit meinem Mann als Missionarin in Nepal. Wir hatten Deutschland verlassen und die nepalesische Sprache und Kultur waren uns fremd. Als weitaus schwieriger erlebten wir jedoch die Herausforderung, uns als eher pietistisch-evangelikal geprägte Christen in einer charismatischen Mission wiederzufinden. Als beim ersten Gottesdienst einige Leute Gott mit erhobenen Händen lobten und sogar tanzten, verließ ich fluchtartig den Raum und betete entsetzt: »Jesus, wie konntest du uns nur in so eine Mission schicken? Und überhaupt: Was denkst du darüber? Wer hat recht? Die Charismatiker oder wir?« Wir lasen ein Buch über den Heiligen Geist nach dem anderen, tief verunsichert in unseren bisherigen Überzeugungen zu dem Thema.

Zur gleichen Zeit wünschten wir uns ein Kind, doch ich wurde einfach nicht schwanger. Monat für Monat verging, doch die erhoffte Schwangerschaft stellte sich nicht ein. Da lebten wir nun, am Ende der Welt, verunsichert durch die »charismatische« Mission, ohne unsere Familien und Freunde. Und Gott schenkte uns noch nicht einmal das Normalste auf der Welt, nämlich Nachwuchs. Wie unfair!

Einen Tiefpunkt erlebten wir an einem Samstagnachmittag, an dem wir, wie jede Woche, bei vierzig Grad Hitze einen einstündigen Fußmarsch zum Flughafen zurücklegten, um die ersehnte Post aus Deutschland in Empfang zu nehmen. Wieder zurück öffneten wir einen Brief von Freunden. Er enthielt die Geburtsanzeige ihrer kleinen Tochter. Nach zwei Söhnen war jetzt das ersehnte Mädchen geboren worden. Sie schrieben: »Wir sind als Eltern so glücklich, dass wir vor lauter Glück oft nicht schlafen können.« Wolfgang und ich starrten auf diese Karte und murmelten vor uns hin: »Und wir sind so unglücklich, dass wir vor lauter Unglück nicht schlafen können.«

In den nächsten Jahren durchlebten wir im Blick auf unsre Kinderlosigkeit einen Trauerprozess. Dann konnten wir erkennen, dass Gott unser Nest frei gehalten hatte, damit wir Kinder adoptieren konnten. [28] Nach und nach lernten wir auch, unsere Ängste im Blick auf das charismatische Wirken des Heiligen Geistes abzubauen, und lebten von Herzen gerne in Nepal.

Die zweite Krise durchlebte ich zwölf Jahre später im Alter von 37 Jahren kurz nach unserer Rückkehr aus Nepal. Es ging meiner Seele nicht gut. Ich fühlte mich zerrissen zwischen meinem äußeren und meinem inneren Menschen. Äußerlich schien ich kraftvoll und fähig zu sein, doch innerlich fühlte ich mich oft minderwertig, angstvoll und verzagt. Fragen bedrängten mich: Wer bin ich wirklich? Was macht mich aus? Was gibt mir Wert? Was mache ich mit notvollen Erfahrungen der Vergangenheit?

Eine Therapeutin half mir, diesen Fragen nachzuspüren und ein Thema nach dem anderen zu bearbeiten. Zunächst ging es mir noch schlechter. Themen, die ich lange unter den Teppich gekehrt hatte, kamen mit Macht hoch und wollten bearbeitet werden. Es war Schwerstarbeit, und ich war zeitweise kaum noch fähig, meinen Alltag als Familienfrau zu bewältigen. Doch dann, nach einem Jahr, spürte ich wieder Boden unter meinen Füßen und stellte fest, dass sich mein Lebensgefühl, mein Selbstbild und mein Gottesbild verändert hatten. Ich konnte wieder kraftvoll und zuversichtlich mein Leben gestalten.

Nach unserer Rückkehr aus Nepal engagierten wir uns zehn Jahre lang leidenschaftlich in einer aufblühenden Freikirche. Wir brachten uns in die Gemeindeleitung, Seelsorge- und Mentoringarbeit ein und waren mit Begeisterung dabei. Da kam unsere Gemeinde in eine Krise, ich habe schon davon berichtet. Ein Jahr lang versuchte die Gemeindeleitung, die Probleme zu lösen, doch vergeblich. Am Ende ihrer Kräfte trat die gesamte Leitung zurück

---

28 In dem Buch *Wir hätten es uns so gewünscht …* schildern Wolfgang und ich unsere Auseinandersetzung mit der Kinderlosigkeit. Zu bestellen bei info.schilling-supervision.com

und verließ mit ihren Familien die Gemeinde. Dies war meine dritte Lebenskrise.

Lebenskrisen sind schwierige Zeiten. Sie sind besonders schwer zu ertragen für Menschen, die lösungsorientiert sind: Wo ist das Problem? Packen wir es an und lösen es! Doch es gibt keine zehn Tipps zur schnellen Bewältigung von Krisen. Es gibt auch keine Abkürzungen. Krisen wollen durchlebt und durchlitten werden. Sie haben ihre eigene Dynamik und sind rational oder von außen nicht steuerbar. In solchen Zeiten meldet sich unsere Seele, ein Teil unseres Seins, das seine eigene Logik hat.

Es gibt keine zehn Tipps zur schnellen Bewältigung von Krisen. Es gibt auch keine Abkürzungen. Krisen wollen durchlebt und durchlitten werden.

Wir können die Krise zwar nicht planen und steuern, doch können wir darauf achthaben, in ihr nicht stecken zu bleiben und hart und bitter zu werden. Es gibt Dinge, die wir beachten sollten, damit wir eine Notzeit bewältigen können.

Vor einigen Monaten kam ein Paar zu mir in die Beratung. Innerlich aufgebracht berichteten sie von ihrer Gemeindekrise. Ich spürte ihre innere Verwundung, ihre Wut und Fassungslosigkeit. Da erwähnten sie nebenbei, dass dieses Geschehen sechs Jahre zurücklag. Sie selbst sagten von sich, dass sie in der Krise stecken geblieben waren. Dies macht deutlich: In Krisen steckt das Potenzial zur Reifung, jedoch auch zur Schädigung und Zerstörung. Wir alle kennen vermutlich Leute, die durch schwere Erfahrungen bitter und hart geworden sind, und andere, die durch sie gewachsen und gereift sind.

In Krisen steckt das Potenzial zur Reifung, jedoch auch zur Schädigung und Zerstörung.

Wie gehen starke Menschen mit Krisen um? Und was macht Menschen in Krisen stark? Was habe ich bei meinen Vorbildern beobachtet? Was hat mir selber geholfen, meine Krisen zu bewältigen? Im Folgenden will ich sieben verschiedene Punkte aufzeigen, die in solchen Zeiten wichtig und hilfreich für mich waren.

Was uns hilft, Krisen positiv zu bewältigen

1. Ehrliche Bestandsaufnahme
Ich gestehe mir ein: Ich bin in einer Krise
und in Krisenzeiten ist alles anders.

Wenn man sich auf der Flucht befindet, ist nicht die Zeit, darüber nachzudenken, ob man im neuen Bad blaue oder weiße Kacheln haben möchte. Es geht nur noch um das eine: zu überleben und nach und nach die Krise zu bewältigen. Hierein fließt unsere Hauptenergie. Alles andere ist zu diesem Zeitpunkt unwichtig.

Für mich bedeutete das, mir zu erlauben, »Kür-Aufgaben«, die ich in guten Zeiten locker bewältigte, abzusagen und nur noch meine »Pflicht-Aufgaben« zu erledigen. Das fiel mir wirklich schwer. Da hatte ich einen Artikel zugesagt. Während ich diesen Artikel normalerweise mit Freude geschrieben hätte, saß ich nun stundenlang vor dem Computer und brachte nichts Vernünftiges zustande. Meine Kreativität lag brach. Meine übliche Reaktion wäre gewesen: »Reiß dich zusammen. Du musst das schaffen! Du hast es zugesagt!« Den Artikel abzusagen, kam mir wie ein Eingeständnis meiner Schwäche vor. Aber genau das war jetzt dran. Ehrlich zu sagen: »Ich bin zurzeit schwach und ich schaffe es nicht.«

2. Langsames Lebenstempo
Ich drossele mein Lebenstempo in einer
Krise und sorge gut für mich.

Eine Freundin schrieb mir eine Zeile aus einem irischen Gedicht: »Walk slowly as you walk with grief« – gehe langsam durch eine Trauerzeit. Das hieß für mich, belastende Termine abzusagen, soweit es möglich war. Mir einzugestehen, dass ich in den nächsten Monaten nicht der Retter der Welt sein konnte (wie ja auch sonst nicht). Ich fing an, meine einzelnen Tätigkeiten unter der Hinsicht zu bewerten: Baut mich das auf? Hilft mir das, die Krise zu bewältigen? Tut mir das gut? So zu denken, fiel mir schwer, denn ich verspürte in mir unmittelbar die Anklage: »Du bist total egoistisch!« Freunde halfen mir zu sehen, dass dies nicht der Fall war, sondern dass dieses Hinterfragen mir langfristig helfen würde, wieder auf die Beine zu kommen. Auf lange Sicht würde ich dann wieder ein Leben in meiner Berufung, auch im Dienst für andere leben.

Zu meinem langsameren Lebenstempo gehörte auch: genügend Schlaf, gesundes Essen und mein Sportprogramm.

3. Raum zu klagen

In Zeiten der Krise gebe ich mir selbst Raum zu klagen, um mit allem, was in mir ist, vor Gott zu sein.

Krisen sind nicht die Zeit für wohlformulierte Gebete und Fürbitten. Sie sind eine Zeit, wo wir uns mit allem, was in uns ist, Gott zumuten und ihm unser Herz ausschütten.

Unsere Seele ist in Krisenzeiten von intellektuellen Einsichten überhaupt nicht beeindruckt. Wahre Fakten verändern in uns gar nichts. Mir haben jedoch die Psalmen immer sehr geholfen. In der Bibel gibt es mehr Klage- als Lobpsalmen. Das war für mich wie eine Erlaubnis, selber auch so zu klagen. Wie der Psalmist dürfen wir das, was auf unserem Herzen ist, vor Gott ausschütten. Unsere Seele darf sich aussprechen wie ein kleines Kind. Wir können von David lernen, wenn er in Psalm 42 sagt: »Meine Seele, warum bist du so betrübt in mir? Harre doch auf Gott!« Er redet freundlich mit seiner Seele und erinnert sie an die Wahrheiten Gottes.

Wie der Psalmist dürfen wir das, was auf unserem Herzen ist, vor Gott ausschütten. Unsere Seele darf sich aussprechen wie ein kleines Kind.

In meinen eigenen Krisenzeiten merkte ich, dass es immer zwei Birgits zu geben schien: Es gab den einen Teil in mir, der um die Wahrheiten Gottes wusste und an ihnen festhielt. Der sich sicher war, dass Gott mein Leben in seiner Hand hielt. Aber da gab es auch einen anderen Teil in mir, der einfach nur verängstigt, wütend oder verwirrt war und der das alles nicht begreifen konnte. Es gibt einen Grund für all unsere Gefühle. Und wir dürfen alles zu Gott bringen und unser Herz bei ihm ausschütten.

4. Stabilisierende Routine
Ich achte auf eine Routine und Struktur, die mich stabilisiert.

Während meiner Therapie gab es Tage, an denen ich morgens nicht wusste, woher ich die Kraft nehmen sollte, aufzustehen und die anstehende Arbeit zu bewältigen. Doch ich musste sie erledigen und die Kinder versorgen. Einerseits ist es wichtig, sich die Zeit zum Klagen und zur Trauer zu nehmen. Doch genauso wichtig ist es, eine gewisse Routine beizubehalten, denn sie stabilisiert. Meine Arbeit, so schwer sie mir auch fiel, half mir, mich im Hier und Jetzt zu gründen.

Wir sollten Extreme meiden. Für die Trauerarbeit brauchen wir Raum und Zeit, aber wir sollten auch nicht in unserem Leid versinken. Wir bewältigen die Krise nicht schneller, wenn wir besonders viel und intensiv trauern. Viel hilft nicht viel. Genauso wenig sollten wir uns in Arbeit flüchten, um den Schmerz nicht spüren zu müssen. Doch eine normale Routine stabilisiert und hilft uns, aus emotionalen Löchern herauszuklettern.

5. Unterstützende Freunde
Ich brauche Freunde, die mich tragen.

Vielleicht ist dies der wichtigste Punkt von allen. Wir sollten nicht alleine durch eine notvolle Zeit gehen. Gerade dann brauchen wir Menschen, die uns tragen. Gemeinschaft. Freunde, »sichere Menschen«.

Während meiner Krisen lernte ich es, Freunde anzurufen und zu sagen: »Mir geht es nicht gut!« Dann schüttete ich der Freundin mein Herz aus und bat sie, mit mir zu beten. Oder sagte: »Mir geht es so schlecht. Kann ich direkt vorbeikommen? Bitte hilf mir!« Das zu sagen, hat mich viel Überwindung gekostet.

Wie geht es Ihnen, wenn Sie hören: »Ich weiß nicht mehr weiter: Bitte hilf mir!«? Können Sie diese Worte aussprechen? Vielleicht hilft es Ihnen, sich selbst in die entsprechende Lage zu versetzen: Was würden Sie tun, wenn ein Freund Sie anrufen und bitten würde, ihm zu helfen? Genau! Natürlich würden Sie – wenn es irgend möglich ist – alles stehen und liegen lassen, um Ihrem Freund beizustehen. In einer Krise dürfen Sie es lernen, selbst um Hilfe zu bitten.

In einer schweren Zeit musste ich eine Entscheidung fällen. Doch wie ich die Argumente auch drehte und wendete, ich konnte mich nicht entscheiden. Ich hing emotional zu sehr durch. Deshalb rief ich eine Freundin an. Obwohl sie das Haus voller Besuch hatte, sagte sie: »Komm sofort vorbei!« Für eine Stunde überließ sie ihre Großfamilie sich selber und half mir, Dinge zu bedenken, die ich gar nicht im Blick hatte. Sie unterstützte mich darin, eine mir angemessene Entscheidung zu treffen. Das hätte ich alleine nicht hinbekommen und auch mein Mann konnte mir in dieser speziellen Situation nicht helfen.

6. Vergeben
Ich lerne, zu vergeben.

Wenn die Krise, in der wir uns befinden, von Menschen ausgelöst wurde, bietet uns Jesus mit der Möglichkeit der Vergebung einen einzigartigen Weg in die Freiheit. Egal, was uns widerfahren ist und wie viele Menschen an uns schuldig wurden: Über den Weg der Vergebung können wir zurück ins Leben treten. Wir können verhindern, dass das Unrecht und die Verletzung nicht nur unsere Gegenwart, sondern auch unsere Zukunft enorm belasten, sogar zerstören.

Vergebung ist ein Prozess. Das ist auch richtig so. Es ist wie das Durchqueren einer Schlucht. An der einen Stelle klettert man aufwärts, an der anderen Stelle abwärts, dann springt man über einen Bach oder läuft am überhängenden Fels gebückt entlang. Nur so kommt man tatsächlich wohlbehalten am Ende der Schlucht an. Ausschließlich zu klettern oder zu springen oder gebückt zu laufen, würde nur einem Teil des Geländes entsprechen und könnte sogar gefährlich werden.

So kann es zu Beginn des Vergebungsprozesses wichtig sein, den Schmerz und die Verletzung zuzulassen und nicht zu entschuldigen oder kleinzureden (»Ach, das war doch gar nicht so schlimm!«). In dieser Phase ist es in Ordnung, Wut und Entsetzen zu empfinden. Es geht zunächst darum, sich darüber klar zu werden, was passiert ist, was es uns gekostet hat und was es zu vergeben gibt. In dieser Phase könnte es sein, dass wir das Gefühl haben: »Das ist so schlimm, dass ich es nicht vergeben kann!«

Wenn wir ehrlich vor Gott sind, mit Freunden und geistlichen Begleitern darüber sprechen und wenn wir Gott bitten, in uns die Bereitschaft zur Vergebung zu bewirken, verwandelt er nach und nach unser Inneres. Eine große Hilfe im Vergebungsprozess ist auch die Aussage der Bibel, dass Gott dereinst recht richten wird. »Die Lehre vom Gericht Gottes ist etwas, was uns hilft, nicht bitter zu werden, wenn wir Jesus in dieser gefallenen Welt dienen«, sagt Ajith Fernando. »Wir tragen in uns einen Gerechtigkeitssinn, der uns sagt, dass das Gute belohnt und das Böse bestraft werden sollte. Wenn wir das Gegenteil davon erleben, fühlen wir uns mit unserem Zorn im Recht. Aber wir brauchen keine Verbitterung zu erleben, die bloß unsere Freude zerstört und uns im Dienst Gottes unbrauchbar macht. Traurigerweise kämpfen viele aufrichtige Diener Gottes mit schwerer Wut wegen der Ungerechtigkeiten, deren Opfer sie augenscheinlich sind. Das macht sie zu emotionalen und geistlichen Krüppeln. Sie müssen sich in Erinnerung rufen, dass das letzte Kapitel ihres Lebens noch nicht geschrieben wurde.«[29]

Eine große Hilfe im Vergebungsprozess ist die Aussage der Bibel, dass Gott dereinst recht richten wird.

Irgendwann kommt dann der Zeitpunkt, an dem man spürt: Nun ist es gut. Ich habe genug getrauert, mich genug aufgeregt. Genug.

Während einer Stille-Auszeit schrieb ich die Namen derer auf, die mich verletzt hatten. Man kann nicht »der Gemeinde« vergeben, sondern nur konkreten Menschen, denn ich wurde nicht von der Gemeinde verletzt, sondern von konkreten Menschen. Das war eine ganz wichtige Erkenntnis für mich. Mehrere Tage lang schaute ich immer wieder auf die Namenszettel und fragte Jesus: »Herr, und nun?« Und Jesus begegnete mir. Er zeigte mir in dieser Phase, dass Vergebung nicht bedeutet: »Schwamm drüber. War doch gar nicht so schlimm! Stell dich doch nicht so an!« Er sagte vielmehr: »Mein Blut. Mein Leben. Ist dies genügend Ausgleich für dein Leid?« Er erinnerte mich daran, dass er beim Jüngsten Gericht recht richten wird

29 Ajith Fernando, *Aus Tränen werden Sterne. Freude und Leid in der Nachfolge Jesu*, SCM Hänssler, S. 77.

und dass ich deshalb nicht richten muss. Und er zeigte mir meine eigene Sündhaftigkeit. Ich war doch selber in meinem Leben schon oft schuldig geworden und lebte von Gottes Gnade. Irgendwann kam der Zeitpunkt zu sagen: »Ja, Herr. Ich lasse los. Ich vergebe. Ich gebe alles aus der Hand, was ich den Menschen vorhalten könnte.«

Wenn ich einmal vergeben habe, treffe ich anschließend täglich die Entscheidung, bei der Vergebung zu bleiben. Mich nicht mehr auf Rachefantasien einzulassen. Nach und nach auch »passive Rache« aufzugeben – also mich nicht mehr über schlechte Nachrichten der anderen zu freuen oder über gute Nachrichten zu ärgern. Ich übe es ein, die anderen zu segnen und ihnen Gutes für ihr Leben zu wünschen. Warum? Weil das der einzige Weg ins Leben ist. Sowohl für die, die mich verletzt haben und die Gott genauso liebt wie mich, als auch für mich selbst. Alles andere würde mein Leben zerstören. Gott meint es gut mit mir und deshalb hat er diesen genialen, wenn auch zunächst schweren Weg der Vergebung erfunden.

Vergebung ist nicht dasselbe wie Versöhnung. Ich kann Unrecht vergeben, ohne dass der andere Einsicht in sein Fehlverhalten hat und ohne dass er mich um Verzeihung bittet. Vergebung ist ein Prozess in meinem Herzen und unabhängig von dem Verhalten des anderen. Das ist bei Versöhnung und Wiederherstellung jedoch anders. Zur Versöhnung gehören Einsicht, gegenseitiges Verzeihen und Wiederherstellung bzw. Erneuerung der Vertrauenswürdigkeit.[30]

7. Eigene Ressourcen entdecken

Die eben ausgeführten sechs Punkte helfen, eine Krise zu bewältigen. Darüber hinaus verfügt jeder von uns über persönliche Bewältigungsstrategien, die spezifisch sind und genau für uns passen. Wir alle sind unterschiedlich. Finden Sie daher selbst heraus, wie Ihre eigenen Ressourcen aussehen.

---

30 Wenn jemand das Thema Vergebung vertiefen möchte, empfehle ich das Quadro von Kerstin Hack: *Vergebung lernen. Die Kunst, innerlich frei zu leben*, Down to Earth Verlag.

Impuls:
1. Fragen Sie sich: Welche Stürme und Krisen habe ich in meinem bisherigen Leben schon durchgestanden? Was hat mir bei der Bewältigung meiner letzten Krise geholfen? Was hat mich damals am meisten gestärkt?
Spüren Sie diesen Fragen nach und schreiben Sie die Antworten Punkt für Punkt auf. Sammeln Sie wenn möglich zehn Punkte. Die Strategien, die Ihnen in der Vergangenheit geholfen haben, werden Sie in dieser oder einer kommenden Krise ebenso stärken. Das sind Ihre persönlichen Ressourcen!
2. Das nächste Mal, wenn Sie sich inmitten einer Krise befinden und einen besonders furchtbaren Tag hatten, blicken Sie zurück. Fragen Sie sich: »Wie habe ich es geschafft, einen solch schlimmen Tag zu haben? Was habe *ich* dazu beigetragen?« Natürlich ist dieser Tag auch durch die Umstände so schrecklich geworden. Vielleicht hat sich Ihr rebellierender Teenagersohn wieder unmöglich verhalten. Oder Ihr Kollege hat erneut Lügen über Sie verbreitet. Selbstverständlich hat das Ihren Tag enorm beeinflusst.
Als Menschen haben wir jedoch die Tendenz, in Krisen automatisch auf die Umstände zu blicken und darin die einzige Ursache für unser Leid zu sehen. Das ist aus zweierlei Gründen problematisch: Zum einen können wir die Umstände nicht oder nur begrenzt beeinflussen. Zum anderen ist dies tatsächlich meist nur ein Teil der Wahrheit. Wir gestalten unser Leben aktiver, als wir das oft annehmen, blenden das aber aus.
Führen Sie die gleiche Übung an einem überraschend guten (oder zumindest weniger schlimmen) Tag durch. Sie haben sich heute viel besser gefühlt als sonst, obwohl sich an den Umständen wenig oder nichts geändert hat. Fragen Sie sich: »Was habe ich heute anders gemacht als sonst? Wie habe ich es geschafft, den Tag positiv zu gestalten? Was habe ich dazu beigetragen, dass er gut (oder weniger schlimm) war?«
Wenn Sie diesen Fragen nachspüren, lernen Sie Ihre ganz eigenen, hilfreichen Strategien und auch Ihre ganz persönlichen Fallgruben kennen.

Brunnen im Tränental – Segen inmitten der Krise

Während unserer Kinderlosigkeits-Krise kam ich eines Morgens in meiner Bibellese zu Psalm 84. Dort heißt es: »Glücklich sind die Menschen, die in dir ihre Stärke finden und von Herzen dir nachfolgen. Wenn sie das Tal der Tränen durchqueren, wird es ihnen zu einem Ort erfrischender Quellen, und der Frühregen bedeckt es mit Segen« (6-7; NLB). Als ich diese Verse las, horchte ich auf und staunte: In einer Krise, in einem Tränental, sollten also Segnungen verborgen sein, die es nur dort gab. Ich begann, anders zu beten: »Herr, es soll nicht mehr mein einziger Wunsch sein, aus dieser Krise schnell wieder herauszukommen. Wenn es stimmt, dass du Gutes in diese Krise gelegt hast, dann will ich mit deiner Hilfe Brunnen entdecken und bauen.«

> Wenn es stimmt, dass du, Herr, Gutes in diese Krise gelegt hast, dann will ich mit deiner Hilfe Brunnen entdecken und bauen.

Folgendes sind die Brunnen, die ich im Tränental meiner Krisen entdeckt habe:

1. Große Nähe zu Jesus

Zu Beginn einer jeden Krise verspürte ich zunächst eine Distanz zu Gott. Ich war ärgerlich auf ihn und dachte: »Herr, das kann doch wohl nicht wahr sein! Ich verstehe das nicht. Warum lässt du das nur zu?«

Doch letztlich hat mich jede Krise näher zu Gott gebracht. Die Tagebücher meiner Krisenzeiten sind dreimal so dick wie normalerweise. Das liegt daran, dass ich mir dann besonders viel Zeit zum Beten und Reflektieren nehme. Ich brauche Gott ganz existenziell.

Während der Gemeindekrise hielten Wolfgang und ich, unserer Gewohnheit gemäß, morgens unsere Stille Zeit. Ich saß unten im Wohnzimmer und Wolfgang zwei Stockwerke höher in unserem Schlafzimmer. Fast jeden Morgen passierte es, dass entweder ich die Treppen hinaufrannte oder Wolfgang zu mir herunterkam. Gott hatte uns ein unglaublich passendes Bibelwort geschenkt, einen Zusammenhang aufgezeigt, uns tief in unserem Herzen berührt und so ermutigt und aufgerichtet. Wir konnten es kaum erwarten, dem anderen davon zu erzählen!

Worte der Bibel wurden uns auf eine Art lebendig, wie wir es in guten Zeiten eher selten erleben. Jesus war da. Er war uns nah. Es schien uns, als würden wir Seiten an unserem Gott kennenlernen, von denen wir zuvor zwar gewusst hatten, die wir aber erst jetzt wirklich erlebten. Und so fand punktuell inmitten dieser Krise eine Umkehrung statt: Wir verspürten tiefes Glück, Erleichterung und Geborgenheit in den Armen unseres Papas im Himmel. Immer wieder empfanden wir in unserem Herzen: Es wird gut werden. Wie auch immer. Er ist da und hält seine Hand über uns.

2. Die Erfahrung: Jesus trägt mich zu hundert Prozent

Ein weiterer Brunnen, den ich entdeckte: Wenn ich nicht mehr weiterkann, trägt Jesus mich durch. Ja, an einigen Stellen in der Bibel mutet Jesus seinen Jüngern unglaublich viel zu. Da fahren sie über einen See und ein Sturm zieht auf. Petrus fühlt sich überfordert und meint: »Damit kommen wir alleine nicht klar. Da muss Jesus uns helfen.« Doch wie reagiert Jesus? Er weist ihn zurecht und sagt: »Du Kleingläubiger!« Jesus wünscht sich sturmerprobte Jünger.

Doch andere Bibeltexte betonen eine andere Seite Jesu. An einem Morgen beschäftigte ich mich in meiner Stillen Zeit mit dem Gleichnis vom verlorenen Schaf. Während ich diesen Text mehrmals langsam und laut las, wurde mir klar, dass ich mich genau wie dieses Schaf fühlte: verzweifelt, verfangen, völlig überfordert und verängstigt. Doch ich erlebte, dass Jesus mich fand. Dass er mich auf seine Schultern nahm. Und ich spürte: Hier bin ich sicher. Völlig sicher! Ich muss dafür nichts tun. Ich darf mich einfach von meinem Jesus tragen lassen. Er sagte nicht: »Du Kleingläubige! Reiß dich doch zusammen!« Nein, ich war völlig in seiner Hand und durfte zu hundert Prozent loslassen und mich tragen lassen. In mir wuchs das Wissen: Was auch immer passiert – bei Jesus bin ich sicher. Bei Jesus wird alles gut. Wie auch immer. In den Armen Jesu ist der eine Ort, wo ich nicht bedroht bin. Niemand kann mir mein Leben mit Jesus nehmen.

Immer wieder Jesus so persönlich und existenziell in der Begegnung mit seinem Wort zu erleben – das war mir ein Brunnen im Tränental.

3. Gottes Freundlichkeit durch Freunde erleben

Häufig tröstete oder ermutigte mich Jesus durch meine Freunde, durch Einladungen, Telefonanrufe, E-Mails, Karten, Briefe, Blumen. Meine Freundin Vera schrieb mir einige Zeilen von Rainer Maria Rilke: »… und ich möchte Sie, so gut ich es kann, bitten, Geduld zu haben gegen alles Ungelöste in Ihrem Herzen und zu versuchen, die Fragen selbst lieb zu haben wie verschlossene Stuben und wie Bücher, die in einer fremden Sprach geschrieben sind. Forschen Sie jetzt nicht nach Antworten, die Ihnen nicht gegeben werden, weil Sie sie nicht leben könnten. Und es handelt sich darum, alles zu leben. Leben Sie jetzt die Fragen. Vielleicht leben Sie dann allmählich, ohne es zu merken, eines fernen Tages in die Antwort hinein.«

Ich spürte: Ja, ich darf jetzt die Suche nach Antworten loslassen und stattdessen mit meinen Fragen vor Jesus sein. Das Gedicht löste in mir die Hoffnung aus, dass mir die Antwort eines Tages geschenkt werden würde.

Einige Tage nachdem wir die Gemeinde verlassen hatten, klingelte der Postbote an unserer Haustür und überreichte mir ein großes Paket. Ich öffnete es und fand einen wunderschönen Blumenstrauß. Auf der beigefügten Karte stand: »Von ganzem Herzen grüßen die Geschwister aus Cuxhaven, die Weggemeinschaft, im Jahre 2008 nach Christus die Geschwister Birgit und Wolfgang Schilling in Köln und ermahnen sie frei nach Paulus, den Mut nicht sinken zu lassen und die lebendige Hoffnung, die durch Jesus fest in ihnen verankert ist, nicht aufzugeben, damit sie eines Tages zusammen die Krone erhalten werden. Eure Weggemeinschaft.«

Tränen liefen mir die Wangen herunter und ich spürte förmlich ein Stück Heilung und Trost in mir aufsteigen. Ja, das wollte ich doch!

Bis zu meinem Lebensende meine Hoffnung nicht wegwerfen. Mein Leben mit Jesus stark beenden. Gemeinsam mit meinen Freunden einmal vor ihm stehen.

4. Hoffnung und Freiheit inmitten der Bedrängnis

Es gibt ein Bibelwort, das mich durch meine drei Krisen getragen hat. Zeitweise habe ich Gott jeden Tag daran erinnert. Es ist der Vers aus Römer 8,28: »Eines aber wissen wir: Alles trägt zum Besten derer bei, die Gott lieben« (NGÜ). Das heißt doch: Alles, was mir geschieht, muss mir zum Besten dienen. Das ist einfach so. Es darf mich nicht zerstören. Das sagt mir Gott zu.

Und dann betete ich: »Herr, ich erwarte, dass das auch dieses Mal so ist. Dass das die tiefere Realität hinter den vordergründigen Tatsachen ist. Meine Aufgabe ist es, dich zu lieben mit all meiner Kraft. Und deine Aufgabe ist es, dafür zu sorgen, dass auch diese Not und dieser Schrecken zu meinem Besten beitragen müssen.« Jedes Mal, wenn ich dieses Gebet sprach, verspürte ich inmitten der Bedrängnis eine unglaubliche Freiheit. Ich wusste: Ich bin nicht in der Hand von Menschen! Ich bin letztlich in Gottes guter Hand. Und er wird die Situation nutzen, um Gutes wachsen zu lassen. Das kann gar nicht anders sein!

Ich wusste: Ich bin nicht in der Hand von Menschen! Ich bin letztlich in Gottes guter Hand. Und er wird die Situation nutzen, um Gutes wachsen zu lassen.

Gott verfolgt in jeder Krise die Absicht, alles zu meinem Besten nutzbar zu machen. Was aber ist das Beste? Es ist im Vers 29 beschrieben: »Er (der Vater) … hat vorgesehen, dass ihr ganzes Wesen so umgestaltet wird, dass sie seinem Sohn gleich sind. Er ist das Bild, dem sie ähnlich werden sollen« (NGÜ). Hier sind wir wieder bei dem Thema dieses Buches: Heiligung, Charakterformung, Reife, Jesus ähnlich werden. In diesen beiden Versen sagt Gott uns zu, dass er jeden Umstand dazu benutzen will, um dieses Ziel in uns voranzubringen.

Ajith Fernando sagt: »Wenn Christen etwas Schreckliches zustößt, mögen sie weinen und seufzen – sie mögen wütend über all die Ungerechtigkeit werden und sogar mit Gott hadern. Aber tief in ihrem Herzen ist eine Wahrheit, die schließlich ihre Reaktion auf das Problem beeinflusst – die Wahrheit, dass Gott selbst diese schreckliche Sache in etwas Gutes verwandeln wird.«[31]

5. Eine Chance zur Veränderung

Wir wollen Jesus ähnlicher werden. Und Jesus sagt uns zu, dass er jede Situation dazu nutzen möchte. In Krisen steckt das Potenzial zu sprunghaftem und besonders großem Wachstum – jenseits dessen, was wir zuvor für möglich gehalten haben.

In Notzeiten wird sichtbar, was sowieso ist. Da wird nichts Neues in uns produziert, sondern das, was ist, tritt deutlich zutage. Als Jesus gefangen genommen wurde, blieb er dennoch innerlich ruhig und gelassen. In ihm waren keine schmerzlichen Lebensthemen verborgen, die sich in dieser Situation mit Macht Bahn brachen. Alle Anschuldigungen von außen prallten an ihm ab, weil sie nicht auf Verletzungen, eine verzerrte Identität, einen Mangel oder eine Suche nach Anerkennung und Zugehörigkeit trafen.

Bei uns Menschen ist das anders. In Krisen leiten uns die erlernten Bewältigungsstrategien der Vergangenheit und Lebenswunden brechen erneut auf. Das ist schmerzlich. Einerseits. Doch andererseits bietet sich uns nun auch die Chance, diese Wunde, die wir in der Krise erneut spüren, Gott zur Heilung hinzuhalten. Denn solche Lebenswunden bewirken Verhaltensmuster und Haltungen, die im normalen Leben zwar verborgen sind, uns dennoch latent die Lebendigkeit rauben.

Silber und Gold werden im Feuer geformt. In der Krise fühlen wir uns wie im Feuer. Aber gerade dann will Gott uns in seinem Sinne formen. Eine meiner lähmenden Lebenslügen lautet: »So, wie

---

31 Ajith Fernando, *Aus Tränen werden Sterne. Freude und Leid in der Nachfolge Jesu*, SCM Hänssler, S. 41.

ich bin, bin ich nicht okay.« In normalen Zeiten spüre ich diese Lüge wenig. Doch durch die diffuse Kritik während der Gemeindekrise platzte diese alte Wunde wieder mit Macht auf. Das war einerseits sehr schmerzhaft, doch andererseits bot sich mir die Chance, dieser Lüge Gottes Wahrheit entgegenzuhalten. Immer wieder ließ ich mir von betenden Freunden tief in mein Herz die Worte Gottes zusprechen: »Ich habe dich gut und richtig gemacht.« Ich bat Gott, die Hitze zu nutzen, um sein gutes Werk in meinem Leben zu vollbringen.

Alles muss uns zum Besten dienen. Gott arbeitet während einer Krise ganz konkret an unserem inwendigen Menschen, um uns zu verwandeln und Leben freizusetzen. Damit das jedoch geschehen kann, ist es unglaublich wichtig, klar zu sehen, dass die eigentliche Schlacht während einer Krise in unserem Herzen stattfindet. Ein Mentor sagte zu uns: »Nichts ist für Gott wichtiger, als unseren Charakter zu prüfen. Diese Krise ist eine solche Prüfung! Gott möchte euch für den Himmel vorbereiten. Die allerwichtigste Sache ist: Wie reagiert ihr in dieser Krise in eurem Herzen?« Im Feuer der Krise wird der Charakter geformt. Tag für Tag.

> Die eigentliche Schlacht während einer Krise [findet] in unserem Herzen statt.

Wenn ich Ausschau nach Brunnen im Tränental halte, leugne ich nicht, dass die Krise schwer und an manchen Tagen unglaublich schmerzhaft ist. Dass wir solche Brunnen finden, lässt auch nicht den Schluss zu, dass Gott mitunter auf schlechtes Verhalten von Menschen angewiesen wäre, um sein Charakterwerk an uns zu vollbringen. Ganz und gar nicht.

Es bedeutet vielmehr, dass bei Gott eine Umkehrung stattfindet. Das, was mein Herz zerstören könnte, kann durch und mit ihm dazu beitragen, dass mein Charakter gestärkt wird. Bei denen, die Gott lieben, muss einfach alles zum Guten dienen. Als Josefs Vater Jakob starb, sagte Josef seinen verängstigten Brüdern: »Ihr gedachtet, es böse mit mir zu machen, aber Gott gedachte es gut zu machen« (1. Mose 50,20). Starke Menschen halten in der Krise an dieser Wahrheit fest.

Gemeindekrisen

Alle Krisen erleben wir Menschen als bedrohlich. Eine Gemeindekrise jedoch wird als besonders beängstigend empfunden, weil sie auf so vielen Ebenen unseren tiefen Überzeugungen widerspricht. Das, was wir eigentlich im Blick auf Gott und die Gemeinde glauben, und das, was wir erleben, passt nicht zusammen.

> Eine Gemeindekrise wird als besonders beängstigend empfunden, weil sie auf so vielen Ebenen unseren tiefen Überzeugungen widerspricht.

- Wir glauben an einen allmächtigen Gott, der auf der Seite des Rechts steht. Wie aber kann dieser Gott Unrecht inmitten seiner Gemeinde zulassen? Warum nur greift er nicht ein und lässt für alle sichtbar werden, wenn Menschen versuchen, sich mit Lügen und Unrecht durchzusetzen?
- Wir sagen, dass man uns Christen an der Liebe untereinander erkennen und dass unser Verhalten von Gottes Art geprägt sein soll. Während der Gemeindekrise jedoch zeigen manche Gemeindemitglieder bösartiges, unfaires, egoistisches und hinterlistiges Verhalten, das sich in keinster Weise von dem Verhalten »in der Welt« unterscheidet.
- Wir wissen uns von Gott in einen bestimmten Dienst in der Gemeinde gerufen. Er hat uns diesen Auftrag gegeben und wir fühlen uns an ihn gebunden. Wenn das Ausleben unserer Berufung aufgrund der Gemeindeentwicklung nicht mehr möglich ist, löst dies eine tiefe Verunsicherung aus.

In Gemeindekrisen prallen entgegengesetzte Meinungen aufeinander. Wie aber können wir uns in diesem Sturm orientieren und gute Entscheidungen treffen?

Bleiben Sie nicht alleine. Suchen Sie sich frühzeitig Berater, die Sie begleiten. In einer Krise schwankt alles. Ich habe gemerkt, dass man sich dann nicht mehr darauf verlassen kann, Gottes Stimme klar wahrzunehmen. Oft hören wir in solchen Situationen, was wir hören wollen und uns in unserer Sichtweise bestärkt. Daher brauchen wir den Blick und Rat von außen. Wir brauchen die andere Sichtweise, Ermutigung und konkrete Hilfe.

Inmitten unserer Gemeindekrise las ich die Geschichte von Jesus und dem sinkenden Petrus auf dem See (vgl. Matthäus 14,22-33). Jesus gibt seinen Jüngern einen, wie sich später herausstellt, unmöglichen Auftrag. Er treibt sie an, ins Boot zu steigen und ans andere Ufer zu fahren, während er auf einem Berg beten möchte. Er schickt sie also quasi in den Sturm. Die Jünger sind gehorsam und folgen Jesu Anweisung. Doch es scheint in einer Katastrophe zu enden.

Was mögen die Jünger während ihres Kampfes auf dem See gedacht haben? Vermutlich der eigenen Persönlichkeit und Geschichte gemäß ganz Unterschiedliches. Der eine vielleicht: »Wir haben doch alles genau so gemacht, wie Jesus es uns aufgetragen hat! Da schickt er uns doch tatsächlich in den Sturm und macht sich selber aus dem Staub. Wie egoistisch von Jesus, jetzt beten zu wollen.« Ein anderer: »Jesus hat uns den Auftrag gegeben, also muss es gehen. Wenn wir uns nur noch mehr anstrengen, dann werden wir es schaffen. Es MUSS gehen, weil er uns doch den Auftrag gegeben hat.« Oder: »Bestimmt habe ich wieder ein entscheidendes Wörtchen – vielleicht die Richtung, in die wir rudern sollten – nicht mitbekommen. Ich Schussel! Bestimmt habe ich wieder einen Fehler gemacht. Ich bin schuld.« Vielleicht auch: »Also, wenn Jesusnachfolge so aussieht, dann ohne mich. Nein, so habe ich mir Nachfolge wirklich nicht vorgestellt! Wo ist Jesus denn, wenn wir ihn am dringendsten brauchen?«

Solche und ähnliche Gedanken und Erklärungsversuche mögen in den Köpfen der Jünger gewesen sein. Kommen sie der Wahrheit nahe? Erklären sie die Begebenheit? Nein, den Sinn verstehen wir erst, wenn wir die Geschichte bis zum Ende lesen. Eine Antwort auf das Warum bekommen wir, wenn wir sie als Ganzes und im Zusammenhang mit der persönlichen Lerngeschichte eines jeden Jüngers sehen. Petrus erhält einen besonders anschaulichen Unterricht, als er versucht, auf dem Wasser zu gehen. Und am Ende erleben alle Jünger ein großartiges Wunder Jesu mit. Sie fallen vor ihrem Herrn nieder und beten ihn an. Anbetung Jesu ist das Ziel. Das ist immer Gottes Ziel.

Als ich diese Geschichte damals täglich las, schrieb ich in mein Tagebuch: »Ich fühle mich wie diese verstörten, verzweifelten Jünger im Sturm. Ich verstehe Gott und die Welt nicht mehr. Meine Gefühle stehen kopf. Doch ich erahne, dass die Geschichte noch nicht zu Ende geschrieben ist. Dass wir dereinst dieses Teilstück gemeindlicher und auch persönlicher Geschichte einordnen können werden. Dass es einmal einen Sinn ergeben wird. Und dass Anbetung das Ziel ist.« Diese Tagebucheintragung liegt nun drei Jahre zurück.

Erklärt Gott uns die Frage nach dem Warum einer Krise? Ja und nein. Nein, denn viele Fragen bleiben unbeantwortet. Auch heute noch können wir im Blick auf die Gemeindekrise vieles nicht verstehen. Manche Zusagen Gottes scheinen unerfüllt geblieben zu sein. Auch als wir noch kinderlos waren, hatten uns Leute im Namen Jesu zugesagt, dass Gott uns leibliche Kinder schenken würde. Doch wir haben keine leiblichen Kinder bekommen.

Dennoch kann ich diese Frage auch von ganzem Herzen mit Ja beantworten. Ja, ich bin davon überzeugt, dass Gott mir auf die Frage nach dem Warum antwortet. Ich bin davon überzeugt, dass Gott mir während der Krise und nach einer Krise immer so viel erklären und zeigen wird, wie ich brauche, um ihm erneut vertrauen zu können. Er kennt mein Herz und überfordert mich nicht. Das ist meine persönliche Erfahrung in allen drei Krisen.

Ich bin davon überzeugt, dass Gott mir während der Krise und nach einer Krise immer so viel erklären und zeigen wird, wie ich brauche, um ihm erneut vertrauen zu können.

In der Narnia-Erzählung von C. S. Lewis versteht Lucy nicht, warum etwas Bestimmtes mit ihrem Bruder Edward passiert ist. Sie fragt den Löwen Aslan, der für Jesus steht, nach dem Warum. Aslan sagt ihr, dass er ihr darauf keine Antwort gibt, denn: »Ich erkläre jedem nur seine eigene Geschichte.« Das bedeutet für mich: Ich brauche die mir unverständliche Seite des anderen nicht zu verstehen. Das geht mich gar nichts an. Sie ist eine Sache zwischen Gott und ihm.

Aber Gott lässt mich über *meine* Geschichte nicht im Dunkeln. Er ist der große Seelsorger und kennt mich genau. Nein, wir werden meistens keine rational einleuchtende Erklärung von Gott im Hinblick auf das Warum einer Krise erhalten. Doch wir können ihn bitten: »Herr, bitte zeige mir doch kleine Puzzlesteine, die einen Sinn ergeben. Bitte erkläre du mir meine Geschichte. Lass sie mich ein wenig verstehen können.« Ich glaube, dass er uns darauf ganz persönlich antwortet. So habe ich es in meinen Krisen erlebt.

Heute, drei Jahre nach der Gemeindekrise, habe ich schon viele Puzzlesteine gesammelt. Die ersten schenkte Gott mir bereits, als wir noch mittendrin steckten. Seitdem sammele ich weiter. Die Verarbeitung des Ganzen ist noch nicht abgeschlossen. Auch gestern konnte ich wieder ein Puzzlestück finden. Bei schönstem Sommerwetter feierten wir im Rhein die erste Taufe, und einige Menschen erzählten davon, wie sie durch und in unserer jungen Gemeinde zum Glauben an Jesus Christus gefunden haben und in seiner Nachfolge gewachsen sind. Heute erkenne ich also auch Brunnen *nach* dem Tränental. Ich bekomme Geschenke, Segnungen, Freuden, Einsichten, die nur aufgrund unseres Scheiterns möglich wurden.

Nach der Krise ist vor der Krise

Während einer Tagung stellte ich die Frage: »Wer von euch kann sagen, dass er durch Krisen Lektionen für sein Leben gelernt hat, die er ohne diese nicht gelernt hätte? Wer sieht heute im Rückblick gute Frucht aufgrund einer Notzeit? Steht doch bitte einmal auf!« Etwa 80 Prozent der Leute standen auf. Nur noch wenige saßen auf ihren Stühlen.

Sie alle konnten das bezeugen, was ich in diesem Kapitel beschrieben habe: Krisen sind Wachstumszeiten. Unfreiwillige Wachstumszeiten – ja. Keiner von uns würde sie freiwillig wählen und doch dienen sie dem Ziel, dass wir in unserem Glauben und Leben erstarken.

Vermutlich befinden wir uns alle vor der nächsten Krise. Schwere Zeiten sind Teil unseres Lebens. Je tiefer wir im Vertrauen auf

Gott leben, umso argloser und unbeschwerter können wir dennoch im Heute leben. Bill Hybels sagte während einer Konferenz, dass Gemeinden im Schnitt alle sieben Jahre durch eine Krise gehen. Ob diese Zahl auch auf unser persönliches Leben zutrifft? Vielleicht.

Eines scheint mir klar: Die Fähigkeit, Krisen zu bewältigen, ist von Lebensstrukturen und Charaktereigenschaften abhängig, die wir mit Gottes Hilfe *vor* der Krise etabliert und eingeübt haben. Eine Notzeit eröffnet ein Fenster in das System eines Menschen. Sie zeigt, an welchen Stellen wir mit Gottes Hilfe unser Fundament gut gebaut haben und an welchen Stellen es schwach ist.

> Die Fähigkeit, Krisen zu bewältigen, ist von Lebensstrukturen und Charaktereigenschaften abhängig, die wir mit Gottes Hilfe *vor* der Krise etabliert und eingeübt haben.

Die sogenannte Resilienzforschung beschäftigt sich mit den Faktoren, die Menschen unbeschadet oder gar gestärkt durch Krisen gehen lassen. Das Wort »Resilienz« kommt ursprünglich aus der Materialforschung und bezeichnet die Fähigkeit eines Stoffes, nach einem Schlag wieder in seine ursprüngliche Form zu gelangen. Auch in Notzeiten zeigt sich, wie wir mit »Schlägen« umgehen und ob wir dauerhaft verwundet bleiben. An welchen Stellen ist Ihr Lebensfundament stark? Wo eher schwach? Wie könnten Sie die schwachen Bereiche bereits jetzt für eine Krise stärken?

Nach einer Krise ist es wichtig, wieder voll ins Leben zu treten. Die Gefahr besteht, stehen zu bleiben, zu stagnieren, zu resignieren. Bitter zu werden und sich in Zukunft an dieser Stelle vor Leid schützen zu wollen. Die Krise ist ein Trauma gewesen und unser emotionales System setzt alle Hebel in Bewegung, um uns vor etwas Ähnlichem zu bewahren. Nach einer Beziehungskrise ist es verständlich zu sagen: »Ich lasse keinen Menschen mehr nahe an mein Herz.« Auf Dauer jedoch verhindert das Beziehungen. Verletzt zu werden ist schlimm. Aber noch viel schlimmer ist es, schon als Lebender tot zu sein und die Krisenverletzung und -vermeidung zum Lebensmotto zu machen. Es ist eine Herausforderung, nach jeder Krise dahin zu kommen, zu sagen: »Herr, ich gehe weiter. Ich vertraue mich dir mit meinem ganzen Leben an. Ich vertraue dir auch im Bereich … (Ehe, Gemeinde, Freundschaft, Beruf …). Ich wage es wieder mit dir.«

Ich kann Menschen verstehen, die nach einer Gemeindekrise in keine Gemeinde mehr gehen wollen. Sie möchten weiter mit Gott leben, aber nicht mehr in dem System, in dem sie so sehr verletzt worden sind. Ich habe in der Beratung Menschen begleitet, die so traumatisiert waren, dass sie Jahre des Abstands brauchten, um wieder heil zu werden. Menschen, die es als große Befreiung erlebten, zunächst einmal ohne Gemeinde leben zu dürfen.

Genauso erging es Wolfgang und mir nach unserem Gemeindeaustritt. Über Monate trauerten und verarbeiteten wir das Erlebte. Doch dann entschieden wir uns, wieder Teil einer verbindlichen Gemeinschaft zu sein. Wir taten es, weil wir davon überzeugt waren und sind, dass es auf Erden keine bessere Alternative gibt. Meine Vorbilder leben alle innerhalb einer Gemeinschaft oder Gemeinde.

Nein, es gibt keine Garantie, dass wir in unserer neuen Gemeinde keine Krise erleben werden. Das Leben ist ein Risiko. Auch in Bezug auf die Nachfolge und den Gemeindedienst. Doch der Christus, der beim letzten Mal in der Lage war, mich durch diese Krise zu tragen und mich zu heilen, der wird es auch beim nächsten Mal können. Dessen bin ich mir ganz sicher. Selbst das Schlimmste brauche ich heute nicht zu fürchten.

> Das Leben ist ein Risiko. Auch in Bezug auf die Nachfolge und den Gemeindedienst.

Die größte Gefahr wäre für mich, in der »Enttäuschungs-Vermeidungshaltung« zu verharren und das Leben in seiner Fülle an mir vorbeiziehen zu lassen. Ich habe mich jedoch entschieden zu glauben, dass Gottes Idee von Gemeinde genial ist. Wir Menschen haben mit der Umsetzung ab und zu Schwierigkeiten, aber das ändert nichts an der Tatsache, dass die Grundidee durch und durch gut ist. Er hat uns mit der Gemeinde ein Geschenk gemacht und uns eingeladen, in Gemeinschaft unser Leben zu teilen und im Glauben zu wachsen.

Am Ende der eingangs erwähnten Dünenhoftagung hörte ich folgenden Kommentar immer und immer wieder: »Birgit, seit deiner letzten Tagung hier vor zwei Jahren ist eine neue Qualität in dir gewachsen. Du hast dich verändert: Du bist wärmer, nahbarer und weiser geworden!« Ungläubig schaute ich jedes Mal in das Gesicht des Feedbackgebers. Im Bruchteil einer Sekunde liefen wie in einem Zeitraffer schwere Momente der letzten Jahre an meinem inneren Auge vorbei. Und dann strahlte ich denjenigen an und jubelte innerlich auf. Ja! Denen, die Gott lieben, muss auch eine Krise zum Guten mitwirken! Es ist wirklich wahr!

Wir wachsen gerade in und durch Krisen. Das, was wir nicht verändern können, verändert uns. Im Rückblick sehe ich ganz deutlich, wie ich gerade in und durch meine Lebenskrisen gewachsen bin, sodass ich Gott heute von Herzen für diese Frucht danken kann.

6. Reife

Von der Freude, Jesus immer ähnlicher zu werden

Bei der bereits erwähnten amerikanischen Umfrage wurden Christen befragt, wie man geistliche Reife erlangen kann. 81 Prozent der Befragten gaben zur Antwort: »Man muss sich sehr darum bemühen, die biblischen Regeln und Anweisungen zu befolgen.« Nach dem Motto: Wenn ich mich so richtig anstrenge und all das tue, was Gott von mir will, dann ist geistliche Reife die Folge. Sie entsteht also durch *mein* Tun. Letztlich hängt es von mir ab.

Im Kapitel »Das Training« betonte ich, dass es im Blick auf unser geistliches Wachstum ein Wechselspiel von Gottes Segen und Handeln auf der einen Seite und unserer Anstrengungsbereitschaft und unserem Tun auf der anderen Seite gibt. In mehreren Bibelstellen beschreibt Paulus dieses geheimnisvolle Miteinander von Gottes Wirken und unserem Tun. So schreibt er im Kolosserbrief, dass er sich abmüht und in der Kraft dessen ringt, der in ihm kräftig wirkt (vgl. Kolosser 1,29). Doch wo beginnt das Mühen des Paulus, wo hört es auf, und wo setzt die Kraft Gottes ein? Dieses Zusammenwirken scheint Paulus gar nicht mehr trennen zu können, weil er die beiden Seiten fest miteinander verbunden erlebt.

Ich würde mich gerne von dem Ergebnis der oben erwähnten Reife-Umfrage distanzieren, doch wenn ich ehrlich bin, ist mir diese Haltung, dass geistliche Reife von meinem Tun abhängt, sehr vertraut. Von meiner christlichen Prägung und Persönlichkeit her bin ich so gestrickt, dass ich meine aktuelle Situation stark in Beziehung zu dem sehe, was *ich* dafür getan habe. Wenn ich ein Ziel vor Augen habe, frage ich sofort: »Was muss *ich* tun, um dieses Ziel zu erreichen?« Wenn ich scheitere, gebe

Wenn ich ein Ziel vor Augen habe, frage ich sofort: »Was muss *ich* tun, um dieses Ziel zu erreichen?« Wenn ich scheitere, gebe ich in der Regel mir die Schuld.

ich in der Regel mir die Schuld. Ich suche nach Fehlern. Ich habe vor allem die Seite vor Augen, die mit *meinem* Tun in Zusammenhang steht.

Vermutlich bin ich nicht von ungefähr Coach und Beraterin geworden. Denn was macht man im Coaching? Ich unterstütze meine Klienten, eigene Ziele zu formulieren und konkrete Schritte auf dieses Ziel hin zu gehen. Immer wieder geht es um genau die Frage, was *er, der Klient,* innerhalb des eigenen Einflussbereiches tun kann, um dieses Ziel zu erreichen.

Wenn Sie erneut in das Kapitel »Das Training« sehen, werden Sie trotz meiner einleitenden Worte, in denen ich das Zusammenwirken von Gott und mir im Blick auf Wachstum betone, einen Schwerpunkt auf *meinem* Tun bemerken. Schon der Titel entlarvt eindeutig diese Schlagseite.

Vor wenigen Wochen wurde ich diesbezüglich jedoch (erneut) aufgerüttelt. Ich kam von einer einwöchigen, angeleiteten Schweige-Klausur zurück. Während dieser Zeit war ich ganz neu von meinem Herrn Jesus Christus ergriffen worden. Er hatte sich mir so vertraut gemacht, dass mein Herz auch jetzt, während ich diese Zeilen in den Laptop tippe, übersprudelt. Ich bin so voll von diesem Erlebnis, dass ich dieses letzte Buchkapitel am liebsten komplett mit den Worten füllen möchte: »Suchen Sie Jesus Christus! Suchen Sie Jesus. Nur ihn! Suchen Sie Jesus Christus!« *Er* ist die Antwort auf all Ihre Fragen, auf all Ihr Suchen, auf all Ihre innere Not, auf jede bedrängende Angst, auf alle Unruhe und Sorgen. Sie brauchen nichts weiter für Ihr Leben als nur Jesus Christus!

Ich kam also von meiner Stillewoche als die absolut Beschenkte zurück. Welche Aspekte des Trainings hatte ich in dieser Zeit bewusst in den Blick genommen? An welchen Stellen hatte ich an mir und meinem Charakter gearbeitet? Welche Ziele zur Veränderung hatte ich mir gesetzt? Keine. Stattdessen hatte ich den Eindruck: Außer wegzufahren und offen für Jesus Christus zu sein, habe ich nichts gemacht. Tag für Tag nahm ich Gottes Geschenke in Empfang: beglückende, schwere, offensichtliche und verborgene Geschenke. Am Ende der Woche konnte ich sehen, wie sorgsam und liebevoll Jesus mich durch einen inneren Prozess geführt hat. Wenn ich die Eintragungen in meinem Tagebuch lese, staune ich. Lieder, Bibelworte, Träume, Andachten, innere Bilder, die leise Stimme Gottes in meinem Herzen und Eindrücke während Spaziergängen bauten aufeinander auf. Diese Zeit war ein Liebeswerben meines Gottes und ich war zu hundert Prozent die Beschenkte, die nichts weiter tat, als diese Geschenke entgegenzunehmen.

Ich erlebe also Wachstum und Reife als etwas, das zwar nicht unabhängig von mir geschieht, das jedoch zugleich und viel stärker ein Geschenk Gottes an mich ist. Wir alle können dieses Geschenk letztlich nur in Empfang nehmen, wenn wir uns ihm öffnen und ihm Raum geben. Denn er ist der Geber.

Widerspreche ich gerade dem, was ich in den Kapiteln »Das Dilemma« und »Das Training« schrieb? Wenn man den üblichen Regeln der Logik folgt, vermutlich. Doch ich ahne, dass die Logik des Glaubens eine andere ist. Dort scheinen zwei entgegengesetzte Pole nebeneinanderstehen zu können und beide sind wahr. Diese Spannung gilt es auszuhalten und nicht aufzulösen. Ich bin von meiner Natur aus nicht gut darin – ich möchte am liebsten alles anpacken, in Schubladen einordnen, mit meinem Verstand erfassen. Doch so funktioniert mein Glaube an Gott nicht.

Jesus und seine Jünger

Jesus berief seine zwölf Jünger, um mit ihnen drei Jahre lang zusammenzuleben, sie mit seiner Art zu prägen und mit der neuen Wirklichkeit im Reich Gottes bekannt zu machen. Er wusste, dass sie einmal die Gründer und Säulen der Gemeinde sein würden. Deshalb stellte er einen Trainingsplan für sie zusammen, dessen Qualität uns heute, wo wir von den Vorteilen ganzheitlichen Lernens wissen, erstaunt. Jesus erwartete von seinen Jüngern, dass sie lernten und reiften. Doch in den Evangelien beobachten wir auch immer wieder, wie Jesus über die Reife und den Glaubensstand seiner Jünger zutiefst frustriert ist.

Da hatten die Jünger doch schon so viel mit ihm erlebt. Sie wussten, dass sie bei ihm völlig sicher waren. Doch dann saßen sie mit ihm in einem Boot. Jesus legte sich schlafen. Ein Sturm zog auf und die Jünger ängstigten sich zu Tode. Sie weckten ihn, weil sie überzeugt waren: Mit solchen Stürmen kann nur Jesus fertig werden! Wie aber reagierte Jesus? Sagte er: »Richtig! In solch einem Sturm seid ihr völlig überfordert«? Nein, Jesus antwortete: »Ihr Kleingläubigen, warum seid ihr so furchtsam?« (vgl. Matthäus 8,26). Er erwartete mehr Glauben, mehr geistliche Reife.

In der Beziehung zwischen Jesus und Petrus können wir in besonderer Weise beobachten, wie sorgsam Jesus Menschen in einen Reifungsprozess hineinnimmt. Jesus lässt Petrus Erfahrungen machen, wertet Erlebnisse mit ihm aus, weist ihn zurecht, nimmt ihn zu besonders schwierigen und beglückenden Erlebnissen mit, damit er lernen kann. Und wir können die unglaubliche Liebe Jesu darin erkennen, dass er Petrus bereits vor seiner Verleugnung seine zukünftige Wiederherstellung zusagt (vgl. Lukas 22,32). Petrus soll erkennen, dass Jesus viel größer ist als sein Versagen. Und dass er selbst dann, wenn sein Selbstbild bröckelt, nicht verzweifeln muss, sondern weiterglauben kann.

Jesus lässt Petrus Erfahrungen machen, wertet Erlebnisse mit ihm aus, weist ihn zurecht, nimmt ihn zu besonders schwierigen und beglückenden Erlebnissen mit, damit er lernen kann.

Doch Jesus erwartete von seinen Jüngern auch zunehmende Reife: Er wollte, dass sie ihren Umgang miteinander verändern, sich lieben, anstatt ängstlich zu fragen, wer denn nun der Größte sei. Sie sollten belastbar werden und an das glauben, was sie mit Gottes Hilfe tun können, gleichzeitig erkennen, dass sie ohne die Vergebung und Heilung Jesu völlig verloren sind. Jesus selber ist die Vision für seine Jünger. Sie sollten darin wachsen, so zu werden wie er, Jesus.

In Kolosser 1,28 erklärt Paulus, was das Ziel seines Auftrags ist: »… einen jeden Menschen in Christus vollkommen machen.« Sein Predigen, Reisen, Schreiben, Ermahnen, Lehren hatte immer dieses eine Ziel: Menschen in Christus vollkommen zu machen. Als Jude gebrauchte Paulus das hebräische Wort *tamim*, das »ganz und ungeteilt sein« bedeutet. Ganzheitlich, ungeteilt leben und glauben, das motivierte Paulus in seinem Dienst.[32] In Galater 4,19 drückt er es so aus: »… bis Christus in euch Gestalt gewinnt!« Darum geht es. Das ganze Sein soll von Christus durchdrungen werden.

Was kennzeichnet reife Jesusnachfolger?

In der eingangs erwähnten Umfrage herrschte unter Kirchgängern und Pastoren zwar große Einigkeit darüber, dass geistliche Reife anzustreben sei, doch gleichzeitig war sich niemand im Klaren darüber, was genau sie überhaupt anstreben sollten. Was also ist geistliche Reife?

Geistliche Reife verändert den ganzen Menschen. Sie verwandelt tiefe Herzenshaltungen bzw. Überzeugungen und auch unser Verhalten.

Veränderte Herzenshaltungen und Überzeugungen

Ich bin überzeugt: Ein reifer Jesusnachfolger …

1. lebt aus der Liebe Gottes,
2. lebt ungeteilt und ganzheitlich,
3. weiß: Auf dem Weg sein ist das Ziel,
4. erkennt seine Sehnsucht nach dem Himmel und stillt sie bei Jesus.

1. Ein reifer Jesusnachfolger lebt aus der Liebe Gottes.

Das Leben aus der Liebe Gottes ist der Dreh- und Angelpunkt unseres Lebens, das tiefste Fundament, auf dem wir stehen. Daran entscheidet sich alles. Wie war das bei Jesus?

Bevor Jesus mit seinem öffentlichen Wirken auf dieser Erde begann, ließ er sich von Johannes taufen. Als er aus dem Wasser stieg,

---

32 Diesen Aspekt vertieft Thomas Härry in seinem Buch: *Das Geheimnis deiner Stärke*, SCM R.Brockhaus, Seite 16-17.

hörte er die Worte seines Vaters im Himmel: »Du bist mein geliebter Sohn, an dir habe ich große Freude!« (vgl. Matthäus 3,17). Damit gibt der Vater im Himmel seinem Sohn Antworten auf Fragen, die uns als Menschen ständig umtreiben: »Wer bin ich? Bin ich auch wirklich angenommen und geliebt? Gehöre ich dazu?« Zu einem Zeitpunkt, da Jesus noch kein einziges Wunder getan, noch keine Predigt gehalten hatte, sagte der Vater im Himmel seinem Sohn: »Jesus, ich möchte, dass du eines ganz sicher weißt und nie vergisst: Ich habe dich lieb! Du gehörst zu mir! Du bist mein Sohn! Das ist deine Identität: mein geliebter Sohn zu sein! Wenn ich auf dich schaue, dann freue ich mich! Du löst eine solche Freude in mir aus, einfach weil du du bist!«

Diese Zusage des Vaters bildete die Grundlage des Dienstes Jesu. Ihm ging es nicht darum, von Menschen Liebe, Anerkennung und Wertschätzung zu erhalten – denn er hatte sie schon bekommen! Sein Fundament war die Liebe des Vaters. Wenn Jesus sich in die Stille zurückzog, dann hörte er erneut auf diese Worte der Wertschätzung. Und auch auf dem Berg der Verklärung hörten Jesus und drei seiner Jünger: »Dies ist mein geliebter Sohn, an dem ich meine Freude habe« (vgl. Matthäus 17,5). Das war und das sollte immer wieder die Basis im Leben Jesu sein.

Schon kurz nach Jesu Taufe versuchte der Teufel, ihm dieses Fundament zu zerstören (vgl. Matthäus 4): »Jesus, du bist der, der Steine in Brot verwandeln kann! Du bist der, der sich vom Tempel hinabstürzen kann! Du bist der, vor dessen Macht sich andere beugen!« Im Grunde sagte der Teufel: »Du bist das, was du tust!« Aber Jesus wusste es besser: Er war nicht das, was er tat! Er war Gottes inniglich geliebter Sohn!«[33]

Sein ganzes Leben über weigerte sich Jesus, die Identitäten anzunehmen, die man ihm anbot. Stattdessen lebte er aus seiner Identität in Gott heraus: Er war geliebt und hatte alles, was er existenziell zum Leben brauchte, schon in seinem Vater im Himmel gefunden. Des-

Sein ganzes Leben über weigerte sich Jesus, die Identitäten anzunehmen, die man ihm anbot.

33 Diese Gedanken wurden von Henri Nouwens Büchern inspiriert, vor allem von dem Buch: *Seelsorge, die von Herzen kommt*, Herder.

halb war Jesus frei: frei, er selbst zu sein, frei, Menschen wirklich absichtslos zu dienen, und frei, seinen Auftrag zu erfüllen. Wenn Menschen ihm zujubelten – er war der Geliebte. Wenn Menschen ihn ablehnten – er war der Geliebte. Wenn sie ihn einen Gotteslästerer nannten – er war der Geliebte.

Ein reifer Jesusnachfolger lebt zunehmend ebenso als ein Geliebter Gottes. Er macht seine Identität nicht mehr an den äußeren Umständen fest. Seit dem Sündenfall sind wir nämlich ganz anders gestrickt: Wir knüpfen das Empfinden der Liebe Gottes meist an unsere aktuellen Umstände, und da diese sich ständig ändern, ändert sich bei uns entsprechend das Gefühl, von Gott geliebt zu sein oder nicht:

- Ich bin befördert worden. Gott liebt mich.
- Ich finde keine passende Gemeinde, wo ich mich wohlfühle. Gott liebt mich nicht.
- Ich bin schwanger. Nach zwei Söhnen werden wir eine Tochter bekommen. Gott liebt mich.
- Meine Waschmaschine ist nach nur fünf Jahren kaputtgegangen. Gott liebt mich nicht.
- Das Ferienhaus ist schöner als erwartet. Gott liebt mich.
- Wir hatten auf der Fahrt in den Urlaub keinen Stau. Gott liebt mich.
- Ich bin krank und trotz Gebet wird es nicht besser. Gott liebt mich nicht.
- Mein Ehepartner ist schwierig, und obwohl ich so viel bete, ändert sich nichts. Gott liebt mich nicht.[34]

Reife Jesusnachfolger vertrauen darauf, dass Gott es gut mit ihnen meint. Immer. Ihre Umstände werden nicht zum Prüfstein, ob Gott sie nun liebt oder nicht. Das steht nicht (mehr) zur Debatte. Sie wissen ganz tief um diesen Boden der Liebe Gottes, auf dem sie stehen. Seine Liebe ist die Brille, durch die sie alles sehen: Erfolge und

34 Inspiriert durch Wayne Jacobsen, *Geliebt! Tag für Tag in der Zuneigung des himmlischen Vaters leben*, GloryWorld-Medien.

Misserfolge. Gelingen und Nichtgelingen. Das vermeintlich Gute und vermeintlich Schlechte. (Wie oft ist es gar nicht so leicht zu sagen, was langfristig gut bzw. schlecht ist.) Dass Gott sie liebt, das wissen sie nicht nur, sondern sie spüren es in ihrem Herzen.

Impuls:
Wie stark ist bei Ihnen das Erleben der Liebe Gottes mit den äußeren Umständen verknüpft? Wenig, mittel oder stark?
Was hätten Sie für sich und Ihr Leben gewonnen, wenn Sie Gottes Liebe unabhängiger von den Umständen erleben könnten?
Wann haben Sie sich schon einmal inmitten von widrigen Umständen völlig von Gott geliebt und getragen gefühlt?
Bitten Sie Gott, Ihnen ein ganz persönliches Bibelwort oder Bild seiner Liebe zu schenken.

2. Ein reifer Jesusnachfolger lebt ungeteilt und ganzheitlich.

Beim Lesen dieses Buches wird Ihnen auffallen, dass Ihnen zwei Birgits begegnen. Da ist zum einen die Birgit, die begeistert, zuversichtlich, stark und kompetent das ein oder andere Modell und Zusammenhänge aufgezeigt hat. Und dann sind Sie ganz erstaunt, wenn Ihnen in manchen Beispielen eine ganz andere Birgit zu begegnen scheint. Das hätten Sie gar nicht erwartet. Diese ist manchmal ängstlich und unsicher.

Von sich selber kennen Sie vermutlich diese Diskrepanz. Die innere Unsicherheit ist Ihnen vertraut. Doch bei anderen hätten Sie diese gar nicht vermutet! Doch ich kann Ihnen versichern: Jeder kennt und erlebt diese Diskrepanz.

Gott hat uns ursprünglich ungeteilt geschaffen. Im Paradies lebten Adam und Eva in inniger Gemeinschaft mit Gott, miteinander und mit sich selbst. Damals gab es noch nicht diese Spaltung innerhalb der Seele, wo der eine Teil sagt: »Du musst … (mehr Bibel lesen, abnehmen, weniger Fernsehen …)!«, und der andere Teil antwortet: »Ich will aber nicht.« Es gab keine Feindschaft im Menschen zwischen seinen Gefühlen, seinem Denken, seinen Überzeugungen. Er war ganz. Er war mit sich selbst verbunden. Wie anders leben wir heute nach dem Sündenfall.

Auf den unterschiedlichsten Ebenen erleben wir die Spaltung, die Trennung. In uns und um uns herum. Geistlich zu reifen bedeutet, wieder ganz(er) zu werden. So, wie Gott uns ursprünglich gedacht hat. Verbunden. Mit uns selbst und mit Gott. Es bedeutet auch, heil(er) zu werden, sodass unsere Beziehungen zu anderen, zu Gott, zu uns selbst gelingen.

> Geistlich zu reifen bedeutet, wieder ganz(er) zu werden. So, wie Gott uns ursprünglich gedacht hat.

Als Kind einer christlichen Familie habe ich immer eine tiefe Spaltung wahrgenommen: Es gab in meinem Leben eine geistliche Welt und eine normale bzw. ungeistliche. Zu der geistlichen Welt gehörten meine gläubige Familie und unsere Baptistengemeinde. Zu der ungeistlichen oder normalen Welt der Rest meines Lebens: meine Schulfreunde, die Schule, der Musikunterricht, die Nachbarn – das restliche Leben eben. Schon als Kind wechselte ich ständig zwischen diesen beiden Welten hin und her. Immer schaute ich misstrauisch und kritisch von der jeweils einen Seite auf die andere. Wenn ich mich gerade in der »Welt« befand, schämte ich mich für meine komische Gemeinde und empfand sie als Sekte. Fragte man mich dann, zu welcher Kirche ich gehörte, murmelte ich etwas von »freievangelisch«. Ich war so froh, dass das Wort »evangelisch« vorkam, denn das verlieh dem Ganzen ein wenig Normalität.

Dann wiederum lebte ich in meiner geistlichen Welt: Ich empfand meine Gemeinde wie eine Großfamilie und liebte sie. Dort hatte ich Freunde, die »glaubten und wie wir waren«. Von dieser Seite aus schaute ich kritisch auf die »Welt«. Ich betete für die Errettung der Nichtchristen, brachte jedoch in ihrer Gegenwart kein Zeugnis über meine Lippen, denn da schämte ich mich ja für meinen Glauben.

> Ich betete für die Errettung der Nichtchristen, brachte jedoch in ihrer Gegenwart kein Zeugnis über meine Lippen, denn da schämte ich mich ja für meinen Glauben.

In den letzten zehn Jahren hat Gott mich in einen Prozess hineingeführt, an dieser Stelle ganzheitlicher zu werden. Ich bin noch auf dem Weg, aber beobachte beglückt, dass ich diese Spaltung heute nur noch selten spüre. Als ich vor Kurzem zum Beispiel eine Nachbarin besuchte, die sehr bedrückt und ängstlich war, weil der Ehemann schwer erkrankt war, sagte ich mitten im Gespräch: »Wenn es dir recht ist, würde ich gerne für dich und deinen Mann beten.« Dieser Vorschlag entsprach zutiefst dem, was ich in dem Moment fühlte. Ich wollte dieses Anliegen vor meinen großen Gott bringen. Ich tat das nicht, um krampfhaft ein Zeugnis für Jesus zu sein, sondern ich tat in dem Moment einfach das, was in meinem Herzen war. Ich kenne Jesus als den Tröster und Heiland. Also konnte ich nicht anders, als ihr anzubieten, diese Not vor Gott zu bringen.

Solche Erlebnisse habe ich immer öfter. Ich freue mich sehr über diese Befreiung. Heute mag ich auch Menschen, die nicht oder anders glauben. Ich fühle mich in ihrer Nähe wohl und kann ihnen nahe sein.

Ein reifer Christ unterteilt sein Leben also nicht mehr in sein geistliches und sein sonstiges Leben. Er weiß: Alles ist von Gott geheiligt. Das bedeutet: Das ganze Leben ist ein Gottesdienst. Alles, auch und gerade meine normale Arbeit. In der Bibel kann ich keine Bewertung in Bezug auf »geistliche« und »ungeistliche« bzw. »normale« Arbeit entdecken. Es gibt da keine Spaltung, wie wir sie oft vornehmen, nach dem Motto: »Gemeindearbeit ist besonders geistlich und die normale Arbeit ist ein wenig niedriger zu bewerten.« Oder: »Die geistlichste Arbeit ist der vollzeitliche Gemeindedienst und normale Arbeit ist nicht ganz so geistlich.«

Adam und Eva erhielten von Gott den Arbeitsauftrag, den Garten Eden zu bebauen und zu bewahren. Gartenarbeit wurde also von Gott geheiligt! Natürlich stellt sich für uns alle die Herausforderung, unsere Arbeit auch tatsächlich in dieser Haltung der Hingabe zu tun: wenn wir Wäsche waschen, Windeln wechseln, im Supermarkt einkaufen, Patienten beraten, Autos montieren, Zimmer anstreichen, Artikel schreiben, Predigten halten, kellnern, Gärten pflegen, was auch immer – alles ist geistlich.

Impuls:
Nehmen Sie Jesus ganz bewusst in Ihre nächste Woche mit hinein. Beten Sie während Ihres Arbeitstages, während des Einkaufs, beim Putzen, beim Entspannen, beim Sport, vor dem Fernsehen, beim Sex, beim Schminken, Duschen, auf der Toilette. Sagen Sie einfach: »Jesus Christus, du bist jetzt da. Danke dafür.« Wie fühlt sich das für Sie an? Wo fällt es Ihnen leicht anzuerkennen, dass Jesus dabei ist? Wo fällt es Ihnen schwer?
Unser gesamtes Leben soll nach Römer 12,2 ein Gottesdienst sein. Wählen Sie eine Tätigkeit von ca. 15-30 Minuten aus, die Sie regelmäßig ausüben, und versuchen Sie sie täglich so zu tun, als würden Sie Jesus damit anbeten. Das kann Kochen, Büro- oder Gartenarbeit, Vorlesen oder sonst etwas sein. Was ändert sich in Ihrer Wahrnehmung, wenn Sie diese Tätigkeit als Anbetung Jesu betrachten?

3. Ein reifer Jesusnachfolger weiß: Auf dem Weg sein ist das Ziel.

Bei allem Streben und Ausstrecken nach Wachstum spürt ein reifer Christ jedoch auch eine Gelassenheit darüber, dass er da ist, wo er ist, und dass er niemals alles zu hundert Prozent verinnerlicht haben wird. Wieder einmal weiß er um zwei Pole, die versöhnt nebeneinander bestehen dürfen und nicht aufgelöst werden müssen: Er streckt sich zwar nach mehr aus, lässt aber gleichzeitig auch das »Verändernwollen« los. Er beißt sich nicht in sein Training fest. Auch wenn nicht alles perfekt ist, verspürt er eine Grundzufriedenheit darüber, dass er ist, wo er ist. Es ist okay, unterwegs zu sein. Er weiß um die Zusammenhänge des »Jetzt schon« und »Noch nicht«: Mit Jesus hat »Gottes neue Wirklichkeit«, wie Roland Werner den Begriff »Reich Gottes« übersetzt[35], begonnen. Diese neue Wirklichkeit will

35 Roland Werner, *Das Buch. Neues Testament*, SCM R.Brockhaus.

uns durchdringen und heilen. Aber sie wird erst dann vollkommen sein, wenn Jesus wiederkommt. Das hat enorme Auswirkungen:

Ein reifer Christ muss nichts mehr verdrängen. Alles, was ist, darf sein. Alles. Er ist unverstellt er selbst. Er nimmt sich mit allen Stärken an. Ja, sein Gottes- und Menschenbild erlauben ihm, seine Fähigkeiten mutig einzusetzen. Er ist kein Wurm, der sich verkriechen muss, sondern weiß sich im Bilde Gottes geschaffen. Und genauso nimmt er sich mit seinen Macken und Schwächen an. Er akzeptiert das, was »gut und geistlich« ist (z.B. Freundlichkeit), genauso wie das, was eher in die Kategorie »schlecht und ungeistlich« fällt (z.B. Neid). Ein reifer Christ begegnet sich selbst so, wie Jesus sündigen Menschen begegnete: liebevoll, achtsam und wertschätzend. Er macht sich nicht mehr für Versagen oder Fehler nieder. Nichts, aber auch nichts, wird abgespalten, aus dem Blick Jesu entfernt, in den Keller verfrachtet, weggedrückt. Von daher muss ihm auch nichts mehr Angst machen. Denn alles darf sein. Er weiß: Nichts ist für Jesus zu groß. Keine seiner Sünden würde Jesus je überfordern und entsetzen. Ein reifer Christ sieht sich als zerbrochener Mensch, der im Prozess der Heilung steht. Bis an sein Lebensende.

Ein reifer Christ begegnet sich selbst so, wie Jesus sündigen Menschen begegnete: liebevoll, achtsam und wertschätzend.

Auf dem Weg zu sein bedeutet auch anzuerkennen, dass ich nur im Heute Gott begegnen kann. Als Mose Gott vor dem brennenden Busch nach seinem Namen fragte, antwortete dieser: »Ich bin, der ich bin« (vgl. 2. Mose 3,14). Wir können Gott nur in der Gegenwart begegnen. Das geistliche Leben ist eine Einbahnstraße. Wir können nie mehr zurück. Wir können nicht von den geistlichen Erfahrungen aus unserer Jugend und den letzten Jahren leben. So wie das Manna, das das Volk Israel in der Wüste ernähren sollte, am nächsten Tag verdorben war, so können wir heute nicht von dem Gotteswort von gestern leben.

Das geistliche Leben ist eine Einbahnstraße. Wir können nie mehr zurück.

Heute darf ich wieder neu vor diesem »Ich bin« stehen und ihm begegnen. Bis an mein Lebensende darf ich auf dem Weg bleiben. Langjährige Christen können auf ein reiches Leben, auf kostbare Erlebnisse mit ihrem Gott zurückschauen. Das ist wunderbar. Die Bibel fordert uns auch dazu auf, aus der Vergangenheit zu lernen und uns zu erinnern. Doch gleichzeitig ist es gefährlich zu glauben, irgendwann genügend Erfahrung und Wissen angesammelt zu haben und von den Erfahrungen von gestern leben zu können.

Ein reifer Jesusnachfolger fragt: »Wo ist Gott heute? Was will Jesus heute in meinem Leben tun? Wie will er mir heute begegnen?« Alles, auch die gestrige Erfahrung, ist »Dreck« (vgl. Philipper 3,8) im Vergleich zur heutigen Begegnung mit Christus. Geistliche Höhenflüge, Gottesbegegnungen und Konferenzerfahrungen der Vergangenheit sind gut. Doch heute geht es neu darum, wieder mit leeren Händen vor Christus zu treten und auf ihn zu warten. »Wer seine Hand an den Pflug legt und sieht zurück, der ist nicht geschickt für das Reich Gottes«, sagt Jesus (Lukas 9,62).

Während seines ganzen Erdenlebens kämpfte Jesus gegen vorgefasste Meinungen, Paradigmen, Richtigkeiten, Wissen an. Gegen die Dinge, in denen wir Menschen automatisch unsere Sicherheit suchen. Wie oft scheint Jesus verzweifelt einzufordern: »Und? Seht ihr, was ich sehe? Seid ihr überhaupt anwesend? Wie würdet ihr all das ohne eure frommen Schubladen beurteilen? Was seht ihr *hier und jetzt?*« Die einfachen Leute, die noch über keine frommen Schubladen verfügten, staunten, waren völlig präsent. Sie erkannten Jesus und priesen Gott. Die Frommen und Pharisäer aber (und wir, die wir schon länger im Glauben leben, haben mehr mit den Pharisäern gemein, als uns lieb ist) waren gar nicht bei der Sache. Sie waren so gefangen in ihren Überzeugungen, dass sie das wunderbare Handeln Gottes nicht erkannten. Als Jesus Kranke und Lahme heilte, jubelten die Kinder Jesus zu, doch die Pharisäer waren entsetzt (vgl. Matthäus 21,15-16).

Eugene Peterson überträgt Jesaja 43,18-19 in der englischen Bibelübersetzung *The Message* so: »Geh nicht immer wieder die alten Geschichten durch! Sei wach! Sei präsent. Ich bin doch gerade dabei, etwas Brandneues zu tun.« Merken wir überhaupt, wenn Gott etwas Brandneues tut? Jetzt und wieder jetzt und wieder jetzt?

Ein reifer Christ bleibt auf dem Weg. Er geht weiter, weil er weiß, dass er nur so Jesus nachfolgen kann. Er sehnt sich nach Gott, nach dem lebendigen Gott. Heute. Hier und jetzt. Sein Durst treibt ihn an. Er sagt mit Paulus: »Nicht, dass ich's schon ergriffen habe oder schon vollkommen sei: Ich jage ihm aber nach … Ich vergesse, was dahinten ist, und strecke mich aus nach dem, was vorne ist« (Philipper 3,12).

Impuls:
Was ist bei Ihnen stärker ausgeprägt: das Streben nach Wachstum und Veränderung oder die Gelassenheit über Ihren jetzigen Reifestand?
Wie könnten Sie das jeweils andere stärker in den Blick nehmen? Und wie noch?
Wann hat Gott schon einmal Ihre tiefen Überzeugungen erschüttert, sodass Sie diese über den Haufen geworfen haben? Welche Frucht erkennen Sie heute als Folge dessen?
Welche tiefen Überzeugungen dürfte Gott in Ihrem Leben auf keinen Fall erschüttern?

4. Ein reifer Jesusnachfolger erkennt seine Sehnsucht nach dem Himmel und stillt sie bei Jesus.

Jeder von uns kennt das Gefühl der inneren Leere, der tiefen Traurigkeit, der Sehnsucht. Manche Menschen leben ständig mit ihr, bei anderen meldet sie sich nur selten. Die einen spüren sie schon früh in ihrem Leben, andere bemerken sie erst jenseits der Lebensmitte. Es sind diffuse Gefühle verbunden mit Fragen wie: »Soll das alles gewesen sein? Was ist Sinn und Ziel meines Lebens? Was mache ich mit meinen unerfüllten Wünschen und Sehnsüchten? Was ist eigentlich los? Wo finde ich Orientierung?«

»Wenn ich in mir Sehnsüchte entdecke, die nichts in dieser Welt befriedigen kann«, sagte C. S. Lewis, »dann ist die einzige logische Erklärung dafür die, dass ich für eine andere Welt geschaffen wurde.«[36] Als Menschen sind wir eigentlich für das Paradies gemacht. Und das spüren wir, wenn sich diese Sehnsucht in uns meldet. »Der einzige Gottesbeweis, wenn es überhaupt einen gibt, ist der, dass nichts in der Welt unser Herz ausfüllen kann«, meint der Theologe Heinrich Kemner.

Im Paradies gab es keine Enttäuschung und keine Unzufriedenheit. Das menschliche Herz war stets freudig, hatte »Schalom«, wie der Hebräer es ausdrückt, war völlig zufrieden. Die Sehnsucht kam erst mit dem Sündenfall in die Welt. Mit der gesamten Schöpfung ersehnen wir uns seitdem die völlige Wiederherstellung, die Jesus dereinst schenken wird (vgl. Römer 8,22-23).

Es war für mich eine unglaubliche Erleichterung, als ich erkannte, dass ich meine Sehnsucht nicht bekämpfen muss, sondern dass Gott auf diese Weise um mein Herz wirbt. Und dass er meine Sehnsucht in der innigen Begegnung mit ihm stillt. Das habe ich zum Beispiel in meiner Schweigewoche erfahren. Gott weiß, dass wir nur in ihm tiefen Trost und völlige Zufriedenheit finden können. Diesen »Schalom« gibt es nirgendwo sonst auf dieser Welt.

Wenn uns diese Dimension nicht klar ist, stehen wir in der Gefahr, das empfundene Loch mit Dingen, Situationen und Menschen zu stopfen. Je mehr wir diesen Mangel und die Sehnsucht spüren, umso verzweifelter versuchen wir zu kriegen und zu stopfen. Dabei drehen wir uns immer mehr um uns selbst und merken doch, dass die Sehnsucht sich immer wieder erneut auf anderen Kanälen Bahn bricht. Alles, von dem ich meine, es außer Jesus existenziell zum Leben zu brauchen, führt mich zu meiner Himmelssehnsucht.

Vor mir sitzt ein Ehepaar. Der Ehemann erzählt davon, dass er tiefes Glück und Erfüllung nur in der sexuellen Begegnung mit seiner Frau erlebt. Allein dort fühlt er sich lebendig und im Frieden.

---

36 In: Brent Curtis, John Eldredge, *Ganz leise wirbst du um mein Herz. Wie Gott unsere Sehnsucht stillt*, Brunnen Verlag, S. 231.

Er berichtet von einem harten, lieblosen Elternhaus, von den ersten Lebensmonaten im Krankenhaus. Dieser Mann lebt mit einer unstillbaren Sehnsucht. Punktuell erlebt er Heilung in den Armen seiner Frau. Der Ehefrau geht es jedoch zunehmend schlecht damit. Sie spürt diese existenzielle Abhängigkeit ihres Mannes, die ihr die Luft zum Atmen raubt. Sie kann nicht sein Lebensodem sein.

Gott hat für keinen von uns vorgesehen, der Retter des anderen zu sein. Damit wären wir absolut überfordert. In unseren Ehen können wir einander auf dem Weg des Heilerwerdens begleiten und unterstützen. Doch retten kann nur Jesus. Er alleine ist der Retter der Welt.

Gott hat für keinen von uns vorgesehen, der Retter des anderen zu sein. Damit wären wir absolut überfordert.

Im Prozess des Reifens lerne ich es, die Sehnsucht in mir zu erkennen und an die Stelle zu bringen, wo sie alleine gestillt werden kann: bei Jesus Christus. Dies bringt mich zu der Frage nach meiner Spiritualität: Erlebe ich in meiner Glaubenspraxis, dass Christus diesen tiefen Teil in mir berührt? Meine Seele, mein Herz? Spüre ich in meiner Zeit mit Gott, wie sein Trost in mein Herz einzieht? Finde ich in Gottes Nähe zunehmend zum Ganzsein, zu »tamim«, Heilung? Wird meine Seele durch meine Spiritualität berührt?[37]

Spätestens in der zweiten Lebenshälfte merken wir, dass es mit einer Glaubenspraxis, die nur unseren Verstand erreicht, nicht mehr getan ist. Sie gibt uns nicht die Kraft, freudig zu leben und gelassen älter zu werden. Wir brauchen für unser Innerstes die Begegnung mit dem auferstandenen Christus. Heute und immer wieder. Wir brauchen Männer und Frauen, die mit zunehmendem Alter ihre Lebenssehnsucht in Christus verankern, die reifen und wachsen zu Müttern und Vätern, denen man abspürt, dass sie als ganze Personen zutiefst in Christus gehalten und getröstet sind.

37 Weiterführende Literatur: Thomas Härry, *Echt und Stark*, SCM R.Brockhaus und Thomas Härry, *Das Geheimnis deiner Stärke*, SCM R.Brockhaus.

Impuls:
Wann in Ihrem Leben haben Sie schon erlebt, dass Gott Sie tief in Ihrem Mangel und Ihrer Sehnsucht berührt hat? Was hat sich damals durch diese Erfahrung (eventuell vorübergehend) geändert?
Bei welchen Ihrer geistlichen Übungen/Rituale, bei welchen Freizeitaktivitäten, welcher Arbeit spüren Sie eine größere Nähe zu Gott und Ihrem eigenen Herzen? Welche Übungen und Aktivitäten verhindern dies eher?

Wenn Sie auf diese vier Kennzeichen reifer Jesusnachfolger blicken, erkennen Sie, dass die entscheidende Veränderung auf dem Weg zur geistlichen Reife im Inneren des Menschen geschieht: in seiner Seele, in seinem Herzen. Er wächst immer mehr in die Herzenshaltung Jesu hinein.

Diese Veränderung kann nicht durch Training erwirkt werden. Wie soll ich denn einüben, in der Liebe Gottes zu leben? Oder ganz und ungeteilt zu sein? Und zwar am besten donnerstags um 16 Uhr? Das geht nicht. Ja, ich kann Übungen in mein Leben integrieren, die diese Verankerung in Gottes Liebe fördern, aber bewirken kann ich sie nicht. Es ist so, wie Paulus in Römer 12,2 schreibt: »Lasst euch von Gott durch Veränderung eurer Denkweise in neue Menschen verwandeln« (NLB).

Lasst euch in neue Menschen verwandeln – das ist eine Aufforderung zum Passivsein. Etwas soll an uns geschehen. Wir können etwas dazu tun. Üben. Trainieren. Aber das Entscheidende tut Gott. Tief in unserer Seele. Da, wo wir Zusammenhänge nur erahnen und diffus erkennen, sieht er ganz klar, was er geschaffen hat: unseren Personenkern, unser Sein. Und das möchte er verwandeln und erneuern.

Die entscheidende Veränderung geschieht also im Inneren des Menschen. Doch von dort breitet sie sich aus und durchdringt alles: die Körperhaltung, den Gesichtsausdruck, die Stimme, das Verhalten. Früchte der inneren Wandlung kann man beobachten. Roland

Werner übersetzt Galater 5,22 so: »Der Einfluss des Gottesgeistes bringt in unserem Leben andere Handlungen und Einstellungen hervor, und zwar Liebe, Freude, Friede, Ausdauer, Freundlichkeit, Güte, Vertrauen, Bescheidenheit, Selbstbeherrschung« (DBU). Das sind alles Haltungen und Eigenschaften, die man konkret an einem Menschen wahrnehmen kann. Und so wird geistliche Reife immer auch nach außen hin sichtbar. Es ist gar nicht möglich, dies zu verhindern!

Und so wird geistliche Reife immer auch nach außen hin sichtbar.

Wie sehr ein inneres Heilsein alles verändert, habe ich in der Zeit nach meiner Schweigeklausur erlebt. Ich war wirklich ein veränderter Mensch. Wenn ich eine Woche nicht zu Hause war, sehe ich normalerweise, je näher ich unserem Heimatort komme, einen immer größeren Berg von Aufgaben vor mir, verbunden mit einer inneren Sorge und Anspannung: E-Mails – ich muss sie beantworten! Wer weiß, welche beruflichen Anfragen gekommen sind. Ich muss Telefonate führen. Zu Hause warten zwei ausgehungerte Männer auf mich. Der Kühlschrank wird völlig leer sein. Ich muss einkaufen. Wäscheberge türmen sich. Unruhe erfüllt mich.

Diesmal war es komplett anders. Es war Freitagnachmittag, als ich heimkam. Ich stellte meinen Koffer ab, setzte mich mit meinem Mann, der gerade von der Arbeit nach Hause gekommen war, ins Wohnzimmer, holte mein Tagebuch heraus und erzählte ihm zwei Stunden lang von dem, was ich mit Gott in dieser Woche erlebt hatte. Ich öffnete Wolfgang mein Herz und Wolfgang war ganz Ohr und tief von dem berührt, was ich erzählte.

Am nächsten Morgen hatte ich in meiner Beratungspraxis eine Paarberatung. Dann fuhr ich in aller Ruhe zu Aldi, machte einen Großeinkauf und begann anschließend, die Wäsche zu sortieren. Währenddessen spürte ich Frieden in meinem Herzen. Überraschend kam unser Freund Tim, Mitglied des Leitungskreises unserer Gemeinde, vorbei. Ich empfand seinen Besuch nicht als Störung beim Abarbeiten meiner To-do-Liste (wie vielleicht sonst), sondern freute mich, dass er da war. Ich unterbrach meine Arbeit, setzte mich zu Wolfgang und ihm und erzählte erneut von meiner Woche. Wir saßen eine Stunde zusammen. Dann rief Kathi, meine 20-jährige Tochter, an und meinte nach wenigen Minuten: »Mama, du bist so chillig!«

Ja, ich war »chillig«. Meine Mails las ich erst zwei Tage später. Ich erlebte mich im »Schalom« Gottes. Ich spürte eine große innere Klarheit darüber, was ich wollte und was nicht. Ich war ganz bei dem, was ich tat. Dabei arbeitete ich in einem guten Tempo, ohne zu hetzen oder mich anzutreiben. Nichts machte mir Sorgen und alles war gut. Ich fühlte mich zutiefst lebendig und frei.

Nun fragen Sie sicherlich: Und? Ist es heute noch so? Drei Monate später? Nein, das ist es nicht mehr. Leider. Aber es ist auch nicht so wie vorher. Es hat sich einiges geändert. Und eines weiß ich: Ich will aus der Gottesbegegnung heraus verändert werden. Von innen her. Das ist die Dimension, in der ich leben möchte. Mein Tun, mein Sein, egal, was ich mache: ob ich die Wäsche falte, ein Team supervidiere, ein Paar berate oder um den See jogge – ich möchte es in dem Schalom Gottes tun. Ich habe einen Schatz gefunden und frage mich gerade, was ich verkaufen muss bzw. darf, um diesen Schatz zu bewahren.

Geistliche Reife wächst im Inneren des Menschen. Aber dort bleibt sie nicht. Sie dringt nach außen und wird für andere sichtbar. Sie erhält ihren Ausdruck im Hier und Jetzt. Ob Sie als Mensch und in der Beziehung zu Jesus tatsächlich wachsen, ob Ihr Glaube wirklich Ihr Sein verändert, können diejenigen am besten beurteilen, mit denen Sie am nächsten zusammenleben: Ihr Ehepartner, Ihre Freunde, Ihre Arbeitskollegen, Ihre Kinder.

Geistliche Reife wächst im Inneren des Menschen. Aber dort bleibt sie nicht. Sie dringt nach außen und wird für andere sichtbar.

Diese Tatsache lässt mich gerade innerlich aufstöhnen. Denn heute Morgen hätte ich so wunderbar geistlich reif in den Tag gehen können, wären da nicht mein Sohn und Ehemann gewesen. Mit der kommenden Geschichte verliere ich vermutlich wieder meinen Heiligenschein, sollten Sie ihn mir während der letzten Seiten aufgesetzt haben. Vor wenigen Tagen feierte Johannes, unser Sohn, seinen 18. Geburtstag. Mein Mann hat ihm u.a. eine Eintrittskarte zu einem Länderspiel gekauft, das heute Abend hier bei uns in Köln stattfindet.

Nun hat unser Sohn im Zuge seiner Geburtstagsfeiern zum Teil draußen gefeiert, und das nur mit einem T-Shirt bekleidet und bei kühlen Temperaturen. Zwei Tage später lag er mit einer Mandelentzündung im Bett und er kränkelt immer noch. Von daher war Wolfgang heute Morgen verständlicherweise enttäuscht, als ihm bewusst wurde, dass Johannes vermutlich nicht in der Lage sein würde, mit ins Stadion zu gehen. Er meinte, »wir« müssten doch dafür sorgen, dass sich der Junge in Zukunft wärmer anzieht. Ich bin da ganz seiner Meinung, sehe mich jedoch nicht in der Lage, meinem Sohn ständig mit Jacke und Mütze hinterherzulaufen. Zwei, drei schnippische Sätze sprangen zwischen uns hin und her und ... der Morgenfrieden war dahin. Die ganze Stille Zeit hatte ich daran zu knapsen.

»What would Jesus do?«, fragte ich mich. Wie könnte ein reifes Verhalten morgens um 6 Uhr in der Küche aussehen? Da bin ich doch noch gar nicht richtig wach! Ich nahm es dann, wie es war. Gründete mich in der Tatsache, dass Jesus mich dennoch liebt und in genau diesen Herausforderungen an meiner Seite ist. Bevor Wolfgang zur Praxis fuhr, konnten wir uns für unseren lieblosen Umgang entschuldigen und einander von Herzen einen guten Tag wünschen.

Doch zurück: Geistliche Reife äußert sich in beobachtbarem, reifen Verhalten. Zunehmende innere Stärke wird von anderen bemerkt: von Ihren Kindern, Ihren Freunden, dem Ehepartner, Ihren Mitarbeitern. Nein, Sie werden nicht perfekt sein, aber eine Tendenz zur Veränderung wird dennoch sichtbar werden. Ein erwachsener Glaube bleibt nicht in einem diffusen »geistlicheren Gefühl« stecken.

Vor ein paar Wochen bemerkte ich, dass ich auch in einem anderen Punkt Veränderung erfahren hatte. Jahrzehntelang hatte ich damit gehadert, dass ich als Jugendliche nach der mittleren Reife gegen den Rat meiner Eltern von der Schule abgegangen und Krankenschwester geworden war. Meine drei Geschwister hatten ein Hochschulstudium absolviert.

Als wir unsere drei Kinder adoptierten, wollte ich unbedingt, dass sie einmal das Abitur machen und studieren! Natürlich habe ich das so niemandem gesagt, aber insgeheim verfolgte ich dieses Ziel »mit viel Förderung«. Ich stand in Gefahr, meine Kinder zu missbrauchen, um meine vermeintlichen Defizite aufzufüllen. Doch im Laufe der Zeit erfuhr ich innere Heilung und fand ein Ja zu meinem Lebensweg. Erstaunt entdeckte ich, dass Gott mich gerade auf diese Weise dazu geführt hatte, Männer und Frauen dabei zu unterstützen, ihre Berufung zu finden und zu leben.

Dennoch freute ich mich, dass sich beide Töchter für ein Studium entschieden. Nach einem Jahr jedoch wurde Kristine klar, dass sie weder Freude am Studieren hatte noch die Aussicht auf den zukünftigen Beruf Begeisterung in ihr auslöste. Da meldete sich ein alter Wunsch in ihr: Hotelfachfrau. Sie begann ein Praktikum im Hotel und hörte sich am Telefon Abend für Abend quirliger, fröhlicher und lebendiger an, als es im vergangenen Jahr jemals der Fall gewesen war. Der Hoteldirektor gab ihr ein überwältigendes Feedback. Noch nie hätte er so viele positive Bemerkungen über eine Praktikantin gehört. Sollte sie sich zu einer Ausbildung entschließen, würde er eine weitere Ausbildungsstelle für sie einrichten.

Kristine rief mich an und fragte: »Mama, was rätst du mir? Was soll ich tun?« Natürlich hatte sie von klein auf mit jeder Pore ihres Seins wahrgenommen, dass ihre Mama sich eigentlich ein Hochschulstudium für sie wünschte. Doch nun konnte ich von ganzem Herzen sagen: »Kristine, folge deinem Herzen! Du hast meinen ganzen Segen dazu!« (Den Segen ihres Papas hatte sie sowieso.) Ich freute mich über Kristines Mut und Entschlossenheit.

Dass ich so reagieren konnte, hat Jesus in meinem Leben bewirkt. Er hat mich an dieser Stelle heil werden und reifen lassen, sodass ich ganz an der Seite meiner Tochter sein konnte. Ich staune darüber, dass ich mit Jesus nicht nur »pädagogisch richtig« handeln konnte, sondern dass meine Reaktion wirklich ganz tief aus meinem

> Geistliche Reife: ein Abnehmen der Diskrepanz zwischen meinen (eigentlichen) Überzeugungen und der tatsächlich gelebten/gefühlten inneren Realität.

Herzen kam. Und genau das ist geistliche Reife: ein Abnehmen der Diskrepanz zwischen meinen (eigentlichen) Überzeugungen und der tatsächlich gelebten/gefühlten inneren Realität.

Verändertes Verhalten

Wir haben nun schon gesehen: Unsere Veränderung hin zu Jesusnachfolgern, die fest und stark sind, dringt von innen nach außen. Auch andere Menschen können beobachten, wie wir charakterlich reifen.

Reife Jesusnachfolger …

1. sind lebendige, fröhliche Menschen,
2. sind dankbar,
3. verschenken sich.

1. Reife Jesusnachfolger sind lebendige, fröhliche Menschen.

Ich bin mit der Überzeugung aufgewachsen, dass ein wahrhaft geistlicher Christ sehr ernst ist: Wer ausgelassen fröhlich ist, der hat den Ernst der Lage (aus Unreife) einfach noch nicht verstanden.

Wie anders malte uns Tony Campolo, ein amerikanischer Autor und Theologe, während einer Konferenz Gottes Charakter vor Augen. Er sagte: »Gott ist das einzige (begeisterte) Kind, dass es in diesem Universum noch gibt.« Und dann erzählte er in seiner mitreißenden Art, wie Gott vermutlich begeistert jubelte, als er ein Gänseblümchen nach dem anderen erschuf. Gott ist durch und durch Freude. Begeisternde Freude. Und das, obwohl er den Ernst der Lage im Blick hat.

Gott ist durch und durch Freude. Begeisternde Freude. Und das, obwohl er den Ernst der Lage im Blick hat.

Während unserer Missionarszeit verlebten wir einen Urlaub in Malaysia. Als ich das erste Mal im südchinesischen Meer schnorchelte, kam ich aus dem Staunen gar nicht mehr heraus: Sobald ich mein Gesicht unter Wasser hielt, eröffnete sich mir ein unglaublicher Unterwasserfilm. Zuerst schwammen lila-gelb karierte Fische an mir vorbei. Dann folgte ein Schwarm von leuchtend grün-pinken Fischen. Dahinter wuchsen Korallen in den schillernsten Farben. Ich dachte: Wozu so viel Schönheit und Kreativität in den Tiefen des Meeres? Außer Gott sieht das doch keiner! Tony Campolo würde vermutlich sagen: Weil er es nicht lassen konnte! Weil er seiner Freude und Begeisterung Ausdruck verleihen wollte und uns diese Erde als Geschenk verschwenderisch schön erschaffen hat.

Geistlich reife Menschen spiegeln auch an dieser Stelle Gottes Charakter wider. Sie sind zutiefst lebendig geworden und blühen auf, weil sich Gott in ihnen verherrlicht. Sie haben wieder Zugang zu all den Gefühlen, mit denen Gott sie ausgestattet hat.

Reife Jesusnachfolger denken und handeln spontan ohne Angst. Wenn sie einem Menschen in Not gegenübersitzen, sind sie ganz da. Sie nehmen Anteil. Wenn sie mit der Person beten und sie segnen, lassen sie sich von ihrer Not berühren und haben vielleicht sogar Tränen in den Augen. Ihr Mitleid stürzt sie jedoch nicht in die Tiefen der Verzweiflung oder Depression, denn sie wissen, dass Gott Gebet erhört und dass es seine Aufgabe ist zu retten und nicht ihre. Die Not der Welt geht ihnen unter die Haut. Anstatt abzuhärten, spüren sie diese Sehnsucht nach Erlösung, von der Paulus in Römer 8 spricht. Sie empfinden Traurigkeit, weinen über Missstände und befehlen sie ihrem großen Gott an.

Reife Jesusnachfolger haben einen Zugang zu ihrem Ärger und nehmen wahr, wenn man ihre persönliche Grenze übertritt. Sie gehen nicht über ihren Unmut hinweg oder kehren ihn unter den Teppich. Stattdessen fragen sie sich, was ihnen diese »intelligente Feedbackschleife« ihrer Seele sagen möchte. Und dann gehen sie verantwortlich mit dem Ärger um. Auch reife Jesusnachfolger kennen Angst. Doch sie nehmen ihre Ängste an und wissen dabei, an wen sie sich wenden können. Sie sind freudige Leute. Je nach Persönlichkeit stark nach außen gerichtet oder auch nicht. In jedem Fall ist diese Freude nicht nur gedachte Freude. Nein, man kann sie in ihrem Gesicht ablesen. Man sieht sie häufig lachen. Sie sind fröhlich.

Gelassen. Und obwohl sie dem Ernst des Lebens schon begegnet sind und Krisen durchgestanden haben, haben sie ihren Idealismus und ihre Begeisterung nicht verloren. Sie können auch heute mit Jesus in die Zukunft träumen. Ihre Freude und ihre Begeisterung erwachsen aus dem kindlichen Vertrauen zu Gott, aus dem Geliebtsein. Wie könnten sie nicht strahlen, wenn ihr Gott sie Tag und Nacht anstrahlt?

Wir können nicht im Glauben wachsen und innerlich tot bleiben. Glaubens- und Lebenslebendigkeit gehen Hand in Hand. Nun spricht Jesus in den Evangelien davon, dass man sterben und sich verleugnen muss (vgl. Lukas 9,23; Johannes 12,24). Was aber soll sterben und was soll leben in uns?

> Glaubens- und Lebenslebendigkeit gehen Hand in Hand.

Wir sollen dem absterben, was uns das wahre Leben raubt: unserem Egoismus, dem Streben nach Anerkennung, unserem Geltungsdrang, der Scheinheiligkeit, unseren knechtenden Idealen, dem Richten über andere. Den Kern unserer Persönlichkeit jedoch, unser wahres, tiefes Selbst, hat Gott geschaffen, damit es lebt, damit es aufblüht und in der Nachfolge zutiefst lebendig wird. Unser wahres Ich darf und soll leben und sich entfalten.

Impuls:
Wie lebendig erleben Sie sich zurzeit? Auf einer Skala von 1 bis 10 (wenn 10 sehr lebendig ist), wo würden Sie sich einordnen?
Wann haben Sie in Ihrem Leben schon mal eine starke Glaubens- und Lebenslebendigkeit erlebt? Und wann noch?
Wie kam es dazu? Welche Zusammenhänge können Sie erkennen?
Und was raubt Ihnen Lebendigkeit?
Was begeistert Sie? Worüber vergessen Sie Raum und Zeit und sind einfach nur begeistert und glücklich?

2. Reife Jesusnachfolger sind dankbar.

»Du solltest dankbar sein!« Diese Aufforderung bewirkte bei mir früher eher das Gegenteil. Ich bekam diesen Spruch zu hören, wenn ich »undankbar«, ärgerlich oder traurig war. Bei mir kam dadurch an, dass es nicht in Ordnung war, negative Gefühle zu haben, da ich ja eben allen Grund hatte, dankbar zu sein. Heute weiß ich, dass ich Dankbarkeit nicht vorspielen muss, wenn ich sie nicht in meinem Herzen fühle. Ich muss nicht dankbar dafür sein, wenn ein Herzenswunsch platzt, eine Bekannte an Krebs erkrankt oder ich zwei Stunden im Stau stehe. Es wäre völlig absurd, dafür dankbar sein zu müssen. So etwas würde meine Seele völlig verwirren, weil die Seele (richtig) spürt: Hier ist etwas nicht in Ordnung. Geistliche Reife bedeutet in diesen Situationen vielmehr, dass ich vertraue, dass Gott inmitten der Situation dabei ist und alles in seiner Hand hält. Und dafür kann ich wiederum tatsächlich dankbar sein.

Geistlich reife Menschen sind jedoch sehr aufmerksam, damit sie das Gute, das Gott ihnen gegeben hat, wahrnehmen und Gott dafür Danke sagen können. Sie gehen nicht mehr einfach darüber hinweg. Von Natur aus sind wir Menschen so gestrickt, dass wir nur das wahrnehmen, was uns fehlt. Doch gerade hier findet ein entscheidender Umwandlungsprozess statt: Geistlich reife Menschen sind immer auch dankbare Menschen. Sie nehmen die vielen Geschenke Gottes in den Blick und danken ihm dafür. Sie wissen: Alles wirklich Wichtige in ihrem Leben wurde ihnen von Gott gegeben. Die Liebe des Partners. Sie ist kostbar und ein großes Geschenk. Kinder – sie sind geschenkt. Freunde und eine Gemeinschaft, mit der man gemeinsam unterwegs ist, sind Geschenke des Himmels. Ein gemütliches Zuhause zu haben – von Gott geschenkt. In diesem Teil der Welt zu leben, wo kein Hunger und keine Vertreibung herrschen: ein unverdientes Geschenk. Starke

Geistlich reife Menschen sind immer auch dankbare Menschen. Sie nehmen die vielen Geschenke Gottes in den Blick und danken ihm dafür.

Jesusnachfolger leben als die Beschenkten. Nicht als diejenigen, die ein Anrecht auf all das hätten.

Dankbarkeit ist die Fähigkeit, sich an etwas zu freuen und Gott die Ehre dafür zu geben, auch wenn zu dem Zeitpunkt im Leben nicht alles perfekt ist. Früher hatte ich den Eindruck, nur dann wirklich dankbar sein zu können, wenn es bei mir auf allen Ebenen gut lief. Sie ahnen es schon: Das war quasi nie der Fall. Es ist die Normalität, auch die Normalität von uns Jesusnachfolgern, dass wir inmitten von Nöten und Schwierigkeiten leben müssen. Das Leben ist schwierig. Diese Tatsache müssen wir akzeptieren – dann wird das Leben auch weniger schwierig.

In einer Problemsituation schickte mir eine Freundin eine Karte, auf der Zebras zu sehen waren. Sie wünschte mir, dass ich es mir erlaubte, das Schöne zu feiern, obwohl gerade auch Dunkles in meinem Leben war. Seitdem steht die Karte direkt vor mir auf meinem Schreibtisch. Sie soll mich daran erinnern, dass mein Gott »die schwarzen Streifen« in meinem Leben bemisst und begrenzt. Und sie ermutigt mich, Ausschau nach den weißen Streifen zu halten und mich von Herzen an ihnen zu freuen.

Was beobachtet man also bei reifen Jesusnachfolgern? Sie sind nicht griesgrämig und kreisen nicht um sich selbst. Ganz und gar nicht. Sie sind dankbar für all das Gute, das Gott ihnen in ihrem Leben schenkt. Nach einem Treffen mit ihnen fühlt man sich ermutigt und aufgebaut, neu inspiriert für das eigene Leben.

Impuls:
Diese Übung stärkt ein dankbares Herz und verbreitet tiefe Freude: Überlegen Sie während eines Spaziergangs oder einer ungestörten Autofahrt: »Welche Menschen haben in meinem Leben eine positive, wichtige Rolle gespielt? Wer hat mein Leben beschenkt und reich gemacht? Wer hat mir entscheidende Impulse für mein Leben mitgegeben? Wem haben ich viel zu verdanken?«
Überlegen Sie in einem zweiten Schritt, wem von ihnen Sie noch nie ausdrücklich gedankt haben. Und dann schreiben Sie diesen Personen einen Brief, in dem Sie kurz beschreiben, was die Person damals getan hat, was es Ihnen damals bedeutete und welchen Gewinn Sie heute noch davon haben.[38]

3. Reife Jesusnachfolger verschenken sich.

Es gibt ein weitverbreitetes Missverständnis: Menschen meinen, dass sie etwas nur dann authentisch tun oder geben können, wenn sie es im Blick auf sich selber, also auf ihre eigenen Wünsche und Bedürfnisse, gerne tun. Doch reife Menschen denken und handeln anders. Sie sind in der Lage, sich zu verschenken und ab und an ihre eigenen Wünsche hintenanzustellen. So schenkte mein Mann mir zwei Jahre lang die Teilnahme an verschiedenen Tanzkursen. Er selber wäre nie auf die Idee gekommen, tanzen zu lernen, denn es machte ihm nicht wirklich Spaß. Diesen Kurs besuchte er dennoch gerne, einfach, weil ich es mir wünschte und weil er mich damit beschenken wollte. An diesem Punkt unterscheidet sich reifes von unreifem Verhalten.

Geistlich reife Menschen leben nicht mehr nur nach dem Motto: »Was habe ich davon? Was kriege ich?«, sondern mit dem Fokus: »Was kann ich weitergeben? An wen kann ich mich verschenken?«

38 Inspiriert durch einen Vortrag von Prof. Seligmann, Psychologe aus den USA.

Geistlich reife Menschen leben nicht mehr nur nach dem Motto: »Was habe ich davon? Was kriege ich?«, sondern mit dem Fokus: »Was kann ich weitergeben? An wen kann ich mich verschenken?« Bei einer Umfrage, was der Hauptzweck der Gemeinde sei, antworteten 89 Prozent: »meine Bedürfnisse und die meiner Familie zu erfüllen.«[39] An genau diesem Punkt zerbrechen unsere Gemeinden: wenn wir nur noch haben wollen, geistliche Reife verweigern, um uns selbst kreisen.

Der Schreiber des Hebräerbriefes spricht das Problem von mangelnder geistlicher Reife an (vgl. Kapitel 5,12-14). Er beschreibt Leute, die schon länger Christen sind und deren Aufgabe es daher längst wäre, sich um andere zu kümmern. Doch stattdessen müssen und wollen sie selbst noch aufgepäppelt werden. Das kann und darf nicht sein!

Alle meine Vorbilder verschenken sich. Alle. Das Erstaunliche daran ist, dass Dienen *der* Katalysator für geistliches Wachstum ist. Wir verschenken uns also nicht erst ab einem »gewissen Level« von geistlicher Reife, sondern indem wir es tun, werden wir geistlich reif. »Geben ist seliger als nehmen«, sagt Jesus (vgl. Apostelgeschichte 20, 35). Daher sollte unser Gebet nicht lauten: »Herr, segne mich«, sondern: »Herr, sende mich!«[40]

Die Art und Weise, wie reife Jesusnachfolger sich verschenken, kann vielfältig sein. Wie könnte es im Kontext Gemeinde aussehen? Ein paar Beispiele:

- Steffi hat zwei Kinder ihrer Gemeinde »adoptiert«: Carla und Kevin. Fast jeden Sonntag geht sie vor oder nach dem Gottesdienst in die Hocke und unterhält sich kurz auf Augenhöhe mit den beiden. Sie fragt Kevin, wie seine Einschulung gewesen ist, und Carla, wie es Peggy, ihrer Puppe, geht. Sie weiß über den Alltag der Kinder Bescheid. Sie betet für sie

39 Gene Appel während einer Tageskonferenz von Willow Creek Deutschland am 14.06.2007.

40 Gleichzeitig haben geistlich reife Leute acht auf sich selber. Sie sorgen dafür, dass ihr persönlicher »Eimer voll ist«, wie es Bill Hybels auf einer Konferenz bildhaft ausdrückte.

und ist sich bewusst, dass sie durch diese kleinen Gesten einen enormen Einfluss auf die Lebens- und Glaubensentwicklung dieser Kinder haben kann.

- Wolfgang, mein Mann, feiert nächstes Jahr seinen 60. Geburtstag. Auf einer Konferenz auf dem Dünenhof ließ er sich von dem Theologen Tobias Faix herausfordern, die größte Priorität denjenigen zukommen zu lassen, die es am nötigsten haben: den Kindern. Er meinte, es sei erwiesen, dass Menschen in dieser Lebensphase am stärksten geprägt werden. Eigentlich logisch. Seitdem arbeitet Wolfgang in der Kinderarbeit mit. Letzten Sonntag leitete er mit Hirtenstab und anderen Utensilien ausgerüstet den Kindergottesdienst, während ein 26-Jähriger die Predigt für die Erwachsenen hielt.
- Beate schreibt nach fast jedem Gottesdienst mehrere Mails, in denen sie den Beteiligten mitteilt, welchen persönlichen Gewinn sie aus dem ein oder anderen Lied, der Predigt oder der Moderation ziehen konnte. Sie erwähnt all das Gute, das ihr aufgefallen ist.
- Obwohl Sigrid erst vor Kurzem zu einer Gemeinde gestoßen ist, war sie bereit, die Koordination einer Kleingruppe zu übernehmen. Wohl wissend, dass wir alle vergesslich sind, schreibt sie vor jedem Treffen eine motivierende Mail, in der sie Ort und Zeit nennt und uns bereits Lust auf den Abend macht. Mit ihrer Gabe der Gastfreundschaft hat sie uns schon oft gesegnet. Sie kann köstlich kochen und beschenkt uns immer wieder damit.
- Stefan beobachtet die Mitarbeiter in seiner Gemeinde ganz genau. Wann immer er jemanden sieht, der in einer Aufgabe aufblüht, sagt er es der Person.

Reife verschenkt sich, und zwar überall: nicht nur in der Gemeinde, auch bei den Nachbarn, im Sportverein, auf der Arbeit. Als Frank vor einem Jahr mittags in die Kantine seiner Firma ging, fiel ihm auf, dass die Kassiererin bedrückt aussah. Er sprach sie an und sie erzählte ihm ihre Geschichte: Ihr Vater in Kirgistan sei schwer erkrankt. Sie habe ihn seit zehn Jahren nicht mehr gesehen und mache sich solche Sorgen um ihn. Nein, sie habe kein Geld, um ihn zu besuchen.

Frank besprach sich mit seiner Frau Lizzie. Am nächsten Mittag ging er zu der Kassiererin und meinte: »Kaufen Sie sich so schnell wie möglich ein Flugticket. Ich übernehme die Kosten.« Können Sie sich die unglaubliche Freude dieser Frau vorstellen? Wenige Tage später konnte sie in Kirgistan ihren Vater in die Arme nehmen. Als weitere medizinische Behandlungen nötig wurden, beteiligten sich Freunde der Gemeinde an den Kosten.

Reife Menschen sind auch großzügige Menschen. Sie drehen sich nicht ständig um ihre eigenen materiellen Bedürfnisse und Wünsche, sondern geben gerne von ihrem Geld an andere ab. Gerade hier, bei dem so sensiblen Thema Finanzen, erkennen wir, wie es wirklich um unseren Reifestand und unsere Prioritäten bestellt ist. Gott hat sich in Jesus an uns verschenkt. Wir dürfen ihm an dieser Stelle nacheifern.

> Reife Menschen sind großzügige Menschen. Sie geben gerne von ihrem Geld an andere ab.

Bei einer Blume wird zunächst alle Kraft auf das eigene Wachstum verwendet, darauf, die Blätter und Blüten auszubilden und zum Erblühen zu bringen. Doch anschließend wächst die Blume nicht unentwegt immer weiter. Nach der Blütezeit gehen die Nährstoffe und die ganze Kraft in die Ausbildung von Samenkörnern. Multiplikation ist nun das Ziel. Die Weitergabe der eigenen DNA. Es geht nicht mehr darum, selber schöner, größer, besser zu werden, sondern neues Leben weiterzugeben. Es sollen neue Blumen und Blüten heranwachsen. Das geschieht in der Reifezeit.

Impuls:
Lassen Sie sich auf das folgende, spannende Projekt ein: Nehmen Sie sich vor, bei der nächsten Gelegenheit, bei denen die Wünsche von Ihnen und Ihrem Ehepartner oder Freund in zwei verschiedene Richtungen gehen, nicht zugunsten Ihrer eigenen Wünsche, sondern 100 Prozent zugunsten des anderen zu entscheiden. Tun Sie es gerne, für ihn. Verfolgen Sie bei dieser Aktion als einziges Ziel, die Freude und das Glück des anderen zu mehren.
Fragen Sie sich anschließend: Wie fühlte sich das für mich an? Was ist passiert? Und: Welche Befürchtungen sind nicht eingetroffen?

Mentoring

Eine Möglichkeit, sich zu verschenken und die eigene DNA weiterzugeben, ist Mentoring. In einer Mentoringbeziehung trifft sich eine erfahrenere, reifere, meist ältere Person mit einer jüngeren, um diese auf ihrem persönlichen Lebens- und Glaubensweg zu fördern. Mentoring ist Jüngerschaft.

Warum könnte Mentoring eine solch entscheidende Rolle auf dem Weg zu geistlicher Reife spielen? Rob Bell, Pastor der Mars-Hill-Gemeinde in Michigan, sagte während einer Predigt: »Meine Beobachtung ist folgende: Menschen, die langfristig ein starkes Leben mit Jesus leben, die durch Täler und Stürme und Wüsten und Zweifel hindurchgehen können, die in der Lage sind, die Herausforderungen und Schwierigkeiten des Lebens nicht nur zu überstehen, sondern zu nutzen, um sich durch sie formen zu lassen und noch liebevoller, barmherziger und kreativer zu werden – das sind Menschen, die auf ihrem Lebensweg jemanden hatten, der sich regelmäßig Zeit genommen und sie gefördert hat. Einen Mensch, der die eigenen Lektionen des Lebens und Glaubens, also das, was er selber als Jünger gelernt hat, einem jüngeren Menschen weitergegeben hat.«[41]

Ähnlich Henry Cloud, Psychologe und Autor: »Wenn Sie Menschen interviewen, die im Leben Erfolg haben, werden sie Ihnen erzählen, wie die großen Wachstumsschübe in ihrem Leben durch Mentoren initiiert bzw. begleitet wurden. Manche dieser Beziehungen waren informell, andere strukturierter, aber praktisch alle Menschen, die im Leben gute Spuren hinterlassen, haben sich dem Rat derer unterstellt, die ihnen an Lebensweisheit voraus waren. Und das Interessante ist, dass sie dies nicht nur als junge Leute tun, sondern ihr ganzes Leben lang. Sie schätzen auch in späteren Jahren die Erfahrung von anderen und sind offen und willig, von Mentoren zu lernen.«[42]

Wer möchte das nicht: die Herausforderungen und Schwierigkeiten des Lebens nutzen zu lernen, um zu wachsen? Wer will nicht mit den Jahren liebevoller und barmherziger werden? Oder gute, segensreiche Spuren hinterlassen und erfolgreich sein?

Fest im Glauben und stark im Leben werden. Eine Möglichkeit, diesen Prozess zu verstärken, ist das Mentoring. Das Lernen von Vorbildern, die uns an der einen oder anderen Stelle voraus sind und uns zu Wachstum und Reife herausfordern. Wie wir im Kapitel »Die Vision« gesehen haben, ist es unerlässlich, Menschen vor Augen zu haben, die uns durch ihr Leben anspornen und uns vor Augen halten, dass Wachstum und Reife keine fromme Illusion, sondern tatsächlich möglich sind.

Jesus wusste von diesen Zusammenhängen und war drei Jahre lang Mentor seiner Jünger. Damals war es Teil des normalen, üblichen Lernprogramms eines Jüngers, sich dem Rat eines Rabbis zu unterstellen. Wenn Lukas davon berichtet, dass Maria zu Jesu Füßen saß, dann war es für die jüdischen Leser klar, was er damit sagen wollte: Maria war Jesu Jüngerin. Sie wollte von Jesus lernen, und Jesus nahm sich die Zeit, sie zu lehren.

---

41 Rob Bell, Predigt vom 1.11.2009: *Blessed are the Persecuted*, Mars Hill Church.
42 Henry Cloud, *Charakter gefragt*, Brunnen Verlag, S. 198; letzter Satz nur im englischen Original.

Jesus war der Mentor für seine Jünger und diese Jünger wurden später zu Mentoren für andere. Und so geht Mentoring nicht nur in eine Richtung, zu mir hin, sondern auch von mir weg, zu anderen.

Mentoring wird in vielen Bereichen angewandt und hat unterschiedliche Ausprägungen. In Firmen übernehmen erfahrenere Mitarbeiter das Mentoring für neue Kollegen, um sie in die Firmenwelt einzuführen. In Gemeinden ist Mentoring vor allem in der Jugendarbeit verbreitet. Beispielsweise trifft sich der Jugendleiter einmal in der Woche mit einigen jüngeren Mitarbeitern, um diese zu fördern. Dies ist eine intensive Form von Mentoring, für die die wenigsten von uns die zeitlichen Kapazitäten haben.

Als ich einer Freundin – eine aus meiner Sicht wunderbare potenzielle Mentorin – von meiner Begeisterung für Mentoring erzählte, von den Plänen unserer Gemeinde, ein Mentoring-Netzwerk aufzubauen, stöhnte sie nur und meinte: »Dafür hätte ich doch gar keine Zeit!« Als ich nachfragte, wurde deutlich, dass sie ebendiesen immensen zeitlichen Aufwand mit dem Begriff Mentoring verband. Als ich ihr erklärte, dass wir ca. drei bis vier Treffen pro Jahr empfehlen, sagte sie erstaunt: »Ja, in solch einem Rahmen könnte ich mir das durchaus vorstellen!«

In Titus 2,4 heißt es, dass die älteren Frauen die jüngeren Gutes lehren sollen. Das ist ein Teil von Mentoring: lehren. Damit ist nicht nur das Predigen gemeint, sondern vor allem auch die Weitergabe von »Lehre« in der Eins-zu-eins-Begegnung.

Was sind Themen beim Mentoring?

Diese drei Fragengruppen können als roter Faden dienen:

1. »Wie geht es dir – wirklich? Privat, in deiner Beziehung zu Jesus, in deiner Ehe, deiner Familie, deinem Beruf, in deiner Mitarbeit in der Gemeinde? Was macht dir gerade Sorgen? Wo tankst du auf? An welchem Punkt brauchst du Unterstützung?« Es geht darum, dem Mentee (so nennt man die Person, die das Mentoring in Anspruch nimmt) Raum zu geben, das zu erzählen,

was gerade sein Leben ausmacht. Ich merke immer wieder, wie gut es mir tut, wenn meine Mentorin mir diese oder ähnliche Fragen stellt. Ich spüre: Da ist jetzt jemand, der ist ganz Ohr. Hier darf ich so sein, wie ich wirklich bin. Mit meinen starken und mit meinen schwachen Seiten. Ich bekomme hier Raum und erzähle erst einmal, wie es aktuell in meinem Leben und in den unterschiedlichen Bereichen aussieht.

2. »An welchem Punkt möchtest du dich gerne verändern oder wachsen? Wie könnte dein Training dafür aussehen?« Während es in der Seelsorge vor allem um die Lösung von Problemen geht, um das Aufarbeiten von Schwerem, ist der Fokus im Mentoring auf Stärkung, Wachstum, Training und Veränderung gerichtet. In der Praxis ist das nicht immer scharf zu trennen, denn gerade beim Training werden oft Probleme und Knoten deutlich. Solange sich der Mentor nicht überfordert fühlt, kann er natürlich auch diese Probleme besprechen.

   Am Ende eines Mentoringgesprächs nimmt der Mentee in der Regel eine Trainingsaufgabe mit. Er soll etwas Bestimmtes bei sich beobachten oder ein Verhalten einüben. Veränderung geschieht ja nicht durch vermehrte Information, sondern durch das konkrete Handeln, Beobachten und Einüben.

3. »Welche Fragen bringst du mit? Was möchtest du von mir wissen?« Im Mentoring darf der Mentee seine Fragen loswerden. Der Mentor ist in der Regel ein oder zwei Jahrzehnte älter und hat mehr Lebens- und Glaubenserfahrung.

   Welche Fragen wurden mir als Mentorin schon gestellt? »Wie hast du es geschafft, deine persönliche Zeit mit Gott zu haben, als eure Kinder noch klein waren? Was hat dir geholfen, deine vielen Lebensbereiche unter einen Hut zu bekommen und gute Prioritäten zu setzen? Wie habt ihr über die Jahrzehnte eure Ehebeziehung gestärkt? Welche Zusammenhänge siehst du im Blick auf meine Problematik/mein Thema? Welchen Rat würdest du mir gerne mitgeben nach dem, was ich alles erzählt habe?« Diese Fragen brauchen mich nicht unter Druck setzen. Wenn ich ad hoc keine Antwort parat habe, sage ich: »Du, das weiß ich auch nicht. Lass uns gemeinsam darüber nachdenken.«

Am Ende nehmen wir uns Zeit zum Beten. Gemeinsam bringen wir die Anliegen, die im Gespräch deutlich wurden, vor Gott.

Voraussetzungen für den Mentor

Ein Mentor …

- folgt Jesus Christus von ganzem Herzen,
- weiß sich selber auf dem Weg zur Reife und gibt der eigenen Charakter- und Glaubensentwicklung eine hohe Priorität,
- hat selbst einen Mentor, Coach oder geistlichen Begleiter[43] und/oder mentorenhafte Freundschaften,
- mag (jüngere) Menschen und hat Freude daran, sie zu fördern,
- kann gut zuhören,
- kennt seine Grenzen. Es fällt ihm nicht schwer zu sagen: »Das weiß ich auch nicht.« Bei Bedarf verweist er auf professionelle Berater.[44]

Ich erachte es als wichtig, in bestimmten Lebenssituationen gut ausgebildete Fachleute zu konsultieren. Gleichzeitig bin ich davon überzeugt, dass in unseren Gemeinden und Gemeinschaften ein großes Potenzial liegt, sich gegenseitig zu helfen und zu »heilen«. Ich glaube, dass die meisten von Ihnen, die Sie dieses Buch fast bis zum Ende gelesen haben, Mentor für jemanden sein könnten und auch

> Wir, die wir von Herzen Jesus nachfolgen und in den Aufs und Abs des Lebens danach streben, auf Gott zu vertrauen, die wir einige Erfahrungen gesammelt haben, dürfen das nicht für uns behalten.

43 Die Begriffe Mentoring, Coaching, geistliche Begleitung unterscheiden sich in ihren Beratungsschwerpunkten, werden jedoch in der Praxis häufig austauschbar verwendet.

44 Zu finden unter www.derberatungsfuehrer.de.

sein sollten. Wir, die wir von Herzen Jesus nachfolgen und in den Aufs und Abs des Lebens danach streben, auf Gott zu vertrauen, die wir einige Erfahrungen gesammelt haben, dürfen das nicht für uns behalten. Wir sind berufen, das zu teilen! Und im Teilen vermehren wir es.

Vielleicht denken Sie: Aber es ist doch so wenig! Ich habe doch gar nicht viel. Egal: Teilen Sie es aus! Verschenken Sie es! Vertrauen Sie auf Gott, dass er es benutzen will, zu seiner Ehre. Nehmen Sie Ihr eines Talent (vgl. Matthäus 25,14-30) und setzen Sie es ein. Wie könnte sich die Gemeindeszene verändern, wenn wir dieses Prinzip da, wo wir stehen, umsetzen würden? Wenn wir, die wir schon etwas älter sind, nicht mehr ängstlich danach schauen würden, was uns das bringt, sondern wenn wir uns im Vertrauen auf Jesus wirklich verschenkten? Es könnte unser Leben und unsere Gemeinden revolutionieren.

Wie könnte sich die Gemeindeszene verändern, wenn wir, die wir schon etwas älter sind, nicht mehr ängstlich danach schauen würden, was uns das bringt, sondern wenn wir uns im Vertrauen auf Jesus wirklich verschenkten?

Immer wieder beobachte ich, dass sich Männer und Frauen über Jahrzehnte stark in der Gemeinde oder in einem christlichen Werk engagieren und dann, wenn sie in Pension gehen, plötzlich in der Versenkung verschwinden. Sie hätten nun ihr Teil getan und Jüngere seien an der Reihe, das Ruder zu übernehmen. Manchmal ist dabei ein müder oder bitterer Unterton zu hören.

Ich könnte mir jedes Mal die Haare raufen. Wie schade! Wie unglaublich tragisch ist diese Entwicklung! Wie sehr bräuchten die Jüngeren engagierte, weise Leute im Hintergrund, Mentoren, die ihnen den Rücken stärken. Die sie anfeuern für ihr Leben und ihren Dienst. Natürlich darf man im Alter kürzertreten. Doch gleichzeitig braucht die Gemeinde Jesu nichts nötiger als weise, versöhnte Väter und Mütter, die ihre Lebens- und Glaubenserfahrungen anderen zugänglich machen.

Das Wundersame ist ja, dass man als Schenkender nicht zu kurz kommt. Wer sich an andere verschenkt, wird selber beschenkt.

Dieses wunderbare Gottesprinzip haben Psychologen und Autoren längst erkannt.[45]

Gewinn für den Mentor

1. Wer andere in ihrem Wachstum unterstützt, wächst selber. Ich merke, dass es mich stärkt, anderen das zu erzählen, was ich bereits mit Gott erlebt habe. Mir werden meine eigenen Wachstumsschritte bewusst.
2. In jedem Mentoringgespräch darf ich etwas von dem Mentee lernen. Mentoring ist keine Einbahnstraße. Die Themen, die der Mentee anspricht, berühren immer wieder auch meine eigenen Prozesse. Wenn der Fokus auch klar auf dem Fördern des Mentees steht, so lerne und profitiere ich dennoch auch selbst von seinen Einsichten.
3. Die Tatsache, dass ich für andere ein Vorbild bin, gibt meinem Tun und Handeln ein Gewicht. Ich weiß: Ich lebe nicht einfach nur vor mich hin. Meine Kinder, meine Freunde, meine Mentees, sie beobachten mich und das dürfen sie auch. Eine Gefahr könnte darin liegen, zu schauspielern, nach außen hin frommer und reifer zu tun, als man wirklich ist. Das wäre kontraproduktiv. Und doch lässt mich die Tatsache, dass ich für andere ein Vorbild bin, die Wichtigkeit spüren, tatsächlich stark mit Jesus zu leben. Es geht nicht nur um mich. Mein Leben hat immer auch Auswirkungen auf viele andere. Entweder bin ich für sie eine Entmutigung oder eine Inspiration. Wenn ich unsicher im Blick auf meine Lebensführung bin, hilft mir die Frage: »Ist es mein Wunsch, dass meine Kinder und Mentees mir an dieser Stelle nacheifern

Entweder bin ich für andere eine Entmutigung oder eine Inspiration.

45 Z.B. Stefan Klein, *Der Sinn des Gebens. Warum Selbstlosigkeit in der Evolution siegt und wir mit Egoismus nicht weiter kommen*, Fischer.

bzw. von mir lernen?« Mit dieser Frage komme ich meinen tiefen Werten und eigentlichen Zielen auf die Spur.

4. Manchmal finde ich inmitten eines Mentoringgespräches ein Puzzlesteinchen, warum es Krisen, Leid und Lebenswunden gibt. Wir ermutigen andere oft weniger, indem wir unsere Siege und grandiosen Erfolge mitteilen, sondern indem wir von eigenen Stolpersteinen, Niederlagen und Nöten berichten und aufzeigen, wie Gott uns hindurchgeholfen hat und was wir dabei gelernt haben. Wenn wir authentisch erzählen können, dass Gott trotz allem durch und durch vertrauenswürdig und gut ist, dann wächst in dem Mentee die Zuversicht, dass dies auch für ihn gilt.
5. In der Reveal-Studie von Willow Creek wurde deutlich, dass langjährige Christen sich einen Rahmen wünschten, in dem sie Gelerntes und Lebensweisheit an andere weitergeben können. Mentoring ist solch ein Rahmen. Zu erleben, dass durch die eigene Investition jemand anderes gefördert und reifer wird, ist eine der größten Freuden auf Erden.

Voraussetzungen für den Mentee

1. Mentoring ist für Menschen, die unbedingt wachsen und lernen wollen. Leute, die es als großes Geschenk ansehen, wenn jemand ihnen anbietet, sie zu fördern. Man muss sie nicht zu Wachstum und Lernen überreden. Nein, sie wollen weiterkommen und sind dafür auch bereit, Opfer zu bringen, z. B. einen langen Anfahrtsweg auf sich zu nehmen und Trainingsaufgaben tatsächlich durchzuführen.
2. Mentees übernehmen selber die Verantwortung für ihr geistliches Wachstum und übertragen diese nicht dem Mentor. Die unausgesprochene Haltung: »Ich komme im Leben überhaupt nicht klar, aber du sollst mich retten!«, hält Mentoren auf Abstand.
3. Mentoring ist nur möglich, wenn sich der Mentee unverstellt zeigt. Wenn er sowohl zu seinen Stärken steht als auch von seinen Schwächen erzählen kann. Leute, die schon alles wissen

und sich als möglichst fehlerlos darstellen, sind als Mentees ungeeignet.

4. Paulus ermutigt Timotheus dazu, seine Zeit in die Leute zu investieren, die das Gelernte an andere weitergeben können. Ein Mentee sollte also bereit sein, früher oder später selbst Verantwortung zu übernehmen und andere, z. B. jüngere Leiter, zu fördern. Je nach eigenem Gabenprofil des Mentors kann Mentoring neben Glaubens- und Lebensfragen auch Leitungsfragen beinhalten.

Wo finde ich einen Mentor?

Vielleicht lösen diese Seiten über Mentoring in Ihnen eine Sehnsucht aus. Sie sind gerne bereit, für andere Mentor zu werden, wünschen sich jedoch auch selbst jemanden, der Sie fördert. Was können Sie tun?

- Beten Sie dafür! Halten Sie in Ihrer Gemeinde und Umgebung oder im Mentoring-Netzwerk[46] nach einer geeigneten Person Ausschau und sprechen Sie diese mutig an. Lassen Sie sich von Absagen nicht entmutigen. Bleiben Sie dran! Meine Beobachtung ist, dass diejenigen, die beharrlich suchen, jemanden finden.
- Sie können auch mit einem Freund eine gegenseitige Mentoringbeziehung vereinbaren. Wenn Sie sich treffen, geht es zunächst um die Fragen und Themen des einen und dann um die des anderen. So habe ich mich jahrelang zweimal im Jahr mit einer fast gleichaltrigen Freundin getroffen. Es war für uns beide immer wieder erstaunlich, wie viel Gewinn wir davon hatten.
- Bleiben Sie auch offen für ungewohnte und zeitlich begrenzte Lösungen: E-Mail-Mentoring, Mentoring per Skype und Telefon, bezahltes Mentoring bei Beratern.

46 http://www.c-mentoring.net, christliches Mentoring-Netzwerk.

Wie finde ich einen Mentee?

Stoßen Sie in Ihrer Gemeinde den Gedanken an, ein Mentoring-Netzwerk aufzubauen, sodass potenzielle Mentoren und Mentees einander leichter finden können und Mentoren in ihrem Dienst unterstützt werden.

Werden Sie Mentor im christlichen Mentoring-Netzwerk (www.c-mentoring.net). Besuchen Sie im christlichen Mentoring-Netzwerk eine Fortbildung im Bereich Mentoring.

Ich bin sicher: Auch in Ihrer Gemeinde und Stadt gibt es junge Menschen, die Ausschau halten nach …

- Leuten, die ihren Ideen offen gegenüberstehen. Die in ihren neuen Methoden und Arten, christliche Gemeinschaft zu leben, keinen Angriff auf das Althergebrachte sehen.
- reifen Menschen, die sie segnen für das, was sie tun. Die sich freuen über ihre Erfolge und nicht besserwisserisch lächeln, wenn Experimente in einer Sackgasse enden, »die man ja schon kommen sah«.
- Jesusnachfolgern, bei denen sie beobachten, dass sie nach Stürmen wieder aufstehen, den Staub von ihren Füßen schütteln und weitergehen.
- Leitern, die sich Zeit für Begegnungen mit jungen Leitern freihalten, um für sie Mentor zu sein, für sie zu beten und sich mit ihnen zu treffen.[47]

47 Vertiefende Literatur: Tobias Faix, Anke Wiedekind, *Mentoring – das Praxisbuch: Geistliche Begleitung in Glaube und Leben,* Neukirchener Verlag.

Impuls:
Halten Sie sich einen Sonntagmittag im Monat frei, um jüngere, engagierte Leute nach dem Gottesdienst zum Essen einzuladen. Stellen Sie interessierte Fragen. Seien Sie zurückhaltend mit wertenden Kommentaren. Fragen Sie: Gibt es irgendetwas, womit ich dich unterstützen könnte? Wenn Sie eher zu den jüngeren Leuten gehören, laden Sie ältere Leute Ihrer Gemeinde ein, bei denen Sie ein starkes Leben mit Jesus beobachten. Stellen Sie Fragen zu ihrem Leben, ihrem Glauben.

Epilog

Es ist heute ein herrlicher Herbsttag. Die Sonne strahlt noch einmal hell und warm, während sich die ganze Natur auf den Winter vorbereitet, die gelben Blätter von den Bäumen fallen und vom Wind durch die Luft getrieben werden. Ein halbes Jahr Buchschreibezeit liegt hinter mir. Schon mehrmals ist das Manuskript zwischen Verlag und mir hin- und hergegangen. Bald geht es in den Druck.

Meine Gedanken gehen zurück zu den Anfängen dieses Buches, zu der Vorbereitung der Wochenendtagung. Damals freute ich mich einerseits auf diese Tagung, doch diese Freude wurde immer wieder überlagert von Druck (»Du musst gut sein!«) und Angst (»Was, wenn du nicht gut bist?«). Vertraute, alte Antreiber und Ankläger. Mich lähmende, Freude verschlingende Angst. Dabei wünschte ich mir, ihm wirklich mit gefühlter Freude dienen zu können!

Während eines Stilletages hörte ich dann auf einem Spaziergang diese Worte: »Birgit, du genügst! Du genügst! So, wie du bist!« Wie immer, wenn Jesus persönlich in mein Herz redet, war ich tief berührt und weinte. Es war ein ganz einschneidendes Erlebnis für mich.

Als ich wenig später die vielen Teilnehmer zu Beginn der Tagung sah, war ich aufgeregt, aber ohne Angst. Ich erlebte es als Wunder: Ich war ganz präsent und mit Freude in meinem Herzen dabei. Gerne, froh, lebendig hielt ich meine Vorträge. Ich jubilierte und jauchzte. Dieses Wochenende wurde mir zu einem großen Geschenk und zur Befreiung.

Ich habe dieses Buch nicht nur Ihnen geschrieben, sondern auch mir selber. Ich habe mich daran erinnert, wie sich Gott den Weg der Wandlung und Veränderung gedacht hat. Es war mir ein Anliegen, dabei nicht nur geistliche Wahrheiten aufzulisten, sondern in Ihrer und meiner Seele Hoffnung zu wecken, dass diese Veränderungskraft selbst »für so einen eigentlich hoffnungslosen Fall wie Sie und mich« ausreicht. Die Bibel beschreibt eine Kraft, die nicht zu überbieten ist: die Kraft, die Jesus von den Toten auferweckt hat. Sie ist in uns wirksam (vgl. Epheser 1,19-20). Eine Steigerung gibt es nicht.

Egal, wo ich jetzt stehe, egal, wo Sie stehen: Gott holt Sie ab und will sich mit Ihnen auf den Weg machen, Sie in Ihrem Glauben und Leben zu stärken.

Ich bin mehr denn je Feuer und Flamme für ein hingegebenes Leben mit Jesus. Ich bin zutiefst davon überzeugt, dass es keinen besseren als den Weg Jesu gibt. Ein gesundes Wachstum im Glauben bewirkt ein gesundes Wachstum im Leben und umgekehrt. Gott hat das Leben so geschaffen, dass er, wenn alles seinen Platz hat, verherrlicht wird und wir ein starkes Leben führen. Wenn wir Gott anbeten, in liebevollen Beziehungen leben, unsere Vergangenheit verarbeiten, eine Vision im Herzen verfolgen, entschlossen Erkanntes umsetzen und trotz Krisen nicht desillusioniert aufgeben, sondern zuversichtlich weitergehen, dann verändern wir die Welt: in uns und um uns herum.

Anhang

Lebensverändernde Gebetszweierschaften

Bitten Sie Gott, Ihnen eine Person zu zeigen, mit der Sie eine Gebetszweierschaft beginnen können, und sprechen Sie diese mutig an.

Der Rahmen:

- Einmal die Woche an einem festen Termin für 45 Minuten.
- Zunächst für sechs oder zwölf Monate. Danach (eventuell) Wechsel des Gebetspartners.
- Per Telefon, Skype oder bei einem Treffen vor Ort.
- Jeweils abwechselnd werden die »Handfragen« durchgegangen (30 Minuten) und anschließend wird gemeinsam gebetet (15 Minuten).

Die Handfragen:

Daumen:	Gut – das war letzte Woche super. »God Moments« der letzten Woche.
Zeigefinger:	Lernen – das hat Jesus mich letzte Woche gelehrt. Das habe ich gelernt. Das hat Gott mir beim Bibellesen gezeigt.
Mittelfinger:	»Stinken« – das war ein Tief. Da habe ich gesündigt.
Ringfinger:	Beziehungen – so erging es mir in meinen Beziehungen: Ehe, Familie, Freundschaften.
Kleiner Finger:	Mangel – das kam letzte Woche zu kurz.
Ganze Hand:	Gebetsanliegen für die nächste Woche.[48]

48 Inspiriert durch: Kerstin Hack, *Stille, Impulse, im Alltag zur Ruhe zu kommen*, Down to Earth Verlag 2008, S. 6-9.

Vorschlag für Ablauf und Gestaltung einer Kleingruppe

Bitten Sie Gott, Ihnen Leute zu zeigen, die Sie zu dieser Gruppe einladen könnten. Es kann eine Gruppe nur für Frauen bzw. Männer oder eine gemischte Gruppe sein.

Der Rahmen:

- 3 bis 8 Personen, ab 9 Personen Teilung in zwei Gruppen.
- 14-tägiges oder wöchentliches Treffen.
- Zwei Zeitstunden, z.B. von 19.30 Uhr bis 21.30 Uhr.
- Die Moderation des Abends wird reihum übernommen.
  Da die Struktur des Abends immer gleich ist, kann das jeder übernehmen, indem er den Ablauf abliest.
- Eine Person koordiniert die Verteilung der Treffpunkte und die Moderation der Abende.
- Ein Buch der Bibel wird fortlaufend gelesen, z.B. das Markusevangelium. Damit alle dieselbe Bibelübersetzung haben, können die Bibeltexte unter www.bibleserver.com heruntergeladen werden.

Der Ablauf:

1. Essen
2. Austausch: So sieht es gerade bei mir aus: das Hoch, das Tief der letzten Woche
3. Bibellesemethode: Lectio Divina
4. Gemeinsames Gebet

Alle vier Elemente dauern ungefähr 30 Minuten. Der jeweilige Moderator achtet darauf, dass die Zeiten eingehalten werden.

Lectio Divina:

1. Der Moderator betet kurz. Dann sagt er: »Achte beim Zuhören darauf, bei welchem Wort, welchem Abschnitt, welchem

Gedanken deine Aufmerksamkeit hängen bleibt. Was tritt besonders hervor?« Er liest den Bibelabschnitt für den Abend (6-15 Verse, je nach Sinnabschnitt) zweimal langsam und laut vor. Danach ist es für ein bis zwei Minuten still. Jeder hört und wiederholt in Gedanken das Wort oder den Abschnitt. In der Runde teilt dann jeder sein Wort bzw. seinen Abschnitt den anderen mit.

2. Der Moderator sagt: »Bei dieser Runde geht es um die Bedeutung für dein Heute, für dein Leben. Was sagt Jesus dir durch diesen Bibeltext?« Er liest den Abschnitt erneut langsam vor. Ein bis zwei Minuten Stille folgen. Dann teilt jeder das Gehörte den anderen mit: »Jesus sagt mir ...«
3. Der Moderator sagt: »Gottes Gegenwart verändert uns, will etwas in uns bewirken. Wozu fordert Gott dich durch die Begegnung mit ihm auf? Was sollst du konkret tun, sein, werden?« Er liest den Bibeltext erneut vor, gefolgt von kurzer Stille. In einer Runde teilt sich jeder mit: »Jesus möchte, dass ich ...«
4. Am Schluss können Bemerkungen, Ideen und Fragen zu dem Bibeltext kurz angesprochen werden. Wichtig: Erst an dieser Stelle wird evtl. kurz diskutiert, *nicht* vorher, da sonst die hörende Haltung verloren geht.

Gebet:

- Persönliche Gebetsanliegen und die von Freunden/Bekannten werden genannt.
- Im Gebet werden auch die Anliegen aus der Eingangsrunde mit aufgegriffen.